D1557132

BREVE HISTORIA DEL
SALVAJE OESTE

BREVE HISTORIA DEL
SALVAJE OESTE

Gregorio Doval

nowtilus

Colección: Breve Historia
www.brevehistoria.com

Título: Breve Historia del Salvaje Oeste
Autor: © Gregorio Doval

Copyright de la presente edición: © 2009 Ediciones Nowtilus, S.L.
Doña Juana I de Castilla 44, 3º C, 28027 Madrid
www.nowtilus.com

Editor: Santos Rodríguez
Coordinador editorial: José Luis Torres Vitolas

Diseño y realización de cubiertas: Carlos Peydró
Diseño del interior de la colección: JLTV
Maquetación: Claudia Rueda Ceppi

ISBN-13: 978-84-9763-573-8
Fecha de edición: Enero 2009

Printed in Spain
Imprime: Estugraf impresores S.L.
Depósito legal: M-55018-2008

ÍNDICE

1

EL NACIMIENTO DEL
SALVAJE OESTE

—¿No va a usar la historia, señor Scott?
—No, señor; esto es el Oeste: si la leyenda se convierte en un hecho,
publica la leyenda.

El hombre que mató a Liberty Valance, John Ford (1962).

La Fiebre del Oro que sacudió California a partir de
1848 llevó a la costa del Pacífico a una inmensa riada de
personas honradas que querían labrarse un futuro en las
minas, pero también a una variada caterva de aventureros,
malhechores, asesinos, desaprensivos, matones, pistoleros,
cuatreros, timadores, rufianes, buscavidas y ladrones que
querían vivir y medrar a costa de ellos. Pronto, estas nutri-
das filas de forajidos se incrementaron aun más con algunos de los que fracasaron en las minas y eligieron la delincuencia como medio de vida.

Las cosas serían igualmente caóticas en el Sudoeste
ganadero y, especialmente, en el Texas de posguerra. La
renovación de muchos funcionarios locales, que habían
sido fieles a la Confederación, y la imposición de la ley
militar generaron un gran resentimiento y muchos pensaron en resarcirse tomándose la justicia por sus propias
manos. Por entonces, aquellos territorios aún no organizados se constituyeron en el mejor asilo de todos los que
huían de la ley y en el mejor vivero de los que, más que

huir de ella, preferían vivir a sus márgenes e, incluso, contravenirla y surbvertirla consciente y voluntariamente.

La abundancia de forajidos en aquellos territorios fronterizos era consecuencia y, a la vez, revelaba la casi inexistente presencia de estructura estatal alguna en esa etapa inicial del avance hacia el Oeste de la joven y hetero-génea sociedad estadounidense. De momento, salvo la tímida y escasa presencia militar, la conquista parecía ser una empresa privada, con limitadas injerencias del poder público. Tal modelo se reflejaba también en un individua-lismo exacerbado y en la extrema permeabilidad de una sociedad muy flexible, en la cual el ascenso social estaba al alcance de cualquiera, a partir de un inesperado golpe de suerte o de audacia o, por qué no, de un disparo a tiempo.

Cuando, como aconteció en la conquista y coloniza-ción del Oeste, en un periodo de poco más de un cuarto de siglo se pueblan extensiones tan vastas como Kansas, Nevada, Colorado, Montana y, poco más tarde, Idaho y Wyoming de una manera espontánea, por iniciativa indivi-dual de unos colonos o de unos buscadores de oro, era fácil colegir que las comunidades que invadieron estos territorios se organizarían sin el apoyo del Estado representado por la policía y la justicia que garantizasen la vida y la propiedad. La manifestación aguda de esta carencia de poder coercitivo se dio en las ciudades de frontera, pero la ausencia de ley y orden abarcaba a la totalidad de los territorios, desde las granjas aisladas a las pequeñas comunidades, desde las estancias ganaderas hasta los campamentos mineros.

Esta situación, obviamente, era muy favorable para que la delincuencia floreciese en tierras que se habían convertido en el paraíso de la impunidad para ladrones, atra-cadores y asesinos. Desde el común robo de ganado al del oro que transportaban los mineros y al asesinato con móvi-les lucrativos o de competencia feroz, toda una extensa gama de delitos se extendió por estos territorios en fragua de un modelo propio de convivencia, de momento débil e ines-tablemente fundado en el registro de la propiedad.

En último término, la desordenada y violenta ocupación del territorio delineó unos confusos límites entre la ley y la voluntad individual, entre el orden y la anarquía, que fraguaron en un código moral ambiguo que hizo posible que muchas personas situadas momentáneamente más allá de la ley como forajidos terminaran sus vidas como agentes de la ley y viceversa, desarrollando incluso en ocasiones tan antitéticas actividades de modo simultáneo.

Mientras tanto, la generalización de la posesión y uso de armas por civiles exacerbó la innata tendencia a la violencia que caracteriza a toda sociedad de frontera. Así, en las nuevas tierras del Oeste se fue conformando una amalgama de gente autoconfiada, pero también ingenua; ignorante, pero audaz y creativa; generosa, pero egoísta y terca; honrada, pero indulgente; amante del humor campechano, pero con malas pulgas para aguantarlo en primera persona; violenta y misántropa, pero hospitalaria...; en una palabra, contradictoria. Esas fueron las fibras con que se formó el Oeste: personas sometidas a un nuevo código moral indeciso y adaptado, a un código ético en formación y aún algo indefinido.

En las ciudades de frontera, el clima proclive a la búsqueda y la consecución del dinero fácil, a la corrupción y al delito, a la arbitrariedad y las represalias, creó el caldo de cultivo óptimo para la aparición de figuras tan paradójicamente legendarias como Billy el Niño, John Wesley Hardin, los hermanos James, Dalton o Younger, Sam Bass, Butch Cassidy, Doc Holliday, Pat Garrett, Wyatt Earp o Wild Bill Hickok. Asesinos, pistoleros y delincuentes elevados a la categoría de héroes populares cuyas existencias serían una y otra vez exageradas o tergiversadas a conveniencia de los fabricantes de mitos de turno.

Desde luego, existió un Billy el Niño, pero es muy dudoso que, tal y como asegura la leyenda, matara a 21 hombres, uno por cada año de su corta vida; lo más probable es que, en ningún caso, sus víctimas fueran más de nueve. En todo caso, fuera cual fuese su récord, eso no

El concepto de "Salvaje Oeste", en lo geográfico, atañe de una manera imprecisa a la veintena de estados norteamericanos representados en el mapa y, en lo histórico, a los avatares, acontecimientos y estilos de vida de estos variados territorios durante la segunda mitad del siglo XIX.

sería algo digno de alabanza, ni siquiera de asombro, solo de horror y desaprobación.

Ex combatientes de la guerra civil ahora sin empleo, inadaptados a la paz, sudistas no resignados a la derrota, huérfanos abandonados a su suerte y entregados al merodeo y el pillaje, infortunados sin éxito en iniciativa alguna que se dieron cuenta de que en los nacientes Estados Unidos no se perdonaba el fracaso..., todas estas gentes nutrieron las filas de los sin ley, en tiempos en los que las armas circulaban sin control y en que los autores de crímenes y golpes de mano tenían en los grandes espacios recientemente abiertos ancha complicidad para la huida y la ocultación. Así nació lo que se suele conocer como el "Salvaje Oeste".

Este Viejo y Salvaje Oeste fue un mundo (preferentemente de hombres) en el que se podía prosperar si no se dudaba en utilizar una pistola (y, puestos a ello, a hacerlo bien), o bien si se podía contratar a alguien que lo hiciese con eficacia. Pero los pistoleros, que brotaron como setas, no crecieron, sin embargo, por generación espontánea.

Eran un producto de cosecha propia, bien abonada por el dinero y la ambición de los barones ganaderos, de los príncipes del comercio o de los duques de la banca.

La mayoría comenzaban siendo contratados como *cowboys* para atender al ganado, especialmente durante las grandes travesías, y para, de paso, defender los intereses, no siempre lícitos o confesables, de sus contratistas. De tanto visitar las revueltas y caóticas ciudades ganaderas abiertas al final de sus largos periplos por las sendas ganaderas, muchos se afincaron en ellas y comenzaron a vivir de sus habilidades. Como el lazo y la espuela no tenían mucha utilidad en las ciudades, muchos recurrieron a otra de sus herramientas favoritas: las armas. Y por ahí sí que encontraron trabajo.

Estos jóvenes, la mayor parte semianalfabetos, se hicieron expertos en el manejo del revólver, el rifle y el cuchillo combatiendo a indios y cuatreros, o cazando animales salvajes durante sus tediosos viajes. Por lo demás, sabían poco de la civilización, de sus usos y de sus leyes. Es más, tenían sus propios códigos, entre los que destacaban la camaradería y la lealtad al amigo, pero también el odio y el desprecio por el enemigo y el recurso pronto y decidido a la solución de los conflictos por las bravas. En términos generales, el Salvaje Oeste nunca fue un lugar que destacara por sus dosis de nobleza o altruismo, aunque luego muchos historiadores hayan querido ver atisbos de ello en muchos de sus principales protagonistas, y especialmente en los que, además de pistola, llevaban placa.

Con esos condicionantes, era fácil que muchos de aquellos jóvenes se convirtieran en bandidos o pistoleros, o bien en agentes de la ley que, en muchos casos, tanto daba, y ello sin necesidad de que tuvieran que tomar decisión moral alguna. Para ellos, en realidad, no había gran diferencia. Solo eran *malos chicos* en opinión de aquellos que juzgaban sus actos como crímenes. Para sí mismos, matar o robar no eran actos morales, solo actuaciones normales relacionadas con la supervivencia y, en definitiva, una manera de vivir.

De vivir una vida en la que había que destacar, no estancarse, no ser de los perdedores. Destacar por valentía o por audacia. No ser uno más de la banda, sino, si era posible, ser el jefe. En cualquier caso, proteger y estar protegido por los colegas y seguirlos y apoyarlos hasta el final. Si había que matar al que se oponía a la banda, pues se le mataba. La única consecuencia para la vida propia era que eso reforzaba los lazos de sangre con el grupo. Por eso, para los forajidos lo normal era asociarse en bandas. Curiosa, pero lógicamente, muchas de estas *hermandades delictivas* estaban formadas por hermanos y otros familiares consanguíneos. Ese fue el caso de los James y los Younger, de los Dalton o los Renos o, entre muchos otros casos, de la bandas de Burrow o de Bill Doolin, o, aparentemente en el otro bando, del clan de los Earp, los Masterson o los Thompson.

Si alguna de aquellas cofradías de malhechores era exterminada, diezmada, encarcelada o desbandada, los supervivientes se convertían habitualmente en proscritos desesperados (los famosos *desperados)*, para quienes dejaban de existir los límites a medida que se les estrechaba el cerco y se aproximaba su captura o su muerte.

En tales circunstancias, más que afrontar la posibilidad de ser encarcelados, casi todos preferían morir matando o, en caso extremo, quitarse ellos mismos la vida. Suicidas famosos de este tipo fueron forajidos tan aguerridos como Kid Curry, Harry Tracy, Grant Wheeler y, posiblemente, The Sundance Kid y Butch Cassidy. Menos habitual era el suicidio en el batallón de los pistoleros y asesinos a sueldo, personajes que, en gran medida, vivían de su reputación más que de sus actos y que, por regla general, habían perfeccionado sus habilidades justamente para eludir la muerte.

Porque lo más importante para un pistolero era, curiosamente, que los demás supieran que lo era, que le

En las ciudades del Salvaje Oeste, los ciudadanos de bien —como siempre, la gran mayoría— habían de convivir con todo tipo de indeseables y, en cualquier momento, tenían que enfrentarse a una situación violenta. En la foto, dos soldados yacen muertos junto a un *saloon* ante la atenta, pero acostumbrada, mirada de dos vecinas.

guardaran las distancias por respeto o por miedo, tanto daba. Por eso, aunque la leyenda insista, en el Salvaje Oeste hubo muy pocos duelos a cara descubierta entre dos o más pistoleros. La mayoría prefería los métodos taimados del asesinato por la espalda, la emboscada, la ocultación en un callejón oscuro o detrás de una cortina o un árbol; la mayoría prefería aprovechar los puntos flacos o las debilidades circunstanciales de sus adversarios, fuera un estado de embriaguez, la relajación en una sala de juegos, que fueran desarmados...

Desde luego, en términos profesionales, estos eran métodos más *limpios,* más eficaces y más respetuosos con las normas elementales de seguridad en el trabajo. En una entrevista concedida por Wyatt Earp al final de su vida, aseguró que la calma era la principal clave para la supervivencia de un buen pistolero, muy por encima de la velocidad con que desenfundara su pistola. En sus palabras, el experto pistolero "se toma su tiempo y aprieta una sola vez el gatillo". Algo similar apuntó Wild Bill Hickok: "En cuanto comiences una pelea, estate tranquilo y no dispares demasiado deprisa. Tómate tu tiempo. He visto a muchos tipos meter la pata al disparar con prisas". Otro *sheriff* y pistolero famoso, Bat Masterson, añadió un consejo complementario para los aspirantes a pistolero: "Lleva siempre tu pistola lista y preparada, pero nunca la saques a menos que estés en peligro de muerte y que quieras matar". En definitiva, añadió Masterson, "nunca te tires un farol con un revólver en la mano". Porque, como añadió Frank James, "cuando me meto en una pelea, quiero resultados".

Los agentes de la ley que se enfrentaron a estos fríos y calculadores maníacos de las pistolas eran también individuos especiales, cuando no simplemente los mismos, aunque cambiados de papel; tan valientes ellos en su actitud, como arteros en sus métodos los forajidos. Casi todos habían aprendido el oficio en la adolescencia y muchos eran hijos de pioneros. Es interesante apuntar que, sin embargo, los pistoleros, los llamados entonces "matadores de hombres", en su mayor parte, no fueron huérfanos ni pasaron grandes dificultades en la infancia, mientras que a la mayoría de los forajidos les habían faltado uno o los dos progenitores desde edad muy temprana. El padre de Frank y Jesse James abandonó a su familia para buscar fortuna en la fiebre californiana, lo que supuso que sus hijos hubieran de ser educados en solitario por una madre muy dominante, que los defendería durante toda su vida por más abominables que fueran sus crímenes. También se dio ese mismo caso en los hermanos Dalton.

Se trataba, además, de un amor materno-filial por lo general recíproco. Por eso, cuando unos detectives de la agencia Pinkerton pusieron una bomba en su casa familiar y causaron a su madre la amputación de un brazo, Jesse James viajó hasta Chicago e intentó matar en venganza, aunque sin éxito, a la madre del fundador de la agencia, Allan Pinkerton. Por eso también, antes de perpetrar su fallido y desastroso último golpe de 1892 en la ciudad de

Coffeyville, Kansas, los hermanos Dalton hicieron una fugaz visita a la granja familiar solo para poder ver a su madre, tal vez por última vez —como así fue—, a través de una ventana, ocultos en la oscuridad de la noche.

Las armas jugaron (y juegan) un papel importante en el desarrollo histórico y social de los Estados Unidos, y su influjo en la exploración y civilización del Oeste es esencial. Como ocurre en casi todos los procesos de expansión y conquista histórica y social, las armas se usaban con propósitos prácticos más que como símbolos de poder. El "poder de la pistola" solo asumió un significado más tarde, durante el periodo en el que la *civilización* se impuso sobre la llamada *libertad* de los primeros tiempos.

Coincidió, además, que en este periodo las armas de fuego sufrieron una gran evolución, que, fundamentalmente, las hizo mucho más portátiles, eficaces, asequibles y, sobre todo, mortíferas. Gracias a todos estos avances, el uso de armas como medio de supervivencia llegó a alcanzar en el Oeste un estatus que ninguno de los que las utilizaron se hubiera imaginado de antemano. Para muchos, no fue el espíritu pionero ni el desarrollo de los ferrocarriles, o el progreso de la civilización, lo que dominó al Oeste. Más bien, el Oeste fue "conquistado" por las armas. Por una multitud de armas de fuego, desde las pistolas de un solo disparo y los revólveres colt a los rifles y los winchester de repetición. En toda la historia del Salvaje Oeste, la justicia se administró a punta de pistola, y también la injusticia y la violencia.

El Oeste y sus tierras estaban esperando a ser tomadas, pero no eran lugares para tímidos o débiles. En buena parte, la historia del Salvaje Oeste es la de los hombres que usaban con habilidad y sin escrúpulos las armas de fuego en su búsqueda de libertad, comida, ganancias y protección y que no siempre perseguían hacer el bien. Es hora ya de comenzar a conocer más de cerca a este nutrido y variado grupo humano.

2

LA ESTIRPE DEL

PISTOLERO

Matar hombres es mi especialidad. Lo enfoco como una salida profesional y creo que tengo un hueco en ese negocio.

Tom Horn (1860-1903), *cowboy*, *sheriff*, pistolero y asesino a sueldo.

VIVIR Y MORIR
CON LAS BOTAS PUESTAS

El caos que siguió a la Guerra de Secesión (1861-1865) hizo surgir la nueva figura del pistolero, un individuo emocionalmente lisiado y socialmente alienado que, la mayor parte de las veces, empuñó la pistola asesina cuando aún no había llegado a la veintena y se puso a matar hombres con pródiga facilidad, para acabar en casi todos los casos con una muerte precoz causada por una bala o una soga. En muchas ocasiones, los enfrentamientos entre estos pistoleros ensangrentaron la frontera con emboscadas traicioneras y, a menudo, caprichosas, cuando no alevosas. Se cuenta, por poner un ejemplo extremo, el caso de un asesino tejano llamado John King Fisher (1854-1884) que disparó a la cabeza de un hombre con el que no tenía nada que ver simplemente porque quería comprobar si la bala rebotaría o no en la calva del infortunado.

Un pistolero asiduo de los *saloons* de Nuevo México, Colorado y Texas, Clay Allison (1840-1877), al que, al decir de algún coetáneo, el whisky transformaba "en un demonio desatado", merodeaba por los locales ansioso de que alguien le diese una excusa con la más ligera de las provocaciones para matarle y desahogarse. El 7 de enero de 1875, Allison mató en Nuevo México a Chunk Colbert, otro pistolero con quien mantenía una vieja enemistad (basada sobre todo en la disputa sobre quién superaba al otro en número de víctimas) y con el que aquella noche estaba cenando. En cierto momento, Colbert sacó la pistola, pero el cañón tropezó con el borde la mesa y se le cayó. Allison desenfundó la suya y le mató de un disparo en el ojo derecho. Cuando le preguntaron por qué estaba cenando con un hombre que le quería matar y al que él quería pagar con la misma moneda, respondió tranquilo que "porque no me gusta mandar a nadie al infierno con el estómago vacío".

Como la de casi todos sus colegas, la carrera de Allison había comenzado bien pronto. Huérfano de padre desde los cinco años, al estallar la Guerra de Secesión, se alistó en el ejército confederado, del que fue pronto licenciado por los médicos que le hallaron "incapaz de llevar a cabo los deberes de un soldado a causa de un golpe en la cabeza recibido hace muchos años. La excitación emocional o física le producen paroxismos de cambios de carácter, con episodios epilécticos y otros maníacos". Fuera cual fuere la verdadera naturaleza de su enfermedad mental, Allison fue un hombre violento, especialmente cuando estaba bebido, lo que solía ocurrir muy a menudo, y de terrible e intimidadora fama en todo el Oeste. Todos daban por seguro que había matado a muchos hombres, aunque nadie vivo podía aportar detalles de ello. A él dicha fama, cuando estaba sobrio, le molestaba. En cierta ocasión escribió una indignada carta al director de un periódico de Missouri que le había adjudicado 15 asesinatos: "Siempre he intentado utilizar mi influencia para proteger las propiedades y a los hombres de mi condado de los ladrones, forajidos y asesinos, entre los que no se me puede incluir".

El 7 de enero de 1875, el despiadado pistolero Clay Allison (1840-1877) mató en un restaurante de Nuevo México a Chunk Colbert, un colega con quien mantenía una vieja enemistad. Cuando le preguntaron por qué estaba cenando con un hombre que le quería matar y al que él quería pagar con la misma moneda, respondió tranquilamente que "porque no me gusta mandar a nadie al infierno con el estómago vacío".

Allison tuvo un final poco glorioso. En julio de 1887, mientras cargaba un carro de provisiones en Pecos, Texas, un saco de grano se fue al suelo. Mientras él se agachaba a recogerlo, el carro se movió y una de sus ruedas le aplastó el cuello.

Pero Allison no es un caso de falta de escrúpulos aislado. "¡Carpenter, has derramado el whisky!", cuenta la leyenda que dijo aparentando contrariedad el semilegendario matón y pistolero Mike Fink (1770?-1823), tras matar a un compinche así llamado cuando intentaba acertar con un disparo a un vaso de latón colocado previamente en la cabeza del infortunado.

De hacer caso a la leyenda, el saldo de asesinatos de estos hombres desalmados y muy bien armados sería asombroso. Era tal la sangre fría de algunos de ellos que la gente no sabía ni cómo juzgarlos y, al final, solían optar por mirarles con una especie de pasmado sobrecogimiento, que, al fin y al cabo, era lo que la mayoría de ellos buscaba. En 1877, un joven delincuente acusado de asesinato, de nombre Bill Longley (1851-1878), escribió desde la cárcel estas palabras al *sheriff* que le había apresado: "Bien, no me las voy a dar de haber sido siempre un valiente, pero no he tenido nunca ayuda alguna cuando he querido matar a un hombre. Lo he hecho siempre por mí mismo y siempre solo".

Retrato robot del pistolero

En la realidad histórica, el pistolero habitó el Salvaje Oeste aproximadamente desde el momento de la fundación de las ciudades ganaderas al acabar la Guerra de Secesión hasta el final de los años ochenta del siglo XIX. Un corto periodo que, sin embargo, dejó honda huella en el imaginario estadounidense y, por derivación, en el mundial. Pocos periodos de la historia han recibido tanta atención de la cultura popular como aquél. Pero también han sido pocos los que han sido sometidos a más tergiversaciones y a más contaminación de la mitología. Numerosos libros y películas narran todo tipo de hechos sucedidos en el Oeste, pero todos están empañados por la bruma de la leyenda y cuesta mucho deslindar lo que tienen de auténtico o de ficticio.

Por ejemplo, la historia de Wild Bill Hickok (1837-1876) ilustra a la perfección el extraño proceso por el que en aquel universo cerrado del Oeste, en el que nada era lo que parecía, un tenebroso matón y empedernido jugador como él se transformaba sin solución de continuidad en un héroe imperecedero. En su caso, durante muchos años se cantaron sus hazañas y, en especial, la que, difundida intencionadamente por él, le lanzó a la fama, referida a aquella supuesta ocasión en que, acorralado, consiguió deshacerse de una banda de forajidos en la estación de diligencias de Rock Creek. En 1927, el periodista George W. Hansen lo investigó y relató la verdad de aquella escena en la que Hickok, en realidad, mató a sangre fría a dos hombres desarmados y apuntó a un tercero mientras sus compinches le mataban con un azadón.

En términos generales, pese a sus enormes diferencias personales, los más famosos pistoleros del Oeste tenían mucho en común además de sus reflejos rápidos. Casi todos eran hombres de muy precoces iniciaciones a la violencia. John Wesley Hardin (1853-1895), por ejemplo, mató a su primera víctima a los quince años de edad. Cuando las autoridades trataron de capturarlo, él siguió matando para eludir el arresto, lo que selló su destino como pistolero. Un caso similar fue el de Billy el Niño, cuyo primer acto de sangre se produjo a los dieciséis años.

La motivación del pistolero para introducirse en esa vida de peligros y autodestrucción era usualmente un arresto injustificado, un padre asesinado por agentes de la ley corruptos o, más a menudo, la frustración de un sudista, patriota de la Confederación, conducido a la fuerza a la vida del forajido por sus despiadados enemigos del Norte.

En efecto, muchos de estos asesinos fueron moldeados por la Guerra de Secesión. En estados fronterizos como Kansas y Missouri, las simpatías sureñas fueron muy encendidas y las guerrillas confederadas atormentaron a las tropas federales mediante continuas incursiones armadas a las ciudades que mostraban preferencias unionistas. En aquel frente no declarado, la guerra continuó mucho más allá del armisticio oficial. Pasaría una década o más hasta que se apagaran sus rescoldos. Pero, por entonces, aquel persistente y sangriento fuego ya había calentado demasiado el ebullente caldo de cultivo en el que nacerían los forajidos y los pistoleros del Salvaje Oeste.

Pero, ¿quiénes eran realmente los pistoleros? ¿De dónde venían? ¿Eran todos asesinos psicóticos y analfabetos? ¿Cuál es la verdad de sus vidas y de sus legendarias proezas? Muchas de las respuestas se hallan precisamente en sus propios escritos, porque algunos de ellos llegaron a escribir sus autobiografías, solos o en colaboración con algún escritor, mientras otros aportaron textos a muchos reportajes periodísticos. Y casi todos fueron entrevistados en alguna ocasión y escribieron cartas a los periódicos, rectificando algunas noticias sobre ellos y sobre sus actos, o, simplemente, informando al gran público de sus acciones. Wes Hardin, por ejemplo, estudió leyes en la cárcel, a la vez que escribía su autobiografía. Ben Thompson (1843-1884) fue elegido *marshal* de Austin e hizo de esa ciudad una de las más seguras de Texas, mientras colaboraba con su biógrafo, un juez muy respetado. Las cartas de Billy el Niño al gobernador del Territorio de Nuevo México y su declaración jurada ante el agente enviado por Washington para investigar oficialmente la corrupción en aquel territorio son una prueba irrefutable más de que no era analfabeto. Tom Horn (1860-1903), pistolero a sueldo de los barones ganaderos, acabó su autobiografía justo antes de ser ejecutado...

La mayoría de ellos eran tremendamente ególatras, cuando no mentirosos compulsivos. El mortífero Harvey Logan (1867-1904), más conocido como Kid Curry, escribió a un amigo de Montana que, después de haberse escapado de la cárcel de Knoxville en 1901, sus proezas "oscurecerían" las de Harry Tracy (1875-1902), otro pistolero y asesino por entonces perseguido en el Noroeste, con gran interés popular por sus peripecias. Tracy, por cierto, aunque llegó a declarar que los periodistas eran más peligrosos que las balas de sus perseguidores, solía pedir a sus víctimas que avisaran al *sheriff* más cercano para que los fotógrafos pudieran fotografiarles y que no olvidaran mencionar bien su nombre. Wild Bill Hickok se pavoneaba, dándose muchas ínfulas acerca de sus hazañas, en las tiendas de moda de la Quinta Avenida neoyorquina. Tom Horn no se cansaba de insultar a los "periódicos amarillos" por condenarle por anticipado pero, pese a ello, nunca se negó a una entrevista y posó con sumo gusto para los fotógrafos que asistieron a su ejecución.

Vanidades aparte, cada uno de ellos plantea su propio enigma, aunque es posible hacer algunas generalizaciones. Parecían no tener ni asomo de autocontrol ni forma alguna de enfriar su pasión por eliminar de la faz de la tierra a los demás; les faltaba algún mecanismo interno que les dijera cuándo parar. Tendían a mirar a sus víctimas no como seres humanos sino como meros estorbos en su camino que había que apartar sin contemplaciones o, si el sigilo era más conveniente, matar en cualquier callejón oscuro.

No obstante, aunque el pistolero era siempre reconocible, no hubo dos iguales, y casi los únicos rasgos que compartían eran el de manejar bien las armas y el de matar gente. Algunos lo hacían "para ver a un hombre patalear", otros solo "daban una ración de plomo" cuando se sentían provocados o en cumplimiento de su deber si desempeñaban una función oficial. Sus vidas, pese a su proverbial valentía y frialdad, estuvieron a menudo llenas de miedo. Revisando sus biografías, hasta el más osado o inconsciente de todos ellos tuvo sus momentos de debilidad. Se decía, por ejemplo, que el propio Bill Hickok, tras una noche tensa, prefería dormir debajo de la cama para poder sorprender a cualquier intruso, y que, si se acostaba, antes cubría el suelo de la habitación con periódicos para que cualquier crujido le despertase.

Aunque aceptaban la violencia y a menudo la muerte como gajes de su oficio, muchos se negaban a maldecir en presencia de mujeres y no podían permitir que otros lo hicieran. Pero nada de ello les impedía ser también despiadados e implacables. Contemporáneamente, casi todos ellos tuvieron un extraordinario atractivo para las aburridas e impacientes mujeres de la Frontera. Para ellas, encarceladas en remotas granjas, en cabañas de troncos, en ranchos y en ciudades extemporáneamente puritanas, el pistolero era un héroe romántico de vida mucho más atractiva y excitante que la que les proporcionaban los sosos, honrados, trabajadores y eternamente cansados hombres que les rodeaban. En sus desdichadas soledades, estas mujeres soñaban a menudo con que estos pistoleros, que acaban de ver en la cárcel, huyendo o simplemente de paso, habían venido a rescatarlas. La historia está plagada de testimonios en este sentido. Las esposas de los agricultores y granjeros que habían hecho la comida de buen grado a Harry Tracy le recordaban como un caballero, muy poco hablador y cortés. Kid Curry deslumbraba a las matronas de Knoxville hasta tal punto que el *sheriff* se vio forzado a prohibir que le siguieran mandando flores, cartas de amor y ricas especialidades gastronómicas a la cárcel. Una desesperadamente enamorada maestra de escuela trató de salvar a Tom Horn mientras agonizaba colgado en la horca. Wild Bill Hickok vivió con una serie ininterrumpida de mujeres, para casarse finalmente con una funambulista y amazona, famosa, por lo demás, por haber inventado el circo de dos pistas.

Sin embargo, en contra de este tópico, algunos pistoleros fueron felices hombres casados que formaron hogares ejemplares con su amada esposa y sus hijos, y fueron tratados con respeto, admiración y afecto por la gente de sus comunidades. Una enorme multitud asistió al entierro de Ben Thompson en Austin. En El Paso, Wes Hardin terminó siendo un respetado abogado con una brillante trayectoria profesional, truncada al ser disparado por la espalda por un agente de la ley que, como él, también tenía una larga trayectoria como forajido y proscrito.

Hombres extraordinarios y, a la vez, comunes, lo cierto es que protagonizaron existencias fuera de lo corriente. En todos los sentidos. No faltan, por ejemplo, anécdotas que nos hacen creer que sus vidas se parecieron más al argumento de una mala comedia. Piénsese en la indignación del gobernador al saber que grupos de ciudadanas estaban cantando serenatas al encarcelado Billy el Niño a través de la ventana de su celda. Recuérdese a Kid Curry arrojándose por la puerta de atrás de un *saloon* para escapar de un grupo de alguaciles... y cayendo por un inesperado terraplén a las vías del tren. O imagínese la cara del director de periódico que recibió una indignada carta de Wild Bill Hickok desmintiéndole la noticia de que había muerto en un tiroteo. O a Ben Thompson protestando por la mala calidad de una obra de teatro a la que asistía en

East Lynn disparando a los actores y riéndose a carcajadas mientras el público huía despavorido, sin avisar a unos y otros de que las balas eran de fogueo... Escenas cómicas que se contradicen, sin embargo, con otros muchos hechos de inequívoco carácter dramático y, a veces, trágico.

Porque, desde luego, no todo fue comedia en el Oeste. Kid Curry esperó pacientemente toda la noche, con gran sangre fría, bien emboscado, a Jim Winters, el ganadero de Montana que había asesinado años antes a su hermano menor, Johnny. Harry Tracy asesinó a sangre fría, sin necesidad, a los guardias que le habían cogido como rehén. Algo parecido hizo Billy el Niño, al abatir a tiros a los indefensos guardias durante su famosa huida de la cárcel de Lincoln. Wild Bill, disparó desde detrás de una cortina a un desarmado McCanles en la estación de diligencias de Rock Creek. Ben Thompson trató de convencer a un adolescente Wes Hardin de que matara a Wild Bill cuando este era *sheriff* de Abilene y ponía dificultades a los negocios de aquél...

Uno de los rasgos legendarios del pistolero que resulta atractivo para el público actual es su rechazo a crear relaciones emocionales o físicas duraderas. Siempre se le describe como un solitario que viene de ninguna parte, no tiene medios de vida, al menos visibles, pero su presencia se considera providencial. Incluso cuando ha sido aceptado en la comunidad, se mantiene apartado y distante. A veces, sin embargo, se le reaviva un antiguo amor o tiene un breve encuentro con una chica de un bar local o con una maestra de escuela, atraídas muchas veces por su rudeza y su indómito carácter. No obstante, cuando su tarea se acaba, el pistolero deja claro que esa relación no puede durar, se despide tristemente y se va al trote contra la puesta de sol. En otros contextos, casi todos consideraríamos tal rechazo a todo compromiso como un síntoma de inmadurez o de un miedo radical, casi patológico, a la responsabilidad. Pero el pistolero de la leyenda no es una persona normal. Para él, sucumbir a las necesidades y deseos humanos normales equivaldría a destruir su esencia. Uno de sus principales objetivos era ocultar sus debilidades, porque sabía que su fuerza residía en su habilidad con la pistola y en su valentía, fuera, en unos casos, para provocar el mal, fuera, en otros, para evitarlo o contrarrestarlo.

En última instancia, los pistoleros fueron derrotados por el alambre de espino, el telégrafo y, luego, el teléfono y la mayor eficacia de las fuerzas del orden que, irónicamente, habían ayudado a establecer. Con el cambio de siglo, los supervivientes ya eran anacronismos fronterizos incapaces de sobrellevar la sofisticada sociedad de aquel momento. Pero en el momento de máxima ebullición del Salvaje Oeste, eran muchos los que por él se movían. Conozcamos más de cerca la vida de los más famosos.

JOHN WESLEY HARDIN, UN ASESINO IMPLACABLE

Wes Hardin fue uno más de los héroes populares generados por el Salvaje Oeste. Para unos fue un ser inhumano carente de afectividad, un psicópata siempre dispuesto a desenfundar antes que su oponente; para otros, en cambio, fue un hombre noble, educado y gallardo, perseguido por el infortunio. Como él mismo se defendió: "Se ha dicho que he matado a seis o siete hombres por roncar. No es verdad. Solo he matado a un hombre porque roncara".

Nacido en Bonham, Texas, el 26 de mayo de 1853, Hardin recibió de su padre, predicador de la iglesia metodista, una sólida y fanática formación religiosa que, andando el tiempo, le serviría de coartada para justificar sus asesinatos de personas indeseables. Para él, todas sus 40 víctimas oficiales eran "encarnaciones del demonio". Como Jesse James y tantos otros, aprendió en la Guerra de Secesión, siendo todavía niño, a odiar todo lo yanqui, sentimiento del que extrajo una fuerte convicción que

Para unos, el tejano John Wesley Hardin (1853-1895) fue un psicópata siempre dispuesto a desenfundar antes que su oponente; para otros, en cambio, fue un hombre noble, educado y gallardo, perseguido por el infortunio. Como él mismo se defendió: "Se ha dicho que he matado a seis o siete hombres por roncar. No es verdad. Solo he matado a un hombre porque roncara".

impulsó toda su vida. Además, debido a su formación sureña pro esclavista, nunca acabó de asimilar la idea de que los negros (o los hispanos o indios) eran ciudadanos con los mismos derechos que los blancos. En sus propias palabras: "En aquellos tiempos, si había algo que podía soliviantarme era ver a insolentes negros recién liberados insultar o maltratar a confederados ancianos, heridos, decrépitos, débiles...".

Fiel a tal creencia, a los quince años, durante una visita al rancho de un tío suyo, mató fríamente a un antiguo esclavo llamado Mage, cuyo comportamiento juzgó insolente: en el curso de una discusión, Mage cometió el *imperdonable* error de tocar las bridas de su caballo. Hardin aseguró después que lo había amenazado, así que se emboscó y lo acribilló a balazos. Convencido de que, por su condición sudista, los yanquis no iban a dispensar un juicio justo a su hijo, su padre le dio una escopeta y le envió más al sur a vivir con su hermano mayor, maestro en el condado de Trinity.

Durante un corto periodo, pareció que Wes podría enderezar su vida y dejar atrás los problemas juveniles. Pero sucedió que se topó con tres soldados federales que le buscaban para detenerle. Dando comienzo a lo que él mismo definió como una guerra sin cuartel, a vida o muerte, contra los odiados yanquis, les hizo frente y, en el tiroteo, mató a dos con la escopeta y al tercero con el revólver. Así se convirtió en un fugitivo famoso que pronto encontró muchas complicidades entre sus amigos sudistas, especialmente entre los ya dedicados a la delincuencia. Él, lejos de buscar un más que conveniente anonimato, a los diecisiete años, ya había despachado a siete individuos, por móviles tan "sólidos" como un trivial pleito de juego o por la sospecha de haber sido reconocido. Esa cadena de homicidios le colocó, siendo aún un adolescente, a la cabeza de la lista de los más buscados por la policía estatal tejana.

En 1871, a los dieciocho años, fue contratado como *cowboy* para llevar una manada hacia el norte, manera como otra cualquiera de huir del territorio tejano donde su fama era ya demasiado notoria. Durante la travesía, encontró tiempo para matar a siete personas más, dos indios y cinco mexicanos, indignos, según él, de alentar bajo el mismo sol que un estadounidense blanco y de ley como él.

Finalmente, llegó a la ciudad ganadera de Abilene, Kansas, en cuyo alboroto se encontró a sus anchas. Para no perder práctica, llevado por el acaloramiento de fútiles disputas y del whisky, hizo pasar a mejor vida a tres congéneres más. Allí, trabó amistad con el famoso explorador y pistolero Wild Bill Hickok, *marshal* de Abilene, quien por una vez incumplió sus propias normas municipales y le permitió llevar pistolas, aunque un poco forzado por las circunstancias. Hickok le pidió a Hardin que se las entregara y el joven tejano, aparentemente dócil, se las ofreció con la culata por delante. Mas cuando Hickok se adelantó para cogerlas, Hardin las giró en el aire y Wild Bill se encontró encañonado por dos revólveres. Sorprendido por la rapidez y la sangre fría del muchacho, le invitó a tomar un trago y a charlar.

Sin embargo, poco después, Hardin se vio obligado a escapar de Abilene tras protagonizar un feo incidente en el hotel donde se alojaba. Una noche, enojado con los ronquidos del hombre que dormía en la habitación de al lado, disparó dos tiros a través de la pared: el primero despertó al hombre; el segundo, lo durmió para siempre. Cuando Hickok llegó al hotel a averiguar lo sucedido, Hardin huyó saltando a través de una ventana vestido solo con una camiseta. Tiempo después confesaría: "Creí que si Wild Bill me encontraba indefenso, no escucharía ninguna explicación, sino que me mataría para aumentar su reputación".

De nuevo a la fuga, Hardin siguió yendo de un sitio a otro sin parar, dejando un rastro de sangre allí por donde pasaba. En mitad de sus múltiples peripecias, pudo casarse con su primer y único amor: Jane Bowen, con la que tuvo cuatro hijos, aunque en pocas ocasiones disfrutó del matrimonio y de la prole, dado que ya era el pistolero más buscado de toda Norteamérica. Con los años, Hardin se había convertido en un buen mozo cuya piel atezada contrastaba con una mirada azul glacial que, al decir de quienes le conocieron, adquiría reflejos mortíferos cuando se enojaba, lo cual sucedía a menudo. Su historial se engrosó con cinco muertes más en duelos en los que él, como asesino, llevaba las de ganar porque, como dijo un testigo presencial, Hardin "manejaba la pistola con más rapidez que la rana caza moscas".

De vuelta a Texas, pronto se encontró en dificultades y se vio obligado a despachar a un agente federal y a un negro que iban dispuestos a detenerle por sus antiguas fechorías. El alivio sirvió de poco porque, durante una partida de cartas, pasaportó a otro *cowboy* que le había pillado haciendo trampas. Amigos del difunto organizaron la caza de Hardin y lo hubieran linchado de no ser por la aparición del *sheriff* que lo rescató malherido y lo encerró en la cárcel de Gonzales, Texas.

Pero el régimen carcelario no debía ser muy estricto y Hardin, repuesto de sus heridas, pudo escapar. Protegido por unos parientes, en los siguientes dos años, apareció mezclado en la guerra particular que sostenían dos clanes de ganaderos, los Sutton y los Taylor, que se acusaban mutuamente de sustracciones de ganado. Hardin estaba en el bando de los Taylor y en las batallas campales que se libraron se hace difícil contabilizar las bajas que le fueron atribuibles. Por la época, como también destacaba como jinete, fue animado a participar en carreras de caballos a campo a través contra otros vaqueros. Esta actividad hizo que sonara su nombre y que el *sheriff* del condado de Brown, Charles Webb, fuera en su busca, ávido por cobrar la recompensa.

Era la primavera de 1874 y, para entonces, Wes era ya el hombre más buscado de todo el Oeste. El 26 de mayo, día precisamente de su vigésimo primer cumpleaños, se topó con su perseguidor, el *sheriff* Webb, en un *saloon* de Comanche, Texas. Hardin, ignorante de las intenciones del *sheriff*, le invitó a tomar un trago. Webb accedió, pero aprovechando que Hardin le dio circunstancialmente la espalda, sacó la pistola. Alertado por el grito de alguno de los presentes, el pistolero se giró sobre sus talones y saltó hacia un lado justo en el mismo instante en que el *sheriff* le disparaba. Levemente herido, Hardin sacó la pistola con su rapidez habitual y disparó, hiriendo mortalmente a Webb. Era, más o menos, su trigésima novena víctima.

Tras el tiroteo, se le permitió abandonar la ciudad sin interferencias, pero a partir de entonces, durante el resto de su vida ya no dejó de ser perseguido por alguna partida de agentes de la ley. Una noche de comienzos de junio de aquel mismo 1874, le localizaron acampado en un valle. Al verse sorprendido por más de 100 hombres, Hardin y el amigo que le acompañaba galoparon a toda velocidad en la oscuridad. Finalmente, se vieron arrinconados en una colina. Al llegar a la cima, pudieron ver que al otro lado les esperaba un segundo grupo. Hardin y su compinche deshicieron su camino y se lanzaron atropelladamente ladera bajo, directamente hacia el grupo principal que les venía pisando los talones. En la confusión, Wes escapó... al menos de momento.

Esta inconcebible serie de fechorías hicieron de Texas un territorio inhóspito para Hardin, que decidió trasladarse con su familia a Nueva Orleans, donde adoptó el nombre de J. H. Swain. Como tal, marchó luego a Alabama, donde regentó un *saloon*, y finalmente a Florida. La única *hazaña* reseñable durante su estancia allí fue el protagonismo que jugó en el linchamiento de un negro acusado de haber mirado descaradamente a una mujer blanca.

La cabeza de Hardin, entretanto, había llegado a cotizarse a 4.000 dólares, importante suma que incitó al teniente John B. Armstrong, de los rangers de Texas, a solicitar permiso para ir tras su pista. Armstrong partió con un pelotón de Dallas, recorrió Texas, Alabama y Louisiana hasta alcanzar Florida, donde obtuvo noticias fidedignas del paradero de Hardin. El 23 de agosto de 1877, al amanecer, Armstrong y sus hombres le localizaron a unos kilómetros de Pensacola Junction, jugando al póquer con otros cuatro compinches en un vagón de ferrocarril abandonado. Armstrong cercó el vagón e inició una ruidosa batalla de desgaste que acabó con la muerte de uno de los secuaces de Hardin, la puesta fuera de combate de este de un puñetazo y la rendición de los tres restantes. El sombrero stetson de Armstrong, con dos agujeros de bala, dio fe de que aquél era el día afortunado de su propietario.

Hardin fue conducido a Texas, juzgado culpable del asesinato del *sheriff* Webb y condenado a veinticinco años de cárcel. En su estancia carcelaria pareció abrírsele el camino de la regeneración. Estudió teología y leyes, colaboró con el alcaide y, a la vista de su buen comportamiento, vio reducida su pena. Tras dieciséis años de prisión, salió a la calle perdonado por el gobernador y se fue a El Paso a ejercer con éxito la abogacía.

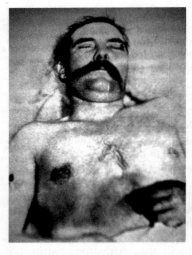

En agosto de 1895, Hardin se hallaba en el *saloon* Acme de El Paso jugando a los dados en un extremo de la barra, cuando el también pistolero John Selman entró en el local y, a sangre fría, le mató de varios disparos.

Pero su inclinación hacia la mala vida era demasiado fuerte y pronto se le vio de nuevo en garitos y timbas. En uno de estos lugares, el 19 de agosto de 1895, tuvo una pendencia con un joven policía llamado Selman. La cosa no pasó a mayores, pero en la reyerta terció el padre del policía, John Selman (1839-1896), conocido cuatrero y pistolero de origen inglés, quien retó a Hardin. Este, cosa rara, iba desarmado, por lo que su oponente le instó a que se armara. Hardin rehuyó al encuentro y fue a refugiarse al *saloon* Acme de la calle San Antonio. Cuando estaba en un extremo de la barra jugando a los dados, entró Selman y, a sangre fría, disparó sobre él. El balazo le entró por el occipucio, signo evidente de que le disparó por la espalda. Allí y así acabó la carrera de Wes Hardin, quien se fue al otro mundo seguro de que todos los que había matado eran el mismísimo diablo. Si así era, Hardin se reuniría pronto con ellos.

Como si fuera una maldición, tampoco su asesino, John Selman, vivió mucho para contarlo. Menos de un año después, cayó en un duelo callejero acribillado a tiros por su antiguo amigo, el pistolero y *marshal* George W. Scarborough, quien, a su vez, también murió en 1900 con las botas puestas por obra de Will Carver, miembro del Grupo Salvaje de Butch Cassidy. Carver, para no ser menos, fue abatido al año siguiente por el *sheriff* Elijah Briant, quien, cosa rara en su estirpe, murió en su cama de muerte natural. No le ocurriría igual a nuestro siguiente protagonista.

BEN THOMPSON, LA MEJOR PISTOLA DEL OESTE

Hubo pocos hombres en el Oeste que tomaran parte en más sucesos históricos o que aglutinaran en una vida de cuarenta y un años más elementos dramáticos que Benjamin Thompson (1843-1884). Fue oficial de caballería del ejército confederado, agente secreto infiltrado en las líneas unionistas, oficial en el ejército mexicano del emperador Maximiliano y también en el yanqui, destacando en las guerras indias, pero ello no le impidió ser también un jugador profesional muy conocido en todo el Oeste y, además, un infalible e impasible asesino. Hablando de él, el *sheriff* Bat Masterson, que le conoció muy bien, llegó a escribir: "Dudo mucho de si en su tiempo hubo otro hombre vivo que pudiera igualarle con una pistola en un duelo a vida o muerte". Sobrio y serio, Thompson era poco hablador, cortés, impulsivamente generoso y tremendamente fiel a sus amigos. Pero el whisky cambiaba por completo su carácter: bebido, se convertía en arrogante, belicoso y camorrista. Además, el peligro le convertía en un asesino frío y calculador.

Thompson había nacido en el condado inglés de Yorkshire en 1843. Cuando tenía nueve años, su familia emigró a Estados Unidos y se estableció en Austin, Texas. Para desgracia del chico, su padre, antiguo marinero, frecuentaba más las cantinas que su propio hogar. Antes de que Ben cumpliese los doce años, ya era famoso en la vecindad por sus continuas peleas con los matones del lugar que se reían de su padre. Quienes le conocieron,

Sobrio y serio, Ben Thompson era poco hablador, cortés, impulsivamente generoso y tremendamente fiel a sus amigos, pero el whisky cambiaba por completo su carácter: bebido, se convertía en arrogante, belicoso y camorrista. Además, el peligro le convertía en un asesino frío y calculador.

contaron después que era un chico brillante, bien parecido, muy prometedor y con un temperamento explosivo. Tenía trece años cuando disparó a otro chico durante una discusión acerca de su respectiva puntería. Poco después se batió en duelo con varios pistoleros por una absurda disputa sobre la propiedad de unos gansos.

Por entonces su padre se volvió a enrolar como marinero y ya nunca volvió, dejando a Ben y a su hermano menor, Billy, al cuidado de su madre, una bella y débil inglesa, y de sus dos hermanas. Ben comenzó a trabajar como pescadero. Poco después, el coronel John A. Green, un prominente abogado local, impresionado por la inteligencia del chaval, le tomó bajo su tutela y le envió a una escuela privada, donde Ben demostró ser un alumno aventajado. Sin embargo, solo pudo permanecer allí dos años, pues hubo de volver a su casa para mantener a la familia. El coronel Green le buscó un trabajo en la sala de composición del Southern Intelligencer de Austin, donde pronto se convirtió en aprendiz de impresor. Un año después, se cambió al New Orleans Picayune, pero enseguida se metió en problemas.

Un día, montado en un tranvía, observó cómo un joven francés derrochaba atenciones no deseadas a una muchacha. Ben intervino, se produjo una pelea y arrojó del vehículo al francés. Este, Emile de Tours, le siguió hasta su trabajo y le retó a duelo con pistolas o espadas. Pero era a Ben, como parte desafiada, a quien le correspondía elegir las armas del duelo. Así lo hizo y sorprendió a su adversario exigiendo que ambos entrasen en una habitación a oscuras y luchasen a muerte con cuchillos. Tras algunas lógicas dudas, De Tours se avino a esas condiciones. Una mañana temprano, a las afueras de la ciudad, ambos, con los ojos tapados y un cuchillo de montañero en las manos, fueron conducidos al interior de una cámara frigorífica. Luego cerraron la puerta y los dejaron solos dentro. En tenso silencio, los padrinos y testigos esperaron el resultado de aquel inusitado duelo. Unos pocos segundos después, alguien golpeó la puerta desde dentro y ellos corrieron a abrirla. Ben Thompson, con los ojos tapados aún, salió, dejando tras él el cuerpo sin vida de su adversario. Esa noche, los amigos del francés le buscaron por toda la ciudad, pero Ben, aconsejado por los suyos, ya la había abandonado.

Por un tiempo volvió a trabajar en la sala de composición del Intelligencer de Austin y, en su tiempo libre, comenzó a frecuentar los salones de juego. Cuando descubrió que tenía la misma singular habilidad innata con las cartas que con las armas, dejó el empleo y se hizo profesional de los tapetes. Sus dos habilidades eran parejas. En cierta ocasión, un conocido jugador con reputación de asesino le llamó tramposo y le retó a un duelo de pistolas. Una vez que se disipó el humo, todos se acercaron a ver el cadáver de su retador.

Por entonces, la ciudad de Austin era muy peligrosa. A sus afueras comenzaban las praderas, repletas aún de bisontes, pero también de comanches y kiowas en pie de guerra. En cierta ocasión, una partida de guerreros indios irrumpió en la ciudad y raptó a cinco muchachas. Ben se unió a la partida que salió en su rescate. Una vez localizados los indios, los certeros disparos de larga distancia de Ben, ante el asombro y el júbilo de sus convecinos, lograron descabalgar a todos los raptores menos uno, que huyó despavorido. Las muchachas fueron rescatadas.

Al estallar la Guerra de Secesión, Ben se alistó en el Segundo de Caballería de San Antonio, acuartelado en Fort Clark, pero enseguida tuvo una fuerte discusión con un teniente y un sargento y los mató a ambos. Fue encarcelado, pero logró escapar y se alistó en otro regimiento, con el que entró en acción, patrullando por el río Grande. Durante un permiso, Ben volvió a Austin y se casó con Catherine Moore, hija de un granjero local. Ya licenciado, se volvió a meter en más problemas. En Laredo, mató a dos mexicanos durante una pelea entre jugadores y tuvo que huir. Poco después, fue encarcelado tras matar a un hombre llamado John Coombs, de nuevo tras una disputa de juego. Se fugó de la cárcel y volvió a alistarse en el ejército, ya hasta el final de la guerra.

Nada más volver a su vida civil en Austin y reunirse con su esposa, fue arrestado, junto a su hermano Billy, acusado del asesinato de Coombs. Dado el caos de la Texas de posguerra, los Thompson pasaron meses en prisión preventiva sin comparecer a juicio ni conseguir la libertad bajo fianza. Mientras tanto, el emperador Maximiliano de México había enviado a agentes a reclutar a antiguos oficiales confederados que ayudaran a su maltrecho ejército, en guerra contra insurrectos republicanos. Una noche, tras sobornar a sus guardianes, Ben se escapó, cruzó el río Grande y se unió, con el grado de teniente, al regimiento del general Tomás Mejía. Aunque se sabe que participó en algunas aventuras extraordinarias, su vida de mercenario en México no es muy bien conocida.

A su regreso, faltó tiempo para volver a ser arrestado, junto con su hermano Billy, como fugitivo de la justicia.

Durante cinco semanas, ambos comparecieron ante un tribunal militar convocado a kilómetro y medio del calabozo, distancia que tenían que recorrer cada día a pie llevando a cuestas los grilletes y la bola, que pesaban unos 50 kilos. Fueron declarados culpables y sentenciados a diez años de trabajos forzosos. Pero solo cumplirían dos.

Tras su liberación, Ben se trasladó a la ciudad ganadera de Abilene, Kansas, paraíso de los jugadores. Llegó a ella con el suficiente dinero para pagarse una noche de hospedaje y el desayuno del día siguiente. Como las mesas de juego estaban abiertas las veinticuatro horas del día, Ben empeñó su revólver y se sentó en la primera que encontró. Cuando se levantó varias horas después, había ganado 2.583 dólares.

Al poco llegó también a la ciudad otro famoso jugador de Austin y antiguo compañero de armas de Ben en México, Phil Coe (1839-1871). Juntos abrieron el Bull's Head Saloon. Ante el fulminante éxito del local, los demás propietarios de salones de juego comenzaron a conspirar con el *sheriff*, a la sazón el famoso Wild Bill Hickok, para librarse de su competidor. En el primer encuentro entre ambos pistoleros saltaron chispas. Tenían varios motivos para no caerse bien. Para empezar, ambos sabían que el otro era un enemigo de cuidado. Thompson odiaba a muerte a los yanquis, mientras que a Hickok le pasaba lo mismo con los tejanos, especialmente con los jugadores. Otro motivo de discordia era el cartel de la fachada del negocio de Thompson, que tenía indignados a las fuerzas vivas bienpensantes de la ciudad porque incluía una pintura de exageradas dimensiones del órgano sexual de un toro. Wild Bill exigió que fuera cambiado y, por si acaso, vigiló el trabajo de los pintores con una escopeta entre los brazos. Aunque ahí no acabó el acoso de Hickok al *saloon* y a sus propietarios, estos mantuvieron la calma. Ben y Wild Bill no se llegaron a enfrentar directamente nunca, pero la tensión nunca decayó.

Tal vez para olvidarse de ella, Ben mandó llamar a su mujer y su hijo y les fue a recoger a Kansas City, pero la fortuna quiso que el carruaje en que viajaban los tres sufriera un accidente a las afueras de la ciudad. En el vuelco, la mujer se rompió un brazo, que le tuvo que ser amputado; el hijo, un pie, y Ben, una pierna. Los doctores les trataron durante todo el verano de 1871 en el Lincoln Hotel de Kansas City, pero el tedio convenció a Ben de que su etapa en Abilene había acabado. Así que vendió el *saloon* y, a finales de septiembre, regresó con su familia a Texas. Pocos días después, Hickok mató en un famoso duelo al socio de Thompson, Phil Coe.

En junio de 1873, Ben y Billy Thompson rompieron su retiro tejano y abrieron con gran éxito un nuevo casino en Ellsworth, ciudad algo más tranquila que Abilene, en la que no faltaba el habitual alboroto cada vez que llegaba un nuevo grupo de *cowboys* (disparos al aire, peleas, borracheras y esas cosas), pero en la que los tiroteos eran relativamente escasos. El *sheriff* Chauncey B. Whitney permitía que los muchachos se desahogasen, luego les hacía pagar los desperfectos, les invitaba a un trago y todo volvía a su ser. Si alguna vez la cosa pasaba a mayores, Ben ayudaba al *sheriff*, al que le unía una gran amistad, y juntos desarmaban al borracho pendenciero y continuaban la velada.

Sin embargo, el 15 de agosto de 1873 las cosas se desmadraron. Ben exigió al jugador Jack Sterling el pago de una deuda. Sabiendo que iba desarmado, Sterling le propinó un puñetazo en la cara. Ben se fue a por él, pero dos ayudantes del *sheriff* le detuvieron empuñando sus armas. Más tarde, Ben y su hermano Billy (este seriamente afectado por el whisky) buscaron por toda la ciudad a los ofensores. Les encontraron en la estación del tren y Ben les retó a pelear. Enseguida llegó el *sheriff* Whitney e intentó apaciguar los ánimos llevándose a los hermanos a un *saloon* cercano. Al echar a andar, Ben oyó unos pasos tras ellos, se giró y vio que Sterling y uno de los alguaciles se dirigían hacia ellos apuntándoles con las pistolas. Mientras Ben desenfundaba la suya, ellos se pusieron a cubierto en el zaguán de una tienda, que Ben astilló con sus disparos. Al oírlos, Billy se giró y, mientras daba un traspiés, disparó hacia los agresores, pero con tan mala fortuna que mató al *sheriff* Whitney.

Los hermanos no fueron juzgados al considerarse que había sido un accidente y Ben se marchó un tiempo a Kansas City. Días después, se produjo otro tiroteo en Ellsworth en el que murió un *cowboy* tejano a disparos de otro ayudante del *sheriff*. Su muerte provocó que una partida de enfurecidos tejanos intentara quemar la ciudad en venganza. Al día siguiente, los ciudadanos formaron un cuerpo de vigilantes que comenzó a patrullar las calles y los locales, *invitando* a todos los indeseables a abandonar la ciudad en el plazo de cinco minutos si no querían, en jerga de la época, "convertirse en los invitados de honor de una fiesta de la corbata", es decir, si no querían ser linchados. Como se leyó en el periódico *Topeka Commonwealth*: "El día 12 de agosto será recordado en Ellsworth como el del éxodo de los rufianes y los jugadores". Cuando Ben se enteró de que los jugadores habían sido expulsados de Ellsworth, decidió cerrar su negocio y volver a Texas.

No obstante, en los años posteriores siguió abriendo otros garitos en distintas ciudades ganaderas y mineras, como Dodge City, Kansas, y Leadville, Colorado. Hacia 1875, su reputación como pistolero había alcanzado tales cotas que el director del *New York Sun* envió a un reportero a Texas para que explicara a sus lectores su técnica como pistolero. Ben se explayó: "Para mí es obligado que el otro tipo dispare primero. Si el hombre quiere luchar, lo discuto con él e intento demostrarle qué loco sería si siguiera adelante. Si no puedo disuadirlo, bueno, pues entonces comienza la diversión, pero siempre le dejo que dispare primero. Luego disparo yo y así, ya ve, cuento siempre con la coartada de la legítima defensa. Sé de antemano que, llevado por la precipitación, él será poco certero y fallará. Yo no".

En el otoño de 1879, Thompson, pistolero, asesino y jugador, se presentó a las elecciones para *marshal* de la ciudad de Austin. Sin embargo, su candidatura no caló en el electorado y fue derrotado. En las siguientes, obtendría el puesto. Curiosamente, fue un excelente *marshal*. La tasa de delincuencia bajó y durante su corto mandato no se produjo ni un solo asesinato o robo con violencia en su jurisdicción.

Sin embargo, al verano siguiente de su elección, tuvo que dimitir tras matar a un viejo enemigo, Jack Harris, conocido jugador y propietario del Vaudeville Theatre de San Antonio, probablemente el *night-club* más famoso de Texas. Anochecía cuando Ben se aproximó al salón de juegos. La orquesta del teatro atronaba desde su foso cuando Ben atisbó por entre las lamas de la puerta batiente que separaba el vestíbulo y el interior y vio a Harris, que evidentemente le esperaba con una escopeta entre los brazos. Se produjo un intercambio de insultos entre ambos y Harris apuntó su escopeta hacia Ben, pero este, rápido como siempre, incumplió por una vez su norma y disparó primero. Enseguida, incrustó otras dos balas en el cuerpo de Harris, que se desplomó mientras intentaba en vano apretar el gatillo de su arma.

Aquella vez se impuso, pero no ocurriría lo mismo la siguiente vez que volviera a pisar aquel local. Sin duda, su sino era morir de igual manera que había vivido, rodeado de pistolas humeantes. El 11 de marzo de 1884, Ben se dejó convencer por un viejo amigo, King Fisher, un asesino de la peor especie, y entró de nuevo en el Vaudeville Theatre, en el que había jurado no volver a poner un pie. "Sería mi tumba", parece ser que dijo. Ben sabía que Joe Foster, el socio superviviente, se había descargado de toda responsabilidad ante la policía si Ben volvía a entrar en su local. Pero lo hizo. Al parecer, nada más entrar, sin mediar palabra, Thompson y Fisher fueron abatidos a tiros.

Los ciudadanos de Austin le dieron una fenomenal despedida. Una multitud desbordó la capacidad de la iglesia y las colas de admiradores que querían rendirle su último homenaje ocuparon varias manzanas. Unos de los carruajes del cortejo fúnebre estaba ocupado por un grupo de huérfanos lloriqueantes. Hasta ese momento nadie había sabido que Ben Thompson, el implacable matador de hombres, llevaba años ocupándose generosamente de ellos. Claroscuros en una biografía plagada de puntos oscuros, algo similar a lo que ocurre con la de nuestro siguiente protagonista.

Doc Holliday,
EL DENTISTA MÁS MORTÍFERO DEL OESTE

John Henry Doc Holliday nació el 14 de agosto de 1851 en Griffin, Georgia, en una familia acomodada: su padre era un abogado y rico hacendado. Nació con labio leporino, que le fue reparado quirúrgicamente por su propio tío, J. S. Holliday, y un primo carnal, el famoso médico Crawford Long. La reparación no dejó impedimento alguno en el habla, aunque necesitó mucha rehabilitación y le dejó rastros visibles en el rostro. Su madre murió de tuberculosis en 1866, cuando él tenía quince años. Tres meses después, su padre se volvió a casar y todos se marcharon a Valdosta, Georgia.

En 1870, a los diecinueve años, Holliday se fue de casa para estudiar odontología en Filadelfia, donde se doctoró en 1872. Poco después de haber comenzado sus prácticas, se le diagnosticó tuberculosis, como a su madre. Le dieron solo unos meses de vida y le aconsejaron que se fuese a vivir al clima más seco y caluroso del Sudoeste. Efectivamente, en septiembre de 1873, viajó a Dallas, Texas, donde abrió una consulta de dentista y donde, en vez del aire puro prescrito, se dedicó a inhalar el viciado y espeso de todos los tugurios que halló a su paso, completando el tratamiento con tomas de whisky en dosis masivas.

Pronto, al darse cuenta de que el juego podría ser mucho más lucrativo que la odontología, comenzó su carrera de jugador profesional. En mayo de 1874, fue acusado en Dallas de juego ilegal. El siguiente enero, fue arrestado de nuevo tras vender un arma al gerente de un *saloon*, pero fue absuelto. Trasladó su consulta a Denison, Texas, pero, tras ser hallado culpable y multado por juego ilegal, decidió dejar el Estado. En los siguientes años, Holliday tuvo muchos más encontronazos con la ley debido a su carácter fogoso y a su actitud suicida que le llevaban a pensar que morir violentamente era mejor que de tuberculosis. También parece haber contribuido a ello el uso y abuso del alcohol.

Por este tiempo, Doc siguió viajando por la frontera minera del Oeste, donde el juego era legal y más lucrativo. El otoño de 1876, se repartió entre Denver, Cheyenne y Deadwood. Buena parte de 1877, lo pasó en Fort Griffin, Texas, donde coincidió con Wyatt Earp. Ambos, el estable y controlado Earp y el fogoso e impulsivo Doc, comenzaron a trabar una insólita pero sólida amistad, que se fortaleció en 1878 en Dodge City, Kansas, a donde ambos habían viajado para hacer dinero desplumando a los *cowboys* tejanos. Allí fue donde Holliday practicó por última vez su oficio de sacamuelas. A partir de entonces prefirió el de sacacuartos.

Su amistad con Wyatt Earp terminó de fraguar cuando, en septiembre de 1878, siendo este ayudante del *marshal* de la ciudad, tuvo un incidente al verse rodeado por unos hombres y tomarle ventaja con las armas. El incidente ocurrió en una cantina que por entonces regentaba Holliday, quien, sin pensárselo dos veces, salió de la barra pistola en mano y se situó en otro ángulo desde el que cubría los movimientos del grupo. Desde aquel día, Wyatt no se cansó de contar que Doc le había salvado la vida.

Pese a que en su biografía se mezclan los hechos y la leyenda, aquel no fue, ni mucho menos, el único altercado que Holliday protagonizó en los garitos de juego. En muchos de ellos salieron a relucir las armas, pero como estaba casi siempre bebido, solía errar sus disparos. Uno de estos tiroteos bien documentados sucedió en julio de 1879. Doc estaba sentado en un *saloon* de Las Vegas, Nuevo México, cuando el antiguo explorador militar

Mike Gordon comenzó a gritar desde la calle a una de las chicas de alterne del local. Cuando irrumpió hecho una furia en el *saloon*, Holliday le siguió. Gordon sacó la pistola y efectuó un disparo, que erró. Doc desenfundó inmediatamente y disparó, matándole. Sometido a juicio, fue absuelto. Por entonces era ya bien conocido por su reputación, más o menos fundada, de pistolero y tahúr.

En septiembre de 1880, gracias a su amistad con Wyatt y con los demás hermanos Earp, Holliday se mudó a la ciudad de Tombstone, Arizona, que vivía un boom por sus minas de plata y donde residían sus amigos desde diciembre de 1879. Al saber que los Earp, agentes de la ley y matones de la ciudad, tenían problemas con una banda de *cowboys*, Doc no se lo pensó y acudió en su ayuda. Allí se vio implicado rápidamente en el clima de violencia que vivía la ciudad y que condujo al famoso tiroteo de O.K. Corral, de octubre de 1881, del que nos ocuparemos más adelante.

Tras el famoso incidente, una investigación dejó libres de cargos tanto a los Earp como a Holliday. Pero la situación pronto empeoró cuando en diciembre de 1881 Virgil Earp sufrió una emboscada, resultó herido y quedó inválido de por vida. Luego, en marzo de 1882, Morgan Earp sufrió otra emboscada y resultó muerto. Tras el asesinato, los Earp y Holliday abandonaron la ciudad. En Tucson, mientras Doc, Wyatt y el hermano pequeño de este, Warren, escoltaban al convaleciente Virgil y a su mujer Allie hacia California, lograron eludir una emboscada y decidieron poner en marcha un plan de venganza. Tras dejar a la familia a salvo en California, Doc, Wyatt, Warren y los amigos Sherman McMasters, Turkey Creek Jack Johnson y Texas Jack Vermillion llevaron a cabo una *vendetta* durante tres semanas. La primera víctima fue Frank Stilwell, antiguo ayudante del *sheriff* Johnny Behan, que estaba a punto de ser juzgado en Tucson por un cargo de asalto a una diligencia y que apareció muerto sobre las vías del tren a disparos de Wyatt y sus amigos. Nunca se supo qué hacía allí Stilwell (tal vez acudió engañado a una falsa cita con un hombre que supuestamente iba a testificar a su favor), pero Wyatt adujo que se proponía atacar a los Earp. En su autobiografía, Wyatt admitió que disparó a Stilwell con una escopeta, pero el cadáver presentaba dos impactos de escopeta y tres de bala. Seguramente, el segundo tirador fuera Holliday, aunque él nunca lo reconoció.

Tras dictarse orden de busca y captura en el Territorio de Arizona contra los Earp y sus amigos, incluido Holliday, todos se trasladaron a Nuevo México, y luego a Colorado, donde llegaron a mediados de abril de 1882. Durante el viaje, Wyatt Earp y Holliday tuvieron una pequeña discusión y se separaron. En mayo, Doc fue arrestado en Denver acusado de la muerte de Stilwell. Debido a la falta de pruebas, las autoridades de Colorado rechazaron extraditarle, aunque pasó dos semanas en prisión mientras se tomaba una decisión. Tras su puesta en libertad, se reconcilió con Wyatt un mes después, en Gunnison.

Doc Holliday pasó el resto de su vida en Colorado. Tras una estancia en Leadville, sufrió los efectos de la altitud; su salud se resintió y sus habilidades como jugador comenzaron a sufrir un deterioro irreversible. En 1887, prematuramente canoso y gravemente enfermo, Doc se dirigió al hotel Glenwood cercano a las fuentes termales de Glenwood Springs. Esperaba sacar provecho del famoso poder curativo de las aguas, pero los gases sulfurosos del manantial hicieron más mal que bien a sus delicados pulmones. Mientras yacía moribundo, Doc pidió su último vaso de whisky y, con aire irónico, miró sus pies desnudos mientras moría. Se dijo que sus últimas palabras fueron: "Es divertido". Nadie hubiera prever que falleciese en la cama, sin tener las botas puestas.

Todos los relatos históricos parecen estar de acuerdo en que Holliday era extremadamente rápido con el revólver, pero que no era nada certero: en sendos tiroteos disparó a un oponente en el brazo (Billy Allen), a otro (Charles White) en el cuero cabelludo y erró por

Mientras yacía moribundo, Doc Holliday pidió su último vaso de whisky y, con aire irónico, miró sus pies desnudos mientras moría. Se dijo que sus últimas palabras fueron: "Es divertido". Nadie hubiera podido prever que falleciese en la cama, sin tener las botas puestas.

completo al tercero (un gerente de *saloon* llamado Charles Austin). En un temprano incidente en Tombstone en 1880, al poco de llegar a la ciudad, un borracho Holliday disparó en la mano al propietario del Oriental Saloon, Milt Joyce, y en un dedo al camarero Parker, ninguno de los cuales era la persona a la que apuntaba. Con la excepción de Mike Gordon en 1879, no hay registro oficial alguno que achaque a Holliday alguno de los numerosos asesinatos que la leyenda le atribuye; vale lo mismo decir respecto a los numerosos ataques con cuchillo que se le supusieron.

En cualquier caso, con o sin razón, Holliday se ganó una reputación mortal y fue un hombre realmente temido. En 1896, recordándole y alimentando esa leyenda, Wyatt declaró a la prensa: "Doc era un dentista al que la necesidad convirtió en tahúr; un caballero al que la enfermedad convirtió en vagabundo de la Frontera; un filósofo al que la vida hizo un sabio cáustico; un enjuto y alto muchacho de pelo rubio ceniza que murió de tisis y, al mismo tiempo, aunque solía beberse tres cuartos de galón de

whisky al día, el más habilidoso jugador y el más eléc-
trico, rápido y mortal pistolero que he conocido jamás".

TIROTEOS, DUELOS Y AJUSTES DE CUENTAS

El sol del mediodía recuece aquel pueblo vaquero en
que acaban todas las expediciones ganaderas. La calle,
llena de surcos y roderas y bordeada de casas de madera,
está desierta. Hasta los bancos del porche del hotel para
vaqueros, siempre llenos, están hoy vacíos. Se masca una
amenazante quietud, una sensación de violencia contenida
a punto de estallar.

De repente, aparece el pistolero. Es alto y su bronceado recuerda el color del cuero viejo de una silla de
montar. Bajo el ribete de su sombrero de ala ancha, sus
ojos azules, fríos y duros, marmóreos, observan todo. Las
pistoleras, bien atadas a sus muslos con cinchas de cuero.

El pistolero recorre lentamente la calle, mientras sus
manos cuelgan indiferentes a sus costados. Miradas angus-
tiadas le siguen a través de las rendijas de puertas y ventanas. En un establo cercano, un caballo, que espera a ser
herrado, bufa con impaciencia. Una cálida brisa juguetea
con el polvo de la calle. En alguna parte, una puerta se
cierra de golpe, rompiendo el silencio.

Entonces, aparece otro hombre, que camina arrogan-
temente hacia el pistolero. Como él, también va armado.
Se aproxima y se detiene. Durante un momento infinito,
los dos se miran en tenso silencio. El recién llegado no
puede ocultar un pequeño titubeo, una sombra de duda, en
su mirada. Casi como si alguien hubiera hecho una señal,
las manos de ambos relampaguean hacia las culatas de sus
revólveres. El estruendo de dos colts 45 hace añicos la
quietud y el silencio. Y todo queda en suspenso...

Cuando la escena se vuelve a poner en marcha, el
pistolero sigue completamente erguido, indemne, mientras

que su oponente se contrae lentamente. La ciudad entra repentinamente en erupción. Hombres y mujeres inundan las aceras. Algunos miran sobrecogidos al asesino que, con toda calma, casi con apatía, enfunda la pistola y se aleja de la escena, mientras los demás se agolpan sobre la víctima, que muere antes de que su cuerpo toque el suelo...

Esta trillada escena ha sido contada innumerables veces en libros, canciones, baladas, series de televisión y películas, constituyendo de alguna forma el núcleo central de la leyenda del pistolero, el gran protagonista del relato mítico de la historia del Salvaje Oeste. Sin embargo, la escena raramente se dio en el Oeste real.

A menudo, los pistoleros actuaban sin pensárselo: uno sacaba su pistola y el otro, si le daba tiempo o lo veía, reaccionaba. Lo normal es que el tiroteo se desarrollara mientras los contendientes corrían para ponerse a cubierto. Otras veces, uno de los dos estaba demasiado bebido como para esconderse, pero también para acertar varios tiros fáciles. En la mayor parte de las ocasiones, el tiroteo duraba poco más que el tiempo en que uno de los dos, tras esperar el mejor momento, tomaba ventaja al otro, le disparaba y le mataba.

En el Salvaje Oeste hubo muchos tiros y no pocos muertos por disparos, pero fueron muy pocos los duelos y menos aun los desarrollados con la escenografía repetida luego hasta la saciedad por la mitología popular. Todo lo contrario, en casos en que los dos hombres tenían la misma reputación, ambos evitaban la confrontación cuanto fuera posible. Muy raramente tomaban riesgos indebidos y, por lo común, sopesaban sus opciones antes de enfrentarse a un reconocido pistolero.

Este respeto mutuo fue la causa de que los más famosos raramente se enfrentaran entre sí. En este juego de vida o muerte, lo mejor era, como es lógico, enfrentarse a adversarios menores. Con independencia del folclore, los hombres con buena reputación de pistoleros no estaban ansiosos ni mucho menos por vérselas con otro con la misma reputación. Nadie quería perder su fama de pistolero de nervios de acero; pero, antes que cualquier otra cosa, nadie quería perder la vida, por acierto o simplemente por fortuna del adversario. Si se podía, era mejor disparar cuanto antes y, preferiblemente, estando uno a cubierto... o el otro de espaldas. La estadística lo confirma. Pistoleros como King Fisher, John Wesley Hardin, Ben Thompson, Billy el Niño y Wild Bill Hickok murieron como resultado de una emboscada, asesinados del modo más sencillo por hombres que les temían precisamente por su reputación. Otros como Kid Curry, Jim Courtright, Dallas Stoudenmire y Dave Rudabaugh fueron asesinados en tiroteos de venganza, por lo común contra más de un adversario. Bill Longley y Tom Horn fueron ejecutados. Los hubo que murieron en accidentes de carretera, como Clay Allison. Otros, como Wyatt Earp, Doc Holliday, Commodore Perry Owens y Luke Short, fallecieron por causas naturales, tras vivir de su reputación muchos años, eludiendo todo enfrentamiento. Pero muy pocos murieron en duelos directos.

No obstante, sí hubo al menos un caso en que se cumplieron las reglas y la puesta en escena luego tantas veces representada. El incidente concreto, que tuvo gran influencia en el surgimiento de este icono del Viejo Oeste, ocurrió en Springfield, Montana, en 1865, poco después del final de la Guerra de Secesión, y tuvo como protagonistas a los pistoleros Wild Bill Hickok y Dave Tutt.

No era precisamente amistad lo que había entre ambos. Hickok había luchado en la guerra en el lado unionista; Tutt, en el confederado. Su enemistad personal surgió cuando ambos se interesaron por la misma mujer y se incrementó, desencadenando la escena en cuestión, cuando Tutt le ganó el reloj de bolsillo a Wild Bill durante una partida de póquer y comenzó a alardear de su *hazaña,* luciéndolo por todo el pueblo. El último

Harto de los pavoneos a su costa de Tutt, Wild Bill Hickok salió en su busca por la ciudad. Al verlo, le retó a duelo. Al otro lado de la calle, Tutt desenfundó sin pensárselo mucho. Lo mismo hizo Hickok, pero él con mayor puntería. Tutt murió en el sitio.

de esos días, harto de tanto pavoneo, Hickok fue en su busca, dispuesto a pedirle explicaciones. Avisado de que le buscaba, sin inmutarse, Tutt se dirigió a su encuentro a grandes zancadas mientras sacaba la pistola y disparaba. Simultáneamente, Wild Bill desenfundó la suya y disparó. Tutt cayó muerto. Inmediatamente, Hickok, sabedor de que entre el público había muchos amigos de Tutt, se giró rápidamente y encañonó a la multitud. Esta comprendió enseguida la indirecta y se dispersó. Un mes después, Hickok fue juzgado y absuelto.

Este es, pues, uno de los pocos ejemplos conocidos en que dos pistoleros de renombre se encararon y se dispararon. Tutt tuvo el dudoso honor de ser uno de los pocos muertos en duelo de las aproximadamente 20.000 personas que entre 1866 y 1900 fallecieron por arma de fuego. No obstante, la historia guarda recuerdo de otros muchos tiroteos famosos. Entre todos ellos, el más recordado es, sin duda, el ocurrido en el O.K. Corral de Tombstone, Arizona, en 1881.

EL TIROTEO DE O.K. CORRAL

Este tiroteo fue un suceso de proporciones legendarias que ha sido llevado al cine numerosas ocasiones y
que, sin duda, es uno de los más controvertidos de la historia registrada del Salvaje Oeste, y también uno de los de
fama más desproporcionada. El motivo concreto que lo
desencadenó sigue siendo oscuro, aunque la confrontación
fue algo más que un ajuste de cuentas personales, pues hay
indicios de turbias disputas referentes a política local y
rivalidades económicas.

En octubre de 1880, Virgil Earp (1843-1905) se
convirtió en *marshal* de Tombstone, y enseguida reclutó
como ayudantes a sus hermanos Morgan (1851-1882) y
Wyatt (1848-1929). Al año siguiente, los Earp entraron en
conflicto con otros dos clanes asociados, los Clanton y los
McLaury, que acababan de vender un lote de ganado a la
ciudad de Tombstone. Virgil sabía que esos animales
habían sido robados de ranchos mexicanos. Además, su
hermano Wyatt estaba convencido de que los Clanton le
habían robado uno de sus mejores caballos. Estos, por su
parte, sabían con certeza que los Earp habían matado a su
padre en un reciente incidente de frontera.

Simultáneamente, Wyatt también entró en conflicto
con el *sheriff* del condado de Cochise, John Behan, en
principio por los favores de una mujer, Josephine Sarah
Marcus, que vivía con el *sheriff* antes de convertirse en la
tercera esposa de Wyatt. Por si fuera poco, este ambicio-
naba el puesto de Behan y se proponía concurrir contra él
en las siguientes elecciones.

Los Clanton y los McLaury formaban, junto con
otros amigos, una conocida banda de malhechores, que
operaba en los alrededores de Tombstone asaltando diligencias, robando reses y cometiendo otras fechorías, con
mayor o menor connivencia del *sheriff* del condado. El
clan de los Earp, teóricamente en el lado bueno de la ley
(aunque considerados por muchos unos "chulos con

Los hermanos Wyatt, Morgan, James y Virgil Earp (en el sentido de las manecillas del reloj) establecieron su dominio sobre la ciudad de Tombstone, que pacificaron, pero a costa de numerosos actos de dudosa calificación. Entre ellos, el más famoso fue el tiroteo de O.K. Corral.

55

placas" que, a veces, se servían de éstas para intereses personales), se puso en pie de guerra contra ellos.

El incidente clave que galvanizó el pulso entre ambos clanes fue el asalto a la diligencia ocurrido en marzo de 1881, en el que murieron dos personas y cuyo principal sospechoso escapó más tarde de la cárcel. Pronto surgieron rumores sobre la implicación en el robo y en la fuga del acusado de los Earp y, especialmente, de su amigo Holliday, que fue detenido por el *sheriff* Behan, aunque enseguida fue puesto en libertad ante la poca solidez de la acusación, basada solo en el falso testimonio de su novia, "Big Nose" Kate, obtenido por Behan aprovechando un enfado de la pareja y el estado de ebriedad de la mujer.

En septiembre de 1881, Virgil Earp contraatacó arrestando a uno de los ayudantes de Behan, Frank Stilwell, bajo la misma acusación de haber asaltado una diligencia. El 25 de octubre, Ike Clanton y Tom McLaury llegaron a Tombstone. Más tarde, ese mismo día, Doc Holliday protagonizó una discusión con Ike Clanton en el Alhambra Saloon. Holliday quería batirse en duelo con él, pero Clanton rechazó el reto. El día siguiente, Ike Clanton y Tom McLaury fueron arrestados por Virgil Earp y acusados de portar armas de fuego dentro de los límites de la ciudad, lo que estaba prohibido. A la mañana siguiente, 26 de octubre, tras confiscarles las armas, fueron puestos en libertad. Ambos se reunieron con Billy Clanton, Frank McLaury y Billy Claiborne, que acababan de regresar a la ciudad, en el solar n.º 2 del bloque 17, por entonces desocupado, situado justo detrás del corral O.K.

Virgil Earp decidió desarmar a los recién llegados Billy Clanton y Frank McLaury y, para ello, se le sumaron Wyatt y Morgan Earp y Doc Holliday. El *sheriff* Behan se hallaba circunstancialmente en la ciudad y al saber lo que estaba sucediendo fue corriendo al corral y urgió a Billy Clanton y Frank McLaury a que le dieran sus armas, pero ellos se negaron si antes no desarmaba a los Earp. Ante su poco éxito, Behan salió al paso de los Earp, que ya se dirigían al lugar. Estos desoyeron sus ruegos de que no forzaran un enfrentamiento armado y continuaron su camino.

Hay que destacar, al contrario de lo que el cine ha vendido, que los contendientes no eran precisamente expertos pistoleros: el más experimentado era Claiborne, que ya se había visto envuelto en varias refriegas. Frank McLaury era también un buen tirador. Virgil Earp, por su experiencia en la Guerra Civil y como *sheriff*, también manejaba con soltura las armas. Por contra, Wyatt se había enfrentado a tiros solo en una ocasión anterior; Ike y Billy Clanton eran más bocazas que otra cosa (de hecho, fue el primer y último tiroteo de Billy); Morgan Earp no había disparado jamás y Doc Holliday tenía fama de pistolero rápido, pero también de poco certero. Quizá por esta falta de experiencia, la pelea se desarrolló de la forma conocida.

Cuando los Earp y Holliday llegaron al corral, el *marshal* Virgil Earp gritó: "Dadme las armas". A partir de ahí, los testimonios sobre lo que realmente sucedió siguen siendo incompletos y contradictorios, según el sesgo de los pocos testigos. Al parecer, Billy Clanton dijo que no quería luchar e Ike, pese a ser uno de los instigadores del duelo, confirmó estar desarmado, intentando detener la refriega antes de comenzar. Sin embargo, el tiroteo se desató y duró aproximadamente treinta segundos, en los que se realizaron unos 30 disparos.

Billy Clanton disparó a Wyatt Earp, pero falló, siendo inmediatamente abatido por dos disparos de Morgan Earp. Mientras tanto, Wyatt disparó a Frank McLaury, hiriéndole gravemente en el abdomen. Ike Clanton, Billy Claiborne y Tom McLaury, que estaban desarmados, intentaron alejarse a la carrera del lugar, cosa que solo lograron los dos primeros, pues McLaury fue alcanzado por un disparo en la espalda de Doc Holliday. Billy Clanton y Frank McLaury, aunque seriamente heridos, siguieron disparando, logrando herir de distinta consideración a Virgil y Morgan Earp y a Doc Holliday, antes de ser rematados por disparos de Wyatt, que fue el único que se mantuvo de pie, indemne.

El resultado final fue, pues, de tres muertos por el bando Clanton (Billy Clanton y Frank y Tom McLaury), tres heridos por el bando Earp (Virgil, Morgan y Holliday) y tres ilesos (Wyatt, que permaneció en el lugar, y Claiborne e Ike Clanton, que escaparon).

Tras el tiroteo, los Earp y Holliday fueron detenidos por el *sheriff* Behan, acusados de asesinato, pero en la audiencia preliminar, que duró treinta días, el juez de paz (Wells Spicer, emparentado con los Earp) determinó que no había suficientes pruebas para llevarlos a juicio. Sin embargo, esa decisión judicial no impidió que comenzaran las represalias. El 18 de marzo de 1882, Morgan Earp fue asesinado mientras jugaba una partida de billar a tres bandas, supuestamente por el ayudante del *sheriff*, Frank Stilwell. En otro incidente, su hermano Virgil resultó gravemente herido y perdió el brazo izquierdo. Tras estos hechos, Wyatt Earp y Doc Holliday emprendieron una *vendetta* personal persiguiendo y matando a los hombres que creían responsables de los ataques posteriores al tiroteo, empezando por Stilwell.

El impacto social del tiroteo ha sido recogido en numerosas ocasiones, tanto en obras de ficción como en documentales. En cuanto a Wyatt Earp, su figura sigue siendo un enigma y el centro de una controversia que no se ha apagado en los más de ciento veinticinco años transcurridos desde aquel tiroteo, el más famoso, quizá sin motivo, de los ocurridos en toda la historia del Salvaje Oeste.

El enigma de Wyatt Earp

Wyatt Earp pertenecía a una gran familia compuesta, además de él, por Virgil, Morgan, James, Warren, un hermanastro llamado Newton y Adela, todos los cuales, de una forma u otra, pasaron a la historia del Oeste. Los más destacados, Wyatt, Virgil y Morgan, se hicieron famosos indistinta y contradictoriamente como pistoleros, jugadores, cazadores de bisontes, encargados de bares, mineros y agentes de la ley. La familia formaba un clan cuyas acciones, y en general su actitud, nunca se granjearon las simpatías de sus contemporáneos. Pese a esa constancia, gracias a muchos biógrafos proclives, sus vidas y aventuras se dieron a conocer en todo el mundo convenientemente saneadas para presentarlas ante el gran público, lo que hizo que ganaran un gran renombre como "hombres buenos" del Salvaje Oeste. Pero, en este tema como en tantos otros referidos al Oeste, la historia no permite definir y colgar etiquetas tan simplistas.

Como la mayoría de los pistoleros más conocidos, los Earp aparecen como nobles sustentadores de la ley o como forajidos sin principios según de qué lado estén los escritores o de lo que se hayan interesado por los informes que existen sobre sus actos y sus trayectorias. A Wyatt se le ha caracterizado como el personaje principal de la familia, pero todo parece confirmar que el líder natural del clan fue Virgil. No obstante, han sido las hazañas de Wyatt las que han inspirado la admiración o la polémica que han rodeado a la familia durante generaciones, al sintetizar y simbolizar todo cuanto de ambiguo hubo en el comportamiento de unos hombres para quienes entre la defensa de la ley y su trasgresión no había más que una sutil línea divisoria.

Nacido en Monmouth, Illinois, Wyatt marchó de muy niño con toda su familia a California. La aventura le llamó muy tempranamente y, siendo aún adolescente, fue arrestado en el Territorio Indio (hoy Oklahoma) por robar caballos, cosa bastante socorrida en aquellos tiempos para quien no tenía oficio ni beneficio. Wyatt huyó a Kansas, donde trabajó como cazador de búfalos. Tras un breve periodo empleado en la compañía ferroviaria Union Pacific, hizo su aparición en Wichita, Kansas, como asistente del *sheriff* local. Pero problemas con el concejo municipal (la mujer de su hermano James fue multada por llevar un burdel) y una riña con el comisario Bill Smith condujeron a su despido.

De Wichita, Wyatt fue a Dodge City, donde trabó amistad con Wild Bill Hickok, mientras se ganaba reputación como agente del orden y como cazarrecompensas, aunque en este último caso del tipo de los que prefería capturar a los proscritos después de matarlos. En 1870, Wyatt se casó en Lamar, Missouri, donde ese mismo año acababa de derrotar a su hermanastro, Newton Earp, en las elecciones a *marshal* de la ciudad. Su esposa, sin embargo, moriría tres meses y medio después de la boda. En busca de nuevas emociones, el viudo marchó a la también ciudad sin ley de Deadwood, Dakota, donde su estancia duró poco. En el verano de 1876, seis pistoleros impusieron el terror en Dodge City. El hombre idóneo para acabar con ellos era Wyatt y a él recurrieron sus antiguos vecinos. No les defraudó: en poco tiempo, enfrentándose con ellos uno tras otro, ganó seis clientes más para la morgue local.

De Dodge City, Wyatt se trasladó a Tombstone, en el territorio de Arizona, por entonces una ciudad en alza debido a sus yacimientos de plata, donde volvió a emplearse como agente de la ley, lo que buena falta hacía, pues la ciudad era un auténtico hervidero de indeseables. De ser una aldea, había pasado a tener 7.000 habitantes y cualquier litigio se ventilaba a tiros. Wyatt se empleó como ayudante del *sheriff* del condado, pero, como veía grandes posibilidades en el boom minero de la ciudad, reclamó a todo su clan familiar, consiguiendo que su hermano Virgil fuera nombrado *marshal* de la ciudad. Otro de sus hermanos, James, montó una cantina, mientras que él pasaba a un sospechoso y discreto segundo plano, actuando, en lo oficial, como escopetero de la Wells Fargo, al tiempo que, gracias a sus especiales métodos persuasivos, tomó el control en exclusiva de la sala de juegos del Oriental Saloon, por entonces el más acreditado garito de Tombstone. Sus ganancias se calcularon en 1.000 dólares, de la época, a la semana. Por entonces,

A lo largo de su vida, Wyatt Earp regentó o fue propietario de
numerosos establecimientos de ocio. En la fotografía, posa junto
a su mujer Josie, a caballo, ante uno de estos locales.

Wyatt se acababa de casar con su segunda esposa, Mattie,
a quien abandonaría en 1882. Ella se hizo prostituta y se
suicidó en la ciudad minera de Pinal, Arizona, en julio de
1888, a los treinta años de edad.

Un poco más tarde, otro hermano Earp, Morgan, se
incorporó al elenco, y, para que no faltara nadie, pronto
llegaría un amigo íntimo de la familia, un tipo raro y peligroso al que ya conocemos, "Doc" Holliday, de profesión
dentista y de vocación jugador y pistolero. De esta forma,
Tombstone se convirtió pronto en un verdadero feudo del
clan Earp, que, gracias a sus métodos expeditivos, dejaron
completamente pacificada la hasta entonces conocida
como "Gomorra de la Pradera".

Todos estos personajes se vieron involucrados en el ya
relatado tiroteo de O.K. Corral. El suceso fue tan alevoso
que el hecho de haber acabado con los forajidos no evitó
que el pueblo de Tombstone empezara a ver a los Earp más
como unos asesinos con placa que como unos servidores de
la ley y el orden. En el juicio consiguiente, Wyatt se benefi-
ció de un "no ha lugar" pero, por su bien, prefirió cambiar

de aires. Comenzó a vagabundear por todo el Oeste, siempre moviéndose en torno a los tapetes verdes y en busca de recompensas. En 1882, se estableció en San Francisco, donde se volvió a casar. Al año siguiente se desplazó a Colorado y pasó la mayor parte de 1884 en Idaho, probando suerte en la fiebre del oro de Coeur d'Alene.

Allí, Wyatt abrió un par de bares y especuló con su hermano James en el turbio negocio de las concesiones mineras. Tras unas cortas temporadas en Wyoming y Texas, Wyatt volvió a California, regentando un *saloon* en San Francisco entre 1886 y 1890. Luego se mudó a San Diego, donde se dedicó a criar purasangres. En 1896, volvió a ganar notoriedad en todo el país al actuar de árbitro (se cuenta que poco imparcial) en el combate de boxeo entre Tom Sharkey y Bob Fitzsimmons que resultó muy polémico, entre otras razones, por su intervención, claramente favorable al primero. Al desatarse la fiebre del oro de Klondike, marchó a Alaska, donde se estableció en Nome, abriendo un *saloon* con casino adjunto en el que las apuestas se hacían, se dice, con pepitas de oro.

En 1901, regresó al Sudoeste, atraído de nuevo por los hallazgos mineros. Durante cinco años, buscó oro en Nevada y abrió el enésimo *saloon*, esta vez en Tonopah. En 1905, se estableció definitivamente en Los Ángeles, California, donde comenzó a colaborar como asesor cinematográfico en Hollywood, trabando amistad con varios productores, directores y actores, como William S. Hart, Tom Mix y John Wayne, quien siempre confesó que le tomó como modelo. Después de tantas aventuras, murió milagrosamente en la cama de su casa de Los Ángeles en enero de 1929, víctima de una cistitis crónica que le afectó a la próstata.

La amplia literatura acerca de Wyatt Earp, y más particularmente del duelo de Tombstone, es tan abundante cuan llena de distorsiones, errores e interpretaciones que tienen que ver más con la subjetividad que con la historia. El proceso de *canonización* de Earp se inició casi inmedia-

En 1905, Wyatt Earp se estableció definitivamente en Los Ángeles,
California, donde comenzó a colaborar como asesor cinematográfico
en Hollywood, trabando amistad con varios productores, directores y
actores, como William S. Hart, Tom Mix y John Wayne,
quien siempre confesó que le tomó como modelo.

tamente después del tiroteo y ha continuado, con excepcional y extraña perdurabilidad, hasta nuestros días. Pero las medias verdades y la confusión rodean el momento máximo de la vida de Wyatt. ¿Por qué pasó a la posteridad un personaje tan controvertido habiendo otros muchos alguaciles más valientes, más entregados, y sin dobleces, a la causa, y también mucho menos polémicos? Quizá la razón sea muy sencilla: Wyatt Earp fue muy longevo (falleció seis semanas antes de su octogésimo primer cumpleaños) y en sus últimos años, asesoró e inspiró a estrellas del naciente cine de vaqueros. Su presencia en Hollywood disparó indudablemente su fama, a lo que, sin duda, él mismo colaboró adornando a conveniencia sus relatos. De este modo, se convirtió pronto en el modelo clásico de hombre duro no exento de ideales de justicia y con la bravura suficiente para imponer la ley y el orden sin importar las consecuencias, que tanto gusta en aquellos lares.

Héroe o villano, Wyatt Earp nunca fue un hombre dedicado a una noble causa. Por tanto, no fue mejor que la inmensa mayoría de los que le rodearon en el Oeste; pero tampoco fue peor. Solo fue más valiente que algunos y acertó con su campaña de autopublicidad más que casi todos.

Puestos a elegir modelos de *sheriffs* entregados a su profesión y de tiroteos realmente asombrosos, quizás valga más repasar la historia de nuestro siguiente protagonista, de nombre, además de raro, mucho más desconocido: Elfego Baca.

ELFEGO BACA Y EL TIROTEO DE FRISCO

La principal de las historias protagonizadas por Elfego Baca (1865-1945) es la de uno de los tiroteos más desiguales y de resultado más sorprendente de la historia del Oeste. La singular batalla, ocurrida en la pequeña localidad de Frisco, Nuevo México, ha servido durante mucho

Hijo de una emigrante mexicana en Nuevo México, Elfego Baca (1865-1945) llegó a *sheriff* de la forma más increíble: antes de cumplir los veinte años, robó dos colts Peacemaker, compró por correo una placa de *sheriff* y se autoproclamó representante de la ley en el condado de Socorro, Nuevo México, con el refrendo de un amigo *sheriff* oficial. A pesar de no ser elegido, nunca se hizo una elección mejor.

tiempo como símbolo del poder del individuo enfrentado contra cualquier injusticia o en defensa del deber, pese a todas las dificultades.

Hijo de una emigrante mexicana en Nuevo México, Elfego, gran defensor de la ley desde la infancia, llegó a *sheriff* de la forma más increíble: antes de cumplir los veinte años, robó dos colts Peacemaker, compró por correo una placa de *sheriff* y se autoproclamó representante de la ley en el condado de Socorro, Nuevo México, con el refrendo de un amigo *sheriff* oficial. A pesar de no ser elegido, nunca se hizo una elección mejor.

El 1 de octubre de 1884, en la aldea de Upper San Francisco Plaza, adscrita a la localidad de Frisco, Nuevo México, tuvo lugar el origen de su leyenda. Elfego, recientemente autonombrado *sheriff*, se vio en la necesidad de desarmar y arrestar a Charlie McCarty, un *cowboy* borracho que, tras organizar un escándalo, le intentó matar. Tras encerrarlo en el modestísimo calabozo de la aldea en espera de llevarle a la mañana siguiente ante el juez de paz más cercano, el *sheriff* Baca se hubo de enfrentar a los compañeros del detenido, empleados todos por el barón ganadero local, que llevaba meses intimidando al vecindario. Estos se presentaron ante su oficina reclamando la liberación de su amigo por las buenas o por las malas. Elfego se negó a ello, pero, ante las evidentes intenciones de los pistoleros, tuvo que refugiarse a la carrera en la cercana casa de un parroquiano, de nombre Gerónimo Armijo, que enseguida fue rodeada por una turba de 80 vaqueros armados dispuestos a todo.

Treinta y seis horas y más de 4.000 disparos después, los airados *cowboys* se vieron obligados a cejar en su empeño de matar al *sheriff* y liberar a su amigo, tras haber agotado sus municiones y las de los alrededores. Ni los intentos de quemar la casa de adobe, ni los cartuchos de dinamita que hicieron estallar en su interior, ni ningún otro medio resultó eficaz. Elfego seguía vivo, aunque enterrado entre cascotes, gracias a que el suelo de la casa tenía un desnivel con respecto a la parte exterior que le permitió esconderse. Cuando el *sheriff* pudo salir de su voluntario encierro, con el detenido aún en su poder, cuatro *cowboys* estaban muertos y otros 10 gravemente heridos. Salvo algún que otro rasguño sin importancia, Elfego no tenía herida de consideración alguna.

Unos meses después, en mayo de 1885, Baca fue arrestado, acusado del asesinato de uno de los cuatro *cowboys* que mató durante el tiroteo. En el juicio, seguido con gran interés popular, su única prueba exculpatoria fue la puerta de la casa del señor Armijo, que presentaba más de 400 impactos de bala. Gracias a ella, el *sheriff* pudo probar sobradamente que había actuado en legítima defensa, por lo que fue declarado, con toda lógica, inocente.

Con el tiempo, Baca llegó a ser nombrado oficialmente *marshal*. Posteriormente, estudió derecho y practicó la abogacía de 1902 a 1904, con gran éxito pues, de sus 30 defendidos por asesinato, solo uno fue condenado. Finalmente, se dedicó a la política y el periodismo, campos donde fue un ardiente defensor de los emigrantes hispanos, por lo que aún es recordado por este colectivo como uno de sus más admirados defensores. En lo personal, también se le recuerda como buen bebedor, buen conocedor y frecuentador de mujeres, preferentemente del tipo de las de armas tomar, gran hablador, aunque quizás, en opinión de quienes le conocieron, excesivo, y el mejor jugador que recuerda para su disgusto el casino de Ciudad Juárez.

En una entrevista concedida en 1936, Baca confesó que nunca le gustó matar a nadie, pero que si el contrario venía con ganas de su pellejo, entonces no había por qué contenerse.

Entre 1913 y 1916, en plena revolución mexicana, fue representante diplomático del gobierno estadounidense ante el del presidente Maximiliano Huerta, entrevistándose en numerosas ocasiones con los líderes revolucionarios Emiliano Zapata y Pancho Villa. A este último, se atrevió a robarle un arma como recuerdo de su encuentro. Villa, encolerizado por tal atrevimiento, le puso precio a su cabeza: 30.000 dólares. Que se sepa, nadie se atrevió a intentar cobrarlos.

3

FORAJIDOS DE
LEYENDA

Todos mis amigos de la infancia querían ser bomberos, granjeros o
policías. Yo no; ¡yo solo quería robar dinero a la gente!

John Dillinger (1903-1934),
el más famoso atracador de bancos estadounidense de la historia.

LA PROFESIÓN DE FORAJIDO

Cuando los colonos empezaron a emigrar a las tierras
salvajes del Oeste, muchos ansiaban tener alguna sensación
de civilización; sobre todo, que se respetaran las leyes y que
hubiera orden. Pero no todos los ciudadanos de la Frontera
se quejaron de que la ley y el orden tardaran en llegar a sus
tierras. De hecho, algunos se alegraron del retraso. A estos,
los forajidos, los "fuera de la ley", los proscritos, que no
eran pocos, dedicamos genéricamente este capítulo.

En términos generales, un halo de misterio y de
atractivo popular rodea sus controvertidas figuras, por lo
que es difícil quitarles el velo y conocerlos con objetivi-
dad. Solo hay algunas pocas cosas seguras. La primera,
que, pese a los intentos de los fabricantes de mitos de
entonces y de ahora, no fueron figuras legendarias que
robaran a los ricos para dárselo a los pobres. En realidad,
es imposible justificar ni uno solo de los crímenes que
cometieron. Robaban en los bancos el dinero de sus veci-

nos; se llevaban caballos y bueyes de los establos de sus amigos; abatían a tiros, sin escrúpulos, a cajeros y escopeteros desarmados y a cualquier testigo que les pudiera identificar; asesinaban sin titubeos a agentes de la ley en emboscadas, y, entre otras actividades, descarrilaban trenes sin preocupación por los pasajeros, en algunos casos quemando vivo a quien se resistiera.

A cambio, casi todos, con muy pocas excepciones, incluso los más endurecidos, vivían y morían siguiendo un código que no estaba exento de honor y que premiaba la valentía y la lealtad por encima de cualquier otra cosa. Estos peligrosos hombres eran capaces de incongruentes actos de amabilidad, generosidad y lealtad. El asesino a sueldo Tom Horn podría haber evitado su ejecución solo con dar los nombres de los barones ganaderos que le habían contratado para matar a cuatreros, agricultores, pequeños rancheros y pastores, pero rechazó la oferta con desprecio. Con los labios sellados y la dignidad intacta, se dirigió hacia la horca. Billy el Niño, un huérfano trotamundos sin hogar ni raíces, apoyó a los pequeños rancheros en contra del poderoso y corrupto círculo de empresarios de Santa Fe, aunque sabía que su vida podría haber sido más fácil y próspera si hubiera puesto su pistola a disposición del otro bando. En los últimos momentos de su vida, el herido Kid Curry prefirió suicidarse antes que ser una carga para sus compañeros que trataban de escapar del estrecho cerco a que les tenía sometidos una partida de agentes de la ley. El indomable Harry Tracy fue capturado porque perdió tiempo ayudando a un granjero a construir su establo... Como dijo en cierta ocasión uno de ellos, Frank James: "¿Te haces una idea de lo que un hombre que siga este tipo de vida ha de soportar? No; ni te lo supones. Nadie puede a menos que lo viva por sí mismo".

En su descarga se ha dicho repetidamente que eran *cowboys* que se quedaron sin empleo ni futuro al abrirse nuevos territorios a la colonización blanca y que, después de llevar la libre y salvaje vida de vaquero, se rebelaron ante la idea de ser confinados en unas hectáreas de tierra y obligados a ganarse la vida con un arado. Pero esto no se compadece con la realidad. El trabajo del *cowboy* no se acabó entonces; los pastos del norte, de Wyoming, Montana y Dakota, en ese justo momento estaban entrando en su máximo esplendor y ofrecían trabajo a cualquier vaquero que lo buscase, con buenos sueldos y mejorando las condiciones de trabajo de Texas. Todo aquel que quisiera trabajar podía hacerlo. La verdad es que muy pocos de los proclamados forajidos eran *cowboys*. Ni los hermanos James, ni los Younger, ni los Dalton ni la gran mayoría de sus colegas habían trabajado alguna vez profesionalmente con ganado.

Se ha dicho también muchas veces que fue el señuelo del dinero fácil lo que les llevó a la delincuencia. Seguramente ese fue el principal atractivo inicial, pero después de algunas incursiones exitosas, la emoción y la excitación de llegar a una ciudad e intimidar a sus vecinos con sus pistolas se convirtió para ellos en algo tan importante o más que el dinero. Como contó de sí mismo el ladrón y asesino Henry Starr (1873-1921): "Por supuesto que me interesaba el dinero y la posibilidad de conseguir un botín que me hiciese rico, pero tengo que admitir que también estaba el atractivo de la vida libre, las cabalgadas nocturnas, el sabor del peligro, el dominio sobre los demás, el orgullo de ser capaz de mantener a un grupo a raya... todo eso me emocionaba. Me encantaba. Es aventura de la buena. Me imagino que te sientes como los viejos piratas cuando recorrían el mar con la bandera negra en el mástil". En prueba de esa constante búsqueda de emociones, se cuenta que en cierta ocasión, tras robar un banco, Starr se alejó unos cinco kilómetros de la ciudad y se paró a cenar en una granja. Al poco, sonó el teléfono. El granjero lo descolgó, escuchó, se giró hacia Starr y dijo: "El *sheriff* dice que han robado el banco y que quiere saber si he visto a alguien sospechoso por aquí". Starr respondió: "Dile que el ladrón está en tu casa cenando y que puede venir a por mí y cogerme". Dicho lo cual, terminó de cenar, pagó y se fue tranquilamente.

Por otro lado, los forajidos tampoco tenían otras muchas opciones. Solo unos pocos de ellos tenían algún tipo de educación; el resto eran muy ignorantes. Muchos, a duras penas podían firmar con su nombre, pero la mayoría poseían una sagacidad y un instinto naturales. Si algo sabían era que ninguno de sus predecesores había tenido éxito en atesorar una fortuna y marcharse a México o Sudamérica a disfrutarla, como casi todos soñaban. Tampoco ignoraban cómo solía acabar el juego. Pero, puesto que lo sabían, ¿qué les hizo llegar hasta el inevitable final? Varias cosas. Sobre todo que creían que eran lo bastante listos como para no cometer los errores que habían sido la perdición de tantos otros.

A medida que el siglo XIX se acercaba a su final, los forajidos que robaban un banco o un tren y después tenían mucho tiempo para vanagloriarse de su "hazaña" comenzaron a ser tan raros como los búfalos o los indios en las praderas. Tratados ya como meros delincuentes, no solo tenían que fajarse con crecientes ejércitos de agentes de la ley, sino también con la nueva tecnología. Los policías usaban el telégrafo y el teléfono para difundir su descripción física y para recabar datos acerca de sus movimientos. A menudo, los cazarrecompensas y los agentes de la ley les perseguían desplazándose en trenes, llevando los caballos en vagones especiales para utilizarlos en los kilómetros finales de su persecución. Ante tales avances de la lucha contra el crimen, sus posibilidades de escapar a la justicia se fueron reduciendo más y más. En consecuencia, poco a poco, fueron desapareciendo o fueron desprendiéndose de su aureola.

En la última fase de aquella "guerra" entre el bien y el mal se tomaban pocos prisioneros. Los agentes de la ley reflejaban frecuentemente sus triunfos tomando fotografías de sus víctimas, a veces en poses en que parecía que aún estaban vivos, para identificarlos, para poder cobrar la recompensa o, simplemente, como *souvenir.* En muchos casos, esas fotografías sirvieron después para otro propósito: como advertencia gráfica a futuros delincuentes de que, aunque su actividad pudiese dar frutos durante algún tiempo, su único futuro a medio o largo plazo era acabar, igual que los fotografiados, muertos.

A pesar de todo, hubo muchos que eligieron como "salida profesional" el robo y el asesinato, con cuatro objetivos principales: el ganado, las diligencias, los bancos y los trenes.

Un negocio abierto a la especialización

Dada la inusitada abundancia de ganado libre, en los primeros tiempos del Oeste, el robo de ganado era casi aceptado como un medio para conseguir la res propia que todo pequeño propietario necesitaba para comenzar. Apropiarse de un ternero sin marcar que se hubiera apartado de su madre ni siquiera era considerado un robo. Pero, con el tiempo, los barones del ganado, al afectar la proliferación de estos pequeños hurtos a su repleto bolsillo, empezaron a considerarlo un crimen muy grave. La presencia de una res marcada en manos ajenas era un delito al que había que hacer frente con la más expeditiva de las justicias. En determinados casos, podía acabar con el linchamiento por parte de los vigilantes o de cualquier otro grupo de justicieros. A pesar de todo, fue un riesgo constante al que estuvieron sometidos los ganaderos.

Los "bandidos" mexicanos y los cuatreros indios, aliados con los llamados "comancheros" (traficantes que negociaban ilegalmente con los indios), se convirtieron en un asunto de importancia durante el periodo prebélico, durante la Guerra de Secesión y en los últimos años del siglo xix, cuando el Gobierno mexicano fue acusado de connivencia. Los tejanos, en represalia, robaban a menudo ganado mexicano y hacían incursiones de castigo en el Territorio Indio.

En años posteriores, las regiones de Texas, Kansas, Colorado, Montana y Dakota estuvieron infestadas de cuatreros. Aparentemente, lo despoblado de estos territorios proporcionaba suficiente margen de impunidad para este oscuro negocio. Como las reses de muchos ganaderos vagaban libremente por los inmensos pastos sin dueño, era relativamente fácil y seguro para los forajidos reunir grupos de animales desperdigados de la manada principal y llevárselos a algún distante valle de montaña, para allí proceder tranquilamente a identificarlos con una desconocida marca intencionadamente jeroglífica o a cambiar la ya impresa en la piel de la res añadiendo algún rasgo o alguna raya con un hierro candente.

Los ganaderos pensaron que si querían sofocar esta amenaza tenían que tomar medidas drásticas. Y lo hicieron. Primero, de acuerdo con varias asociaciones ganaderas, organizaron un cuerpo de detectives, compuesto principalmente por *cowboys* acostumbrados al uso de armas, a los que se encargó patrullar toda la región y sorprender a todos los forajidos en sus guaridas, así como descubrir todas las marcas alteradas mediante su revisión en las estaciones ferroviarias de embarque de ganado. De este modo, se recuperó mucho ganado robado y muchos cuatreros fueron apresados y no pocos colgados. Los llamados "vigilantes" se autoerigían, pues, en policías, jueces, jurados, testigos, abogados y verdugos. Cuando se pronunciaba el veredicto de culpabilidad, tras una corta discusión, una sólida cuerda y una tumba sin ataúd ni mortaja cerraban para siempre todo el procedimiento.

Pero, además de jugarse la vida, robar ganado tenía otro inconveniente: implicaba tener que vender luego lo robado. Así que, aunque más difícil, era más inmediatamente rentable robar dinero en efectivo.

Desde que se desataran las fiebres del oro y el ferrocarril y la furia colonizadora, las diligencias se encargaron no solo de transportar personas sino también el correo y muchas riquezas. En consecuencia, se convirtieron enseguida en objetivo de los ladrones. Los asaltos a diligencias comenzaron en la década de 1860 y siempre estuvieron entre los sucesos más apasionantes que llenaron las páginas de los periódicos y que más fascinaban al público, ávido de entretenimiento. Las diligencias se convirtieron en el objetivo principal de los salteadores de caminos, antes de que llegaran los trenes, pues transportaban las riquezas extraídas de las minas y las pagas de los mineros y los trabajadores ferroviarios. Su principal ventaja es que transitaban por parajes aislados, lo que daba a los ladrones una muy buena oportunidad de escapar.

Los asaltos se hicieron más frecuentes en el área de las montañas Rocosas, en las Colinas Negras y en el litoral del Pacífico, regiones en que se localizaban las minas y en las que los pasajeros solían llevar consigo mayores sumas de dinero u oro. Pero prácticamente todas las líneas principales se plagaron de salteadores. Entre ellos, algunos se hicieron casi legendarios. Uno de tales fue el caballeroso californiano de origen inglés Charles E. Bolles (1830-1888?), alias Black Bart, que, además de volver locos a los detectives de la agencia Pinkerton y de la Wells Fargo y a los agentes de la ley durante más de ocho años de ininterrumpida actividad atracadora, se caracterizó por dejar poemas en los escenarios de sus crímenes.

Otro, Henry Plummer (1832-1864), fue un individuo de doble vida que actuaba tanto de *sheriff* de la ciudad de Bannack, en Montana, como de líder de la banda de atracadores conocida como "Los Inocentes", acusada de numerosos asaltos y asesinatos. Plummer fue ahorcado, junto a veintiuno de sus compinches, acusados, sin juicio y sin pruebas, de más de 100 asesinatos. Los historiadores aún no se han puesto de acuerdo sobre la veracidad de aquellas acusaciones.

Pero quizás uno de los más singulares fuera William "Brazen Bill" Brazelton, que comenzó a actuar en 1877. El

Uno de los más famosos salteadores de diligencias fue el caballeroso californiano de origen inglés Charles E. Bolles (1830-1888?), alias Black Bart, que, además de volver locos a los detectives de la agencia Pinkerton y de la Wells Fargo y a los agentes de la ley durante más de ocho años de ininterrumpida actividad atracadora, se caracterizó por dejar poemas en los escenarios de sus crímenes.

27 de septiembre de aquel año, la diligencia de la frontera de California dejó la ciudad de Prescott a las seis de la mañana. Doce horas después era detenida por un salteador solitario a unos 13 kilómetros de la estación de Antelope. El asaltante mandó al cochero parar, bajar y sujetar a los caballos por el bocado, todo mientras le encañonaba con una escopeta. Su siguiente orden fue dirigida a uno de los pasajeros, al que mandó bajar la caja del correo, abrirla con un hacha y darle su contenido. A otro pasajero le ordenó que bajara las sacas del correo y las vaciara. El asalto se había producido a plena luz el día, aunque el ladrón iba cubierto con una máscara blanca casera. El botín consistió en 600 dólares en efectivo del Departamento de Correos y polvo y pequeños lingotes de oro valorados en otros 2.000 dólares. El asaltante prefirió no llevarse otros dos pesados lingotes de oro valorados en 4.000 dólares. En cuanto la diligencia llegó a Wickenburg, el conductor puso al corriente a las autoridades y a sus jefes de la Wells Fargo, que ofrecieron una recompensa por la detención del asaltante, pero sin resultados.

El mismo atracador repitió *modus operandi* en su siguiente asalto, cometido cerca de Tucson, en julio de 1878. Otra diligencia había sido robada al este de Silver City, Nuevo México, tres meses antes y por los indicios le fue adjudicada también a él, cuyo nombre todavía no se conocía. Dado el exiguo botín obtenido, el ladrón tuvo que volver a actuar al mes siguiente y eligió la misma diligencia y el mismo punto para asaltarla. Para mayor coincidencia, el conductor, Arthur Hill, también era el mismo. En esta ocasión, un pasajero viajaba sentado junto a él y al acercarse al lugar le preguntó con curiosidad por las circunstancias del asalto del mes anterior. Cuando llegaron al lugar exacto, el conductor le dijo al pasajero: "Aquí fue. El ladrón estaba detrás de esos arbustos —añadiendo enseguida—, y ahí está de nuevo". El mismo asaltante de la vez anterior salió de su escondite, sujetó los caballos y dijo: "Sí, aquí estoy otra vez. ¡Arriba las manos!». Esta vez el botín ascendió a 234 dólares.

Al día siguiente, partió una patrulla desde Tucson para seguir el rastro del asaltante. Lo encontraron, pero la interpretación de las huellas de su caballo llevó a un callejón sin salida: al parecer, dos caballos habían salido de Tucson hacia la escena del crimen, pero allí las huellas desaparecían por completo. Los dos caballos se habían esfumado a pocos metros del lugar del asalto. Era absurdo. Finalmente un rastreador llamado Juan Elías halló la solución al enigma. Fijándose bien en las huellas, se apreciaba que el caballo del atracador (uno solo y no dos) había perdido una herradura y daba la falsa impresión de que un animal con tres pezuñas había viajado en una dirección y otro con una sola pezuña en la dirección contraria.

Esto no explicaba nada, pero se decidió desandar las huellas y ver a dónde conducían. Así lo hicieron y llegaron de vuelta a Tucson a la puerta de entrada de los establos de David Nemitz. Al examinar al animal al que pertenecían las huellas, se pudo comprobar que estaba herrado de forma tan ingeniosa que se podía dar la vuelta a las herraduras y crear la sensación de que el caballo caminaba en dirección contraria a la que en realidad iba.

Nemitz fue arrestado, pero llegó a un acuerdo de delatar al verdadero asaltante, al que solo le alquilaba el establo, si él salía con bien del asunto. Y así fue. Le tendieron una emboscada al salteador y, al descubrirse la trampa, se produjo un tiroteo en el que murió. Resultó ser William Brazelton, más conocido como Brazen Bill, un huérfano criado en el orfanato municipal de la ciudad de San Francisco que pronto se vio envuelto en problemas y había matado a su primera víctima a los quince años. En total había robado nueve diligencias en Arizona y Nuevo México, trabajando siempre solo.

Con el tiempo, los asaltos a diligencias dejaron de ser un "negocio" rentable y los forajidos comenzaron a buscar otros objetivos. Estaban los bancos, como veremos en los casos particulares, objetivo preferido desde siempre por los forajidos más famosos, pero cada vez se estaban poniendo más peligrosos. Estaba claro que era mejor tratar de conseguir el dinero en lugares apartados de las ciudades. Así que la decisión casi se tomaba sola: solo se podía encontrar dinero en cantidades apetecibles y en lugares solitarios a bordo de los trenes. De ese modo, tras la llegada del ferrocarril transcontinental al Oeste, surgió la nueva y audaz profesión de ladrón de trenes. Por entonces, estos solían llevar regularmente cargamentos de oro y nóminas, con lo cual era sencillo planificar los golpes. Como además todavía eran muy lentos y los vagones solían estar fabricados totalmente en madera, eran muy vulnerables, lo cual facilitaba mucho la labor de estos "profesionales", que solían trabajar en bandas. Por lo común, éstas elegían un lugar muy aislado. Cabalgando en paralelo al tren, uno de los jinetes de la banda podía saltar al tren en marcha, mientras otro le sujetaba el caballo. Una vez en el interior, el ladrón desenganchaba de la locomotora los vagones que le interesaban. Detenido el tren, por lo general, los ladrones reventaban el cerrojo del vagón con uno o dos cartuchos de dinamita. Esta estrategia no siempre salía bien, como cuando Butch Cassidy y su Grupo Salvaje protagonizaron un robo fallido memorable. Resulta que se equivocaron en el cálculo de cuánta dinamita debían usar para abrir la puerta reforzada del vagón-correo y, en vez de reventar solo la puerta, lo que hicieron fue volar literalmente todo el vagón, consiguiendo que 30.000 dólares en billetes se esparcieran y les resultara imposible entretenerse a reunir los pedazos de los billetes.

Otro método de robo, mucho más cruento y peligroso, consistía en hacer descarrilar el tren levantando unas cuantas traviesas de madera de debajo de las vías y esperando que el convoy llegara a ese punto para saltar a su interior y robarlo. Este método era menos frecuente pues suponía un gran trabajo previo, algo que las bandas detestaban. Además, era muy peligroso para los pasajeros.

Algunas de las bandas preferían que alguno de ellos montara en el tren como un pasajero más y, poco antes de llegar al punto prefijado, se apoderara del convoy y lo detuviera. El resto de la banda, que esperaba en el punto convenido, subía al tren y robaba a su antojo a los pasajeros y las cajas fuertes y vagones-correo que hubiera. Acabado su trabajo, se bajaban, montaban en sus caballos y desaparecían en el horizonte.

Con el tiempo, los ladrones de trenes sufrieron un gran acoso por parte de las grandes compañías ferroviarias y de la Wells Fargo, hartas de ser humilladas. Los rangers de Texas, los marshals federales y, sobre todo, los detectives de la agencia Pinkerton contratados por las compañías hicieron un gran esfuerzo y cada vez les fue resultando más fácil detener y llevar a juicio a los atracadores.

El primer robo de un tren en movimiento se había producido el 6 de octubre de 1866, en la línea Ohio-Mississippi, cerca de Seymour, en el condado de Jackson, Indiana. Este primer atraco fue un trabajo simple que se saldó con un botín de 13.000 dólares. El convoy, compuesto de varios vagones de pasajeros y uno de correo, salió de Seymour a primeras horas de la tarde en dirección este, cuando dos hombres enmascarados se introdujeron en el vagón-correo desde el coche contiguo. Los asaltantes se hicieron con las llaves de la caja fuerte, la abrieron, cogieron los 13.000 dólares que contenía y accionaron la alarma para que el maquinista parara el tren. Tras detenerse, saltaron y desaparecieron. Los empleados del tren se quedaron tan sorprendidos ante la novedad de la acción que, al principio, no supieron qué hacer. Al rato decidieron reanudar la marcha hasta la siguiente estación, donde se reclutó una patrulla que salió en persecución de los ladrones.

Tiempo después, los hermanos John y Simeon Reno, junto con Frank Sparks, fueron arrestados, acusados del atraco, aunque enseguida fueron puestos en libertad bajo fianza. Ante la falta de pruebas, el juicio se fue posponiendo y, finalmente, nunca llegó a realizarse. Un año después, el mismo tren fue detenido y robado de nuevo, también cerca de Seymour. Walker Hammond y Michael Collins fueron señalados como sospechosos, dándose por seguro que el atraco había sido preparado otra vez por los hermanos Reno, de quienes los asaltantes eran amigos y compinches.

Los cinco hermanos Reno (Frank, John, Simeon, Clinton y William) comenzaron sus acciones inmediatamente después de la guerra y durante mucho tiempo se hizo imposible condenarles, pues tenían comprados o aterrorizados a testigos y jueces de su zona de actuación. Su decadencia comenzó en 1867 al ser detenido John Reno, quien, en compañía de otros, había robado la caja de caudales del condado de Savannah, Missouri, y había regresado a su cuartel general de Indiana. Como no había posibilidad legal alguna de pedir su extradición, una partida de detectives de la agencia Pinkerton, contratada por la compañía ferroviaria, le capturó en su casa y lo embarcó en un tren con dirección a Missouri, donde fue juzgado y condenado a veinticinco años de cárcel.

Más adelante, sus hermanos Frank, William y Simeon cometerían un gran número de asaltos a trenes en Indiana y el oeste de Iowa. En el invierno de 1868, dieron el alto a un tren cerca de la estación de Marshfield, Indiana, y robaron 80.000 dólares. Simeon y William fueron arrestados en Indianápolis. Frank y su cómplice Charles Anderson, en Windsor, Canadá. Tras ser negada su extradición en varios juzgados canadienses, fueron llevados a la fuerza a Indiana y confinados en una cárcel de New Albany. Una tormentosa noche, la cárcel fue asaltada por la turba, harta de las extorsiones de la familia Reno, y los tres hermanos, así como su cómplice Anderson, fueron colgados en los pasillos de la prisión. Igual suerte corrieron otros cinco miembros de la familia y amigos en los días siguientes. El estado de Indiana no volvió a sufrir más asaltos de trenes.

La siguiente banda de atracadores de importancia fue la formada por los hermanos Jesse y Frank James y los hermanos Cole, Jim, John y Bob Younger en Missouri. Se dieron a conocer en 1873 en un modesto apeadero del ferrocarril de Iron Mountain, conocido como Gad's Lull, donde dieron el alto a un tren y consiguieron un gran botín de la caja de seguridad de la Adams Express Company. Poco antes ya habían robado la caja de la diligencia de Hot Springs, así como todo el dinero y objetos de valor de los conductores y de los 12 pasajeros. A ellos volveremos, por su importancia, más adelante.

A continuación, destacó la banda encabezada por Sam Bass (1851-1878), los hermanos Collins y otros, que robaron el Pacific Express de la Union Pacific Railway y se llevaron unos 60.000 dólares en oro. Dos de los miembros de la banda pararon el tren, compelieron a la tripulación a apearse y permanecer juntos, mientras ellos desvalijaban las cajas de seguridad. La carrera de esta banda, sin embargo, fue breve. Joel Collins resultó muerto en un tiroteo durante la persecución. Sam Bass sí logró escapar y se fue al condado de Denton, Texas, donde tenía muchos amigos, con los que organizó una nueva banda, que perpetró otra serie de

Cole Younger
y sus hermanos se aliaron
con los hermanos Jesse y
Frank James y formaron
una de las bandas de forajidos
más famosas y también
más peligrosas de
la historia del Oeste.

atracos. Para detener sus actividades, las autoridades lograron atraer a la banda a Round Rock, Texas, para que intentara robar un banco, cuidadosamente cubierto por hombres
armados camuflados. Cuando apareció la banda en las
cercanías del banco, la operación se desbarató al intentar
detener un agente local, desconocedor de la emboscada, a
uno de los miembros de la banda por llevar armas dentro de
los límites de la ciudad. Eso precipitó el tiroteo. Los agentes
se acercaron a la banda disparando sus rifles, matando a la
mayoría y deteniendo al resto.

La siguiente tanda de robos de trenes fue perpetrada
por Jim (?-1888) y Rube (1854-1889) Burrow, de Alabama, que asaltaron numerosos trenes, pero nunca lograron obtener un botín importante y fueron arrestados
enseguida. Primero, ambos hermanos fueron sorprendidos
por agentes locales en Savannah, California. Jim fue arrestado, pero no resultó igual de fácil con Rube, que logró
huir, no sin antes herir a dos hombres, uno de los cuales
murió poco después. Jim fue condenado a la prisión estatal
de Arkansas, donde murió. Mientras tanto, Rube, ayudado

por otros dos delincuentes, robó un tren en Duck Hill, Mississippi, y logró escapar hacia las montañas de Alabama. Después asaltó otro convoy en Florida al que iba enganchado un vagón de la Southern Express Car.

También destacó el audaz robo del ferrocarril Saint Louis-San Francisco, perpetrado por Fred Wittrock, de Leavenworth, Kansas. Wittrock había planeado el asalto durante algún tiempo y había reunido a un grupo de cómplices que, sin embargo, se echaron atrás poco antes del día señalado. No obstante, siguió adelante él solo. Detuvo el tren, presentó una supuesta orden del agente de ruta de la Adams Express Company, en que pedía que el tren se dirigiera a una vía auxiliar. Una vez en ella, Wittrock ató y amordazó al conductor, desvalijó la caja fuerte y se marchó con un botín de cerca de 50.000 dólares. Orgulloso de su hazaña, escribió varias cartas a los periódicos de Saint Louis bajo el seudónimo de Jim Cummings, en las que afirmaba que el robo nunca sería esclarecido. Sin embargo, fue arrestado en Chicago por Allan Pinkerton, director y dueño de la agencia de detectives de su mismo nombre, con ayuda de dos de sus agentes. Wittrock fue extraditado a Missouri y sentenciado a siete años de cárcel.

Por esas mismas fechas, hicieron su aparición los hermanos Dalton en Kansas y el Territorio Indio. Los cinco hermanos asaltaron numerosos trenes en un radio de acción que abarcaba desde Missouri a la Costa del Pacífico. Varios de ellos fueron arrestados, pero lograron escapar. Finalmente, como veremos después, toda la banda, menos uno de los hermanos, fue abatida a tiros.

Los hermanos John (1861-1893) y George (1864-?) Sontag y Chris Evans (1847-1917) fueron los siguientes ladrones de trenes que ganaron cierta fama. Operaban en Racine, Wisconsin, y consiguieron una gran cantidad de dinero en el atraco a un convoy de la línea Chicago-Milwaukee-Saint Paul, fletado por la compañía American Express. Los agentes de la Pinkerton les siguieron el rastro y los detuvieron en Minneapolis, pero el juez los liberó por falta de pruebas. Perseguidos por los detectives hasta California, asaltaron allí otro tren del Southern Pacific, robando la caja fuerte de la Wells Fargo. George Sontag fue arrestado, pero John y Evans lograron escapar tras intercambiar disparos con los agentes. Sin embargo, poco después fueron de nuevo localizados y, esta vez, John Sontag cayó muerto, mientras Evans era detenido.

Sin embargo, ninguno de los citados superó en fama las andanzas de Jesse James y su banda.

JESSE JAMES, EL FALSO ROBIN HOOD

Jesse James (1847-1882) y su hermano Frank (1843-1915), originarios del condado de Clay, Missouri, e hijos de un ministro baptista, son un producto genuino de la Guerra de Secesión. Durante los tumultuosos años previos a la guerra, sus padres adquirieron una granja en la que comenzaron a producir principalmente tabaco, gracias a la ayuda de sus esclavos. En cierta ocasión, las tropas federales fueron a pedirles información sobre las guerrillas confederadas. James contó después que los soldados le golpearon y que llegaron a colgar a su padrastro, que, afortunadamente, sobrevivió. En 1864, cumpliendo un sueño adolescente, Jesse, de diecisiete años, se unió a la guerrilla confederada dirigida por Bloody Bill Anderson, que acababa de separarse de la de Quantrill, en compañía de su hermano Frank y del clan Younger, otra dinastía de bandidos. Las actuaciones de esta guerrilla fueron tan atroces y despiadadas que todos sus miembros fueron excluidos expresamente de la amnistía decretada al acabar el conflicto. Forzados por esa circunstancia y por su natural violento, los hermanos James y los Younger formaron una banda de delincuentes, que, encabezada por Jesse, destacó enseguida por el número y la audacia de sus golpes.

Jesse James (1847-1882) fue un producto genuino de la
Guerra de Secesión. En 1864, cumpliendo un sueño adolescente,
Jesse, de diecisiete años, se unió a la guerrilla de Bloody Bill Anderson, cuyos actos durante la guerra fueron tan atroces que todos sus
miembros fueron excluidos expresamente de la amnistía decretada
al acabar el conflicto. Forzado por ello y por su natural violento,
Jesse James formó una banda de delincuentes, que enseguida
destacó por el número y la audacia de sus golpes.

En los años siguientes, la banda James-Younger no dejaría de asaltar bancos, trenes, diligencias y tiendas desde Iowa a Texas y desde Tennessee a California, además de mantener una actividad paralela, individual o colectiva, como pistoleros, matones y asesinos a sueldo. Eludiendo a los agentes de la ley y a los detectives de la agencia Pinkerton, la banda consiguió un botín total que se calcula en cientos de millones de dólares actuales.

Los James y los Younger, juntos o separados, se hicieron famosos especialmente por sus siempre espectaculares atracos a entidades bancarias, que comenzaron en febrero de 1866, cuando 12 hombres, capitaneados por Jesse James y Cole Younger, desvalijaron un banco de Liberty, Missouri. Era el comienzo de una serie de robos realizados en la mayor impunidad y sin la más mínima vacilación a la hora de hacer fuego no solo contra los que se interponían, sino también contra los que, casualmente, pasaran por el lugar y pudieran identificarlos.

Una errónea e interesada leyenda comenzó a tejerse en torno a Jesse James, a quien dieron en apodar el "Robin Hood americano" sin fundamento alguno, ya que si bien las víctimas de sus robos eran los bancos y las grandes empresas yanquis, no se tiene noticia alguna de sus obras de beneficencia. El mismo Jesse se preocupó de que su incipiente fama creciese, en connivencia con el director del *Kansas City Times,* John Newman Edwards, al que enviaba continuas cartas al director (cuando no era el propio destinatario quien las redactaba), en las que se relataba, a mayor gloria propia, sus principales "hazañas". Poco a poco, Edwards, que añadía continuos comentarios editoriales y reportajes especiales, le fue convirtiendo en un símbolo del desafío rebelde de los sudistas que se oponían a la Reconstrucción del Sur que estaban llevando a cabo los victoriosos yanquis del Norte.

En especial, hubo un hecho que atrajo definitivamente la simpatía popular hacia Jesse. Ferrocarriles y bancos, hartos de padecer los continuos asaltos de la banda, contrataron los servicios de la agencia Pinkerton para acabar con ella. La situación de violencia era tal que dos detectives de la agencia, tras ganarse la confianza de la familia, no tuvieron mejor idea que colocar una bomba en la casa de los James. La explosión mató a un hermanastro y arrancó un brazo a Zerelda James, madre de los forajidos, cuya reacción fue furibunda: en su huida, asesinaron indiscriminada y alevosamente a todo aquel que se puso en su punto de mira. Además, Jesse hizo un rápido viaje al Este, con la intención, que no pudo poner en práctica, de matar a la madre del fundador y dueño de la agencia, Allan Pinkerton. La popularidad de los James subió como la espuma, e incluso se llegó a solicitar la amnistía para él y su banda en la asamblea estatal.

En septiembre de 1876, la banda al completo acometió el atraco a la sucursal del First National Bank en Northfield, Minesota. Durante el suceso, el cajero del banco se negó a abrir la caja fuerte, aduciendo que tenía una cerradura de seguridad con mecanismo temporal, lo cual no era cierto. Ante las serias amenazas a su integridad, el cajero mantuvo su versión. En el exterior, mientras tanto, los ciudadanos, que llevaban días alertados de la posibilidad del atraco ante la inusitada presencia en la ciudad de un tropel de forasteros sospechosos, reunidos urgentemente por el *sheriff*, se apostaron convenientemente armados, en espera de la salida de los atracadores. Antes de abandonar el banco, frustrado en sus planes, Jesse disparó en la cabeza al indefenso cajero. En ese mismo instante, se inició el tiroteo en la calle. Al salir los atracadores, encontraron a sus compañeros apostados en las inmediaciones muertos o gravemente heridos bajo una verdadera tormenta de balas provenientes de todas las ventanas y esquinas de los alrededores. A duras penas, la banda logró escabullirse a tiros de la ciudad, dejando atrás los cuerpos de dos de sus compañeros muertos, además de los del cajero y un ciudadano, un emigrante sueco recién llegado a Northfield, pillado en el fuego cruzado.

Ferrocarriles y bancos, hartos de padecer los continuos asaltos de la banda de los James, contrataron los servicios de la agencia Pinkerton.

Dos detectives colocaron una bomba en la casa de los James que mató a un hermanastro y arrancó un brazo a la madre, Zerelda James (en la foto).

La reacción de los James fue furibunda: asesinaron indiscriminada y alevosamente a todo aquel que se puso en su punto de mira y Jesse viajó al Este con la intención, fallida, de matar a la madre del dueño de la agencia, Allan Pinkerton.

Inmediatamente se organizó una persecución masiva que logró capturar a casi todos los bandidos, muchos de los cuales habían resultado heridos. Así cayeron todos los hermanos Younger, pero tanto Jesse como Frank James lograron salir indemnes y evadirse del cerco con dirección a Missouri. La suerte de los Younger fue de lo más variado. Bob murió en prisión. Cole y Jim vieron acortada su pena y salieron libres en 1901, pero el segundo, incapaz de adaptarse a una vida decente, se suicidó al año siguiente. Solo Cole vivió hasta los setenta y dos años, muriendo en 1916, cuando ya nadie se acordaba de sus fechorías de cuarenta años atrás.

En cuanto a los James, tras su milagrosa huida, se instalaron con nombres falsos en Nashville, Tennessee, intentando pasar desapercibidos. Pero Jesse fue incapaz de resistirse a la tentación de revivir sus hazañas y, tres años después del fracaso de Northfield, volvió a las andadas al asaltar un tren en Missouri y dar muerte, de paso, a dos vigilantes. El gobernador de Missouri puso precio (10.000 dólares) por la cabeza de cada uno de los dos hermanos James.

En 1882, con su banda drásticamente reducida por muertes, arrestos y defecciones, a Jesse solo le quedaron dos hombres en los que confiar: los hermanos Charley y Bob Ford, hermanos de la novia de otro de los miembros del clan. Aquel ya había participado en varias acciones con la banda, pero Bob era un joven inexperto que, por su edad, aún no había tenido tiempo de ello. Acuciado por una cierta manía persecutoria, Jesse les pidió a ambos que se instalaran en su casa de Saint Joseph para asegurarles a él y a su familia una mínima protección ante lo que pudiera pasar. Por supuesto, ignoraba por completo que ya por entonces habían llegado a un acuerdo con el gobernador de Missouri, que había hecho de la captura de los hermanos James su máxima prioridad. Para los hermanos Ford, los 10.000 dólares que se ofrecían por la cabeza de Jesse eran un botín muy apetecible.

El 3 de abril, tras desayunar, los Ford y Jesse James entraron en el cuarto de estar de la casa. Antes de sentarse, Jesse vio que uno de los cuadros de la pared estaba torcido y, encaramándose en una silla, se aprestó a enderezarlo. Ahí encontraron los hermanos Ford la oportunidad que estaban esperando. Bob aprovechó que Jesse estaba totalmente indefenso para dispararle en la nuca.

El asesinato causó una gran sensación en todo el país. Los hermanos Ford no solo no ocultaron sus actos, sino que, incluso, alardearon de ellos y se dispusieron a cobrar la recompensa. Pero se llevaron la sorpresa de que fueron arrestados bajo el cargo de asesinato en primer grado. Poco después, fueron juzgados, hallados culpables y sentenciados a muerte en la horca, aunque dos horas después recibieron el indulto personal del gobernador. Incluso, tiempo después, recibieron una parte de la recompensa y se marcharon rápidamente del estado. Charley Ford se suicidó en mayo de 1884. Bob fue asesinado en 1892 de un disparo de escopeta en la garganta en el *saloon* que había abierto en la ciudad de Creede, Colorado.

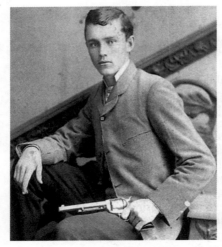

El 3 de abril de 1882, tras desayunar, los hermanos Charley y Bob Ford y Jesse James entraron en el cuarto de estar de la casa del forajido. Antes de sentarse, Jesse se encaramó a una silla para enderezar un cuadro de la pared. Bob Ford (en la foto) aprovechó la ocasión para dispararle en la nuca.

Pero la constancia pública de que la más alta autoridad estatal había conspirado con dos delincuentes comunes para asesinar a un ciudadano, por muy delincuente que fuera, se convirtió en un escándalo y redundó en la elevación de Jesse James a la categoría de mito. Inmediatamente comenzaron a surgir los rumores de que no había muerto, de que todo había sido un astuto montaje que le había permitido "desaparecer" y comenzar una nueva vida. Alguien dijo que Ford había matado en realidad a un tal Charles Bigelow, que se supone que vivía adúlteramente con la esposa de Jesse. Algunos creyeron que Jesse se escondía en el ático de una casa de Dublín, Texas. Otros, muchos años después, en 1948, aún le quisieron reconocer en Guthrie, Oklahoma. Un hombre llamado J. Frank Dalton, que proclamaba ser Jesse James, murió en 1951 en la localidad de Granbury, Texas, a los ciento tres años...

Muerto su hermano, Frank James se entregó al gobernador de Missouri, fue juzgado por algunos crímenes cometidos en ese estado y, sorprendentemente, no se encontraron evidencias de su culpabilidad en crimen alguno, por lo que

El asesinato de Jesse James causó una gran sensación en todo el país. La constancia pública de que la más alta autoridad estatal había conspirado con dos delincuentes comunes para asesinar a un ciudadano, por muy forajido que fuera, se convirtió en un escándalo y redundó en la elevación de Jesse James a la categoría de mito.

salió absuelto. Durante sus últimos treinta años, se ganó la vida como granjero, vendedor de zapatos, juez de salidas en varios deportes y hombre de circo.

Mucha más corta fue la vida de nuestro siguiente protagonista, William Henry McCarthy, más conocido como Billy el Niño.

BILLY EL NIÑO, EL BANDIDO ADOLESCENTE

La figura de Billy el Niño es posiblemente la más controvertida de toda la mitología del Oeste, por lo que nada tiene de extraño que haya dado pábulo a todas las leyendas, entre ellas la de que era un asesino feroz cuyo único placer era matar a sangre fría y sin inmutarse. Mató, sí; pero, hasta donde se sabe, no con el sádico placer de otros.

Aunque casi todo en su biografía es dudoso, lo más probable es que Billy naciera en la ciudad de Nueva York hacia 1859 (se cree que el 23 de noviembre) en una familia al parecer de procedencia irlandesa. A lo largo de su vida, utilizó distintos nombres, tales como William H. Bonney, Henry McCarthy y Kid Antrim, aunque el real era William Henry McCarthy. Huérfano de padre, en 1870 se trasladó consecutivamente a Nuevo México y Kansas, junto con su madre, Catherine, y su hermano. En Wichita montaron una lavandería y además recibían huéspedes en su casa.

En 1873, su madre se emparejó con William Henry Harrison Antrim, quien trabó buena amistad con los hijos. Cuando a ella le diagnosticaron tuberculosis, todos se trasladaron a Silver City, Nuevo México, donde la pareja se casaría. Sin embargo, en 1874, la madre murió y el padrastro se marchó a Arizona, dejando solos a los dos hermanos. Lanzado a la calle, Billy tuvo que sobrevivir, con catorce años, trabajando en un hotel de lavaplatos y en otros empleos mal pagados. Debido a ello, comenzó a cometer sus primeros delitos, de momento de poca monta. Tras uno de sus hurtos, fue encarcelado brevemente por apropiarse de una cierta cantidad de manteca.

A los quince años sufrió su primera detención seria, a la que siguió su primera fuga. Se había unido a un compinche, George Shaffer, más conocido como Sombrero Jack, con el que cometió diversas fechorías. Cuando su compañero robó ropa y dos armas en una lavandería china, Billy escondió el botín en la habitación de la pensión donde vivía, pero fue descubierto y denunciado por la dueña, por lo que fue arrestado nuevamente. Tras huir de la vieja cárcel de Silver City a través del hueco de la chimenea, se dirigió a Arizona en busca de su padrastro. Lo encontró, pero al enterarse este de sus actividades, lo echó de su lado. Sin abandonar Arizona, compatibilizó diversos trabajos con sus primeras incursiones en el mundo del robo de caballos y ganado.

En el fuerte militar de Camp Grant, Arizona, mató a su primera víctima, Ventoso Cahill, un corpulento herrero local que solía abusar de él. Billy (que ahora se hacía llamar Kid Antrim) huyó, pese a haberlo asesinado en defensa propia. Con este dudoso currículo, apareció al año

La figura de Billy el Niño (1859-1881) es posiblemente la más controvertida de toda la mitología del Oeste, por lo que nada tiene de extraño que haya dado pábulo a todas las leyendas, entre ellas la de que era un asesino feroz cuyo único placer era matar a sangre fría y sin inmutarse. Mató, sí; pero, hasta donde se sabe, no con el sádico placer de otros.

siguiente, aún con diecisiete años, en la localidad de
Graham. Alli, tuvo unas palabras con un vaquero en un
saloon y, al ser soezmente insultado, Billy sacó su revólver
y de un certero disparo, frente a frente, lo dejó en el sitio.
Por segunda vez, se fugó de la cárcel donde lo encerraron
y regresó a Nuevo México, donde cambió su nombre por
el de William Boney. Con esta nueva identidad se asoció a
un cuatrero llamado Jesse Evans, que operaba en el área
del río Pecos.

En el otoño de 1877, Billy llegó a Lincoln, en el
entonces Territorio de Nuevo México, unido a la banda de
cuatreros de Evans, conocida como The Boys (los Muchachos). Su apariencia aniñada hizo que los demás vaqueros
empezaran a apodarle Billy el Niño, nombre con el que
pasaría a la historia.

Cierto día, alguien le presentó a un inglés llamado
John H. Tunstall, un rico y poderoso joven barón del
ganado local, que, al ver lo decidido del carácter de Billy,
lo contrató inmediatamente. Si aquel trabajo no hubiera
estado rodeado de circunstancias muy especiales, que
pronto darían que hablar en todo el país, lo más probable
es que Billy se hubiera convertido en un *cowboy* más, más
o menos honrado como los demás, y que nunca hubiera
pasado a la historia. Hasta entonces su biografía estaba ya
bastante manchada, pero tampoco más que la de la mayoría de sus compañeros. El caso es que los acontecimientos
le pondrían en el ojo del huracán. Por entonces, el condado
de Lincoln estaba inmerso en una, de momento, soterrada
guerra entre barones, que pronto estallaría y alcanzaría una
inusitada violencia.

La zona, casi exclusivamente ganadera, era controlada por el ex militar de origen irlandés Lawrence G.
Murphy, que se dedicaba fundamentalmente al suministro
de carne al fuerte del Ejército y a la cercana reserva india.
Para cumplir sus contratos de abastecimiento, Murphy
vendía fraudulentamente tierra pública a granjeros y ganaderos que le pagaban en especie. Además, compraba el

ganado robado a su rival John Chisum, por las bandas locales de cuatreros, generalmente formadas por pequeños rancheros de la zona perjudicados por las grandes manadas de Chisum. Pese a todo, la empresa de Murphy siempre estaba endeudada y, en la práctica, era controlada por el llamado Círculo de Santa Fe, una asociación formada por empresarios, banqueros, políticos y militares corruptos, dirigida por James J. Dolan y que controlaba el Gobierno y las principales magistraturas del Territorio.

A la zona acababa de llegar Tunstall, un joven aventurero inglés que se asoció con Alexander McSween, abogado escocés (que había dejado de trabajar para Murphy, con el que mantenía un enfrentamiento personal), con intención de montar un rancho, un almacén y un banco (con la participación en la sombra de John Chisum) y, sobre todo, de tratar de hacerse con los contratos gubernamentales de suministro de carne que hasta entonces acaparaba un Murphy que se acaba de retirar de la escena al habérsele diagnosticado un cáncer incurable. Dolan tuvo que pasar a primer plano y lo primero que hizo fue tratar de frenar las maniobras de Tunstall.

Y lo hizo de cuajo: Tunstall fue asesinado el 18 de febrero de 1878, en presencia de Billy el Niño que, como sabemos, a esas alturas, trabajaba para el asesinado. Aquel suceso acentuó el enfrentamiento de ambos bandos y comenzó una serie de tiroteos entre las partidarios de Tunstall, dirigidos por McSween y apoyados por la comunidad hispana, y los de Dolan, entre los que se hallaba un buen grupo de pistoleros (la mayoría encubiertos como agentes de la ley gracias a la influencia que Dolan ejercía sobre las autoridades locales), apoyados por los pequeños rancheros-cuatreros del condado y las bandas de Evans y de John Kinney, conocido como el Rey de los Cuatreros, contratados por el Círculo de Santa Fe.

Por su puntería y astucia en el combate, Billy destacó muy pronto en el pequeño ejército de McSween. El asesinato a traición de Tunstall puso las hostilidades al rojo vivo. De un bando y de otro, las bajas se sucedían como fruto de un odio mortal muy enconado; las emboscadas estaban a la orden del día y los capturados vivos eran colgados sin miramientos bajo la acusación de cuatreros. Billy, deseoso de vengar al hombre que le había dado una oportunidad, demostró ser un guerrero astuto y vigoroso con evidentes cualidades de líder.

En un principio, Dick Brewer, capataz de Tunstall, fue nombrado alguacil, con Billy como ayudante, y formó una milicia de "reguladores", que recibió órdenes para detener a 18 hombres vinculados con el asesinato. El 6 de marzo, capturaron a dos de ellos, pero tres días después, cuando eran trasladados a Lincoln, murieron tiroteados por sus captores en circunstancias no aclaradas, junto a un regulador del que se sospechaba que espiaba para Dolan. Entonces, el fiscal del distrito, miembro del Círculo de Santa Fe y amigo personal de Dolan, destituyó al juez de Lincoln, fiel al bando contrario, anuló las órdenes de búsqueda y captura contra los asesinos de Tunstall y declaró proscritos a Billy y sus amigos. El 1 de abril, un grupo de reguladores, entre los que se encontraba Billy, mató a disparos al nuevo *sheriff*, Brady, hombre de Dolan, y a uno de sus ayudantes. El Niño, que resultó herido en el tiroteo, fue acusado de asesinato, aunque parece que solo disparó sobre uno de los ayudantes, que se salvó.

El 4 de abril, 13 reguladores se enfrentaron a otro de los buscados, Buckshot Roberts, en Blazer's Mills, junto a la reserva india. Roberts fue herido de muerte, pero consiguió matar a un regulador, herir de gravedad a otros dos y levemente a tres, entre ellos Billy, que también fue acusado de este asesinado considerado, por error, crimen federal al ocurrir en territorio de la reserva india, lo que no era cierto.

El 29 de abril fue asesinado el nuevo capitán de los reguladores, Frank McNab, hombre de Chisum. Tras diversas escaramuzas y tiroteos más, el 15 de julio, 60 reguladores encabezados por McSween se prepararon para la batalla final y tomaron posiciones en la pequeña localidad de Lincoln en espera de sus enemigos. Las bandas de Kinney y Evans llegaron en apoyo de Dolan y del nuevo *sheriff*, Peppin, uno más de ellos.

Durante cuatro días se produjeron tiroteos que provocaron dos muertos y un civil malherido. Dolan pidió ayuda al teniente coronel Nathan Dudley, comandante en jefe de Fort Stanton, amigo suyo y hombre del Círculo de Santa Fe, que en un principio se negó, pues no tenía esa autoridad ya que recientemente se había promulgado una ley federal que prohibía al ejercito intervenir en disputas civiles. No obstante, el 18 de julio, apareció con 35 soldados, un cañón y una ametralladora con la excusa de defender a las mujeres y niños de la ciudad. Este hecho provocó un vuelco en la situación, pues forzó la huida de muchos reguladores.

El 19 de julio, solo quedaban 12, que se refugiaron en casa de McSween, junto a este y a un estudiante de leyes. Su situación era desesperada. McSween estaba desquiciado y Billy el Niño, el más sereno, asumió el mando y preparó un plan de fuga. Junto con cuatro voluntarios, Billy distraería a los sitiadores para permitir la huida de los demás por la parte de atrás. Por la noche se ejecutó el plan. El estudiante de leyes, Morris, murió el primero, pero Billy y los otros tres lograron huir. Sin embargo, el grupo de McSween tuvo peor suerte y tanto él como cuatro reguladores murieron en el intento.

Con la muerte de McSween, la guerra se dio por concluida. El último golpe de los reguladores fue asaltar la reserva india para abastecerse de caballos. Durante el asalto murió el agente indio y culparon nuevamente a Billy, aunque fue otro regulador quien lo mató. El grupo se separó y Billy el Niño se marchó a Texas, donde se dedicó de lleno al robo de animales, constituyéndose en la pesadilla de los ganaderos.

Entre tanto, el cargo de gobernador de Nuevo México había ido a parar al general Lew Wallace (novelista en sus ratos de ocio y, como tal, autor, entre otras, de la célebre novela *Ben-Hur),* quien, instado por el presidente Garfield, decretó una amnistía para todos cuantos se hubieran visto involucrados en la llamada Guerra del Condado de Lincoln. El indulto no incluía a Billy por tener sobre sí la supuesta muerte del *sheriff* Brady, un delito federal. Pero el gobernador pactó secretamente con él su perdón, a cambio de su colaboración como testigo en el proceso que se seguía contra unos individuos inculpados del asesinato de un abogado llamado Chapman. Billy se entregó, fiado de la palabra de Wallace, y fue encarcelado en la prisión de La Mesilla. Sin embargo, al ver que pasaba el tiempo sin que el pacto se materializara, Billy se sintió traicionado y, una vez más, se fugó, matando en la huida a un guardia.

Volvió a su vida de cuatrero, pero la historia de sus reiteradas fugas y la simpatía que muchas veces inspiran los que son capaces de burlar la ley ya estaban creando la leyenda del Bandido Adolescente, que pronto quedaría truncada. De ello se encargaría un hombre llamado Pat Garrett (1850-1908), recién nombrado *marshal* y cuyo primer encargo fue el de capturar, vivo o muerto, a Billy el Niño, que, por lo demás, era un viejo amigo personal de los tiempos en que Garrett regentaba un *saloon.* En 1880, Garrett lo capturó y lo condujo a Lincoln, donde fue juzgado y condenado a la horca por asesinato. Pero El Niño no había nacido para morir en la horca (él mismo afirmó en una ocasión "me gusta bailar, pero no en el aire") y, poco antes de ser colgado, el 28 de abril de 1881, logró escapar una vez más de la cárcel, aunque a costa de matar esta vez a dos ayudantes del *sheriff.*

El mito de Billy el Niño es uno de los más arraigados del Salvaje Oeste. Su primera biografía apareció solo tres semanas después de su muerte, pero su gran fama comenzó con la publicación de su historia narrada precisamente por su asesino, Pat Garrett, con el título: *La auténtica vida de Billy el Niño*. Aún hoy, su tumba es una de las más visitadas del país.

El 14 de julio, gracias a la traición de un amigo, fue localizado por Garrett en una vieja hacienda de Fort Summer, Nuevo México. Garrett se internó en la hacienda, fue a la habitación de Billy, se escondió en ella y, tras caer la noche, al ver una sombra que entraba en la habitación, disparó dos veces. Herido de muerte, Billy preguntó en español: "¿Quién está?", y fue contestado por una tercera bala. Murió antes de caer al suelo. Cuando los ayudantes de Garrett entraron con velas, comprobaron que era él.

Tenía solo veintiún años. Sin haber llegado casi a hacerse un hombre, este bandido adolescente fue considerado responsable de la muerte de 21 hombres, aunque posteriormente solo se han podido certificar nueve, cinco en tiroteos generalizados (por lo que no se sabe si fue autor directo o no), una en defensa propia y otras tres durante sus fugas de la cárcel. No obstante, el mito de Billy el Niño es uno de los más arraigados del Salvaje Oeste. Su primera biografía apareció solo tres semanas después de su muerte, pero su gran fama comenzó con la publicación de su historia narrada precisamente por su asesino, Pat Garrett, con el título: *La auténtica vida de Billy el Niño*.

En general, se le suele representar como una especie de rebelde juvenil, pero su lugar en la leyenda aún irrita a algunos de los historiadores más escépticos. En realidad, no hizo gran cosa para justificar su mito. Casi todo el tiempo fue a remolque de los acontecimientos, hasta que estos le pasaron por encima.

Caso muy distinto fue el de nuestro siguiente protagonista, que eligió consciente y voluntariamente su destino.

SAM BASS, UN BUEN CHICO DESCARRIADO

Sam Bass (1851-1878) no fue un asesino frío e impasible como John Wesley Hardin, ni siquiera un delincuente precoz, como Billy el Niño, y mucho menos un pistolero al uso. Como tantos otros forajidos, Sam

Sam Bass (1851-1878) no fue un asesino frío e impasible como Wes Hardin, ni siquiera un delincuente precoz como Billy el Niño, y mucho menos un pistolero al uso. Fue solo, seguramente, un buen chico descarriado.

quedó huérfano a temprana edad y tuvo que enfrentarse solo con la vida desde bien pronto. De su Indiana natal, marchó a Texas, donde los ranchos ganaderos ofrecían buenas oportunidades de trabajo, sobre todo a los que como él amaban los caballos y preferían ver la vida desde la grupa de su montura.

En Denton Creek, trabajó más de un año como mozo de cuadras para la viuda Lacy, en cuya hacienda hacían un alto los *cowboys* para dar descanso y herrar sus monturas. Después, el *sheriff* Egan lo contrató para cuidar de sus caballos, ordeñar las vacas y regar y mantener limpio el jardín. Por entonces, nada hacía suponer que este mozo (alto, moreno, de ojos negros y cabello endrino) fuera a convertirse un día en forajido. Tanto más cuando Egan lo tuvo como hombre de confianza y lo envió varias veces a Dallas y Austin a realizar compras y cerrar negocios del rancho. En estos viajes, Sam se familiarizó con la pradera y vivió una sensación de libertad que le hubiera gustado prolongar y hacer su medio natural de vida.

Pero su gran pasión eran los caballos. En contra de la opinión de su jefe, era un participante asiduo de las carreras de ponis, ganando varias de ellas, aunque eso no le permitió cambiar el rumbo de su vida, pues los premios eran exiguos. Lo que sí hizo fue romper la amistad con el *sheriff*, quien un día le exigió que escogiera entre el rancho y los caballos. Sam se la jugó y eligió, con el corazón, los caballos.

Enseguida amplió su relación con los hipódromos y, de jinete, pasó a ser apostador y entró en negocios con Joel Collins, quien pronto le persuadió para que invirtiera el dinero ganado en las apuestas en la compraventa de ganado. Como ni uno ni otro tenían suficiente dinero para poner en marcha el negocio, decidieron hipotecar sus bienes con la esperanza de que una venta inicial favorable les resarciría y les permitiría pagar las deudas. Con esa confianza, adquirieron una manada que llevaron hasta Dodge City. Allí encontraron el mercado saturado y decidieron continuar hasta Ogallala, Nebraska, donde vendieron parte de la manada y, con lo que restaba, decidieron seguir hasta Deadwood, en el territorio de Dakota, que vivía por entonces una fiebre del oro. La prolongada y difícil travesía se vio compensada por una buena venta.

Pero, fatalmente, con el dinero en la faltriquera, en el camino hacia el hotel, se interpuso un *saloon*. Bass entró a tomar una copa, cayó en la tentación de las cartas y por el sumidero del tapete verde se le marcharon todas las ganancias. Sin un dólar y endeudado, no vio (no quiso ver) otro camino que convertirse en salteador de diligencias. Junto con Collins y cuatro cómplices más, asaltaron varias, aunque con muy magros resultados. Había que dar un golpe más sonado y decidieron pasar de las diligencias a los trenes.

En el atardecer del 18 de septiembre de 1877, los viajeros del expreso del Union Pacific en ruta hacia el Este se vieron sorprendidos por la presencia de seis enmascarados. El jefe de tren, presa del pánico, entregó una valija con 60.000 dólares en piezas de oro de 20 dólares. Los pasajeros se vieron también adecuadamente aligerados de sus pertenencias en dinero y alhajas. Los atracadores se dividieron por parejas y, cada cual con su botín, marcharon por rumbos distintos.

Bass volvió a Texas y ya no pudo ni quiso abandonar su nueva profesión. Formó una nueva banda y, tras atracar dos diligencias de líneas locales, en el verano de 1878, asaltó sucesivamente cuatro trenes. Como solía pasar entonces en el Oeste, comenzó a recibir el aprecio popular pues los ferrocarriles, en su proceso de expropiaciones para el tendido de las líneas, habían atropellado los derechos de un sinfín de pequeños propietarios. Bass, gracias al daño que estaba infligiendo a las líneas férreas, era visto como un vengador de los expropiados. Pero las fuerzas vivas, y especialmente los directivos ferroviarios, no lo veían así y no podían tolerar su impunidad. Para acabar con ella, pusieron al capitán June Peak, de los rangers de Texas, en búsqueda y persecución de Bass y los suyos, que en ese momento acampaban en las proximidades de Round Creek, en espera del momento oportuno para proceder a desvalijar un banco de esa localidad.

Un desertor de la banda, llamado Jim Murphy, actuó de delator y los rangers, apoyados por ciudadanos de Round Creek, les tendieron una celada. En el tiroteo, resultaron muertos el *marshal* de la ciudad y un hombre de la banda de Bass. Este, herido de muerte, huyó, pero fue capturado y expiró al día siguiente, 21 de julio de 1878, justo el día que cumplía veintisiete años de edad, con las manos limpias de sangre. No usó sus armas de fuego más que en el encuentro final que le costó la vida. Al parecer, sus últimas palabras fueron: "Si un hombre sabe algo, debe morir con ello dentro". Murphy, el soplón, que tal vez pensaba igual, se suicidó algún tiempo después, incapaz de soportar el repudio general.

LOS DALTON,
VÍCTIMAS DE SU PROPIA CODICIA

Curiosamente, las tres familias de delincuentes más famosas quizás del Oeste, los James, los Younger y los Dalton, estaban unidas por lazos de amistad y, en el caso de las dos últimas, también por lazos sanguíneos. La familia Dalton procedía del condado de Jackson, Missouri. Lewis Dalton, el padre, regentaba un *saloon* en Kansas City cuando se casó con Adeline Younger, tía de Cole y Jim Younger. Hacia 1882, la familia vivía al nordeste del Territorio Indio y, en 1886, se trasladó a Coffeyville, en el sudeste de Kansas. 13 de los 15 hijos sobrevivieron a la infancia. A diferencia de los hermanos James y de los Younger, ellos tenían pocas excusas para inclinarse hacia el crimen. De hecho, algunos comenzaron al otro lado de la ley. Frank, el más estable y sensato de los hermanos, fue *marshal* federal en el Territorio Indio y resultó muerto en acto de servicio en 1887.

Quizás esperando vengar a su hermano muerto, los tres hermanos Dalton más jóvenes, Gratton Grat (1861), Bob (1869) y Emmett (1871), se hicieron también agentes de la ley. Pero sus carreras fueron cortas: en 1890, hartos de su escasa paga y sabiendo que al otro lado se obtenía mucho más y, prácticamente, con los mismos riesgos, se cambiaron de bando y comenzaron a pluriemplearse como ladrones de ganado. En todo caso, sus carreras cambiaron definitivamente de rumbo.

De los Dalton, Bob fue siempre el más salvaje. Mató por primera vez cuando tenía diecinueve años. Por entonces era ayudante de *marshal* y arguyó que el asesinato era en acto de servicio. Algunos sospecharon, sin embargo, que la víctima había intentado quitarle a la novia. En marzo de 1890, fue acusado de contrabando de licor en el Territorio Indio, pero contravino su libertad condicional y no apareció por el juicio. En septiembre de 1890, el arrestado fue su hermano Grat, en su caso por robar caballos, un delito capital, pero todos sus cargos fueron retirados y fue puesto en libertad. Desacreditados como agente de la ley, los Dalton formaron enseguida su primera banda. Para ello, reclutaron un grupo de atracadores formado, entre otros, por George Bitter Creek Newcomb, Charlie Black-faced Bryant (apodo, "Caranegra", que obedecía a que tenía una quemadura de pólvora en una de las mejillas), Dick Broadwell, Bill Powers y Bill Doolin, este el más famoso de todos, fama que ampliaría años después al formar su propia banda.

El primer asalto de los Dalton se produjo en un casino de Silver City, Nuevo México. El 6 de febrero de 1891, tras incorporarse a la banda otro de los hermanos, Jack, fracasaron en un asalto a un tren de pasajeros del Southern Pacific Railroad, durante el que todos los hermanos, menos Jack, fueron apresados. Aunque los demás fueron absueltos por falta de pruebas, Grat fue condenado a veinte años de prisión. De acuerdo al relato legendario, durante su traslado en tren a la cárcel, Grat iba esposado a uno de los dos agentes que le custodiaban. Tras ponerse en marcha el convoy y avanzar una corta distancia, uno de los guardias cayó dormido y el otro trató de distraerse charlando con los demás pasajeros. Hacía un día caluroso y todas las ventanas estaban abiertas. De repente, Grat se puso en pie de un salto y se tiró de cabeza por la ventanilla. Fue a parar al río San Joaquín, desapareció bajo el agua y fue arrastrado corriente abajo, sano y salvo. Los agentes se quedaron atónitos. Grat tenía que haber cogido la llave de las esposas del bolsillo del agente dormido y, luego, programó su huida para que coincidiera cuando el tren pasara sobre un puente que él conocía.

En cualquier caso, Grat se reunió con sus hermanos e hicieron su primera incursión en el Territorio Indio, donde, entre mayo de 1891 y junio de 1892, además de otros delitos menores, robaron tres trenes. Tras el último de esos golpes, Blackfaced Charley fue capturado y resultó muerto en un intento de fuga. La banda actuó de nuevo en julio en una estación de trenes cercana a la frontera de Arkansas, cuya taquilla robaron. Tranquilamente, se sentaron en un banco del andén, hablando y fumando, y con sus rifles Winchester sobre las rodillas. Cuando llegó el tren, los bandidos desengancharon el vagón exprés y descargaron todo lo que contenía. Pero, para su sorpresa, el tren llevaba también 11 guardias armados, que comenzaron a dispararles a través de las ventanillas y desde la trasera del tren. En el tiroteo se llegaron a hacer unos 200 disparos. Ninguno de los Dalton resultó herido, pero sí tres guardias y un pasajero, alcanzado por una bala perdida. Los asaltantes se escabulleron y se ocultaron en alguna cueva de la zona.

La banda hubiera tenido bastante con los robos de trenes, pero Bob Dalton quería asegurarse de que su nombre pasara a la historia. Para ello, en octubre de 1892, junto a sus hermanos Grat y Emmett, así como Dick Broadwell y Bill Powers, intentó lo nunca visto en atracos: robar a la vez el C. M. Condon & Company's Bank y el First National Bank, ambos en Coffeyville, Kansas, la ciudad donde se habían criado los hermanos.

Puesto que eran bastante conocidos, llegaron a ella disfrazados con barbas postizas. No obstante, uno de los Dalton fue identificado por un vecino. Mientras la banda estaba ocupada en robar los bancos, la gente se armó y, cuando los atracadores salieron de ambos bancos, comenzó un fuerte tiroteo. Tres ciudadanos y el *marshal* Charles Connelly resultaron muertos. Por parte de la banda, el único que sobrevivió fue Emmett Dalton, y eso a pesar de recibir 23 disparos. Sobre él recayó una cadena perpetua, de la cual cumplió catorce años antes de ser indultado. Tras ser liberado, se trasladó a Canadá y comenzó a trabajar como agente inmobiliario, autor y actor. Después pasó a Hollywood, donde trabajó hasta su muerte en 1937, a los sesenta y seis años, como asesor en películas del Oeste. Entre ellas, una dedicada precisamente al asalto protagonizado años atrás por sus hermanos y él mismo, que se filmó en el mismo Coffeyville.

Mientras la banda estaba ocupada en robar ambos bancos, la gente se armó y, cuando los atracadores salieron, comenzó un fuerte tiroteo. Tres ciudadanos y el *marshal* Charles Connelly resultaron muertos. Por parte de la banda, el único que sobrevivió fue Emmett Dalton, y eso a pesar de recibir 23 disparos.

Otro miembro habitual de la banda que escapó vivo del fallido y audaz asalto doble fue Bill Doolin.

EL CABALLEROSO BILL DOOLIN Y LOS OKLAHOMBRES

William M. Bill Doolin (1858-1896), hijo de un granjero de Arkansas, había entablado amistad con los hermanos Dalton en 1881, cuando todos trabajaban como *cowboys* en el Territorio Indio. Al parecer, era un vaquero taciturno y duro, pero educado y cortés, y muy rápido con la pistola. Poco después, tuvo que abandonar su trabajo tras participar en un tiroteo ocurrido en la misma ciudad de Coffeyville, Kansas, en 1891, cuando dos agentes de la ley interrumpieron una juerga de *cowboys* y comenzaron a derramar la abundante cerveza por el suelo para dar por acabada la fiesta. Sin más, varios de los vaqueros, incluido él, sacaron sus pistolas y mataron a tiros a los agentes.

Para evitar las consecuencias, Doolin se marchó y se unió a la banda de los hermanos Dalton.

Un año después se disponía a participar con ellos en el doble fallido atraco a los dos bancos de Coffeyville, cuando, de camino a la ciudad, su caballo comenzó a cojear ostensiblemente. Doolin se dirigió a un rancho cercano a cambiar de montura, con la promesa de que se uniría a la banda más tarde. Pero cuando llegó a Coffeyville, se encontró con que los ciudadanos habían matado a los Dalton. Según otra versión, lo que ocurrió realmente fue que no participó en aquel atraco porque había discutido con la banda pocos días antes. Sea como fuere, el caso es que se salvó.

Al año siguiente, 1893, se casó con la hija de un predicador y, a la vez, formó su propia banda, que pronto se convertiría en la más famosa de la historia de Oklahoma. Conocida con el nombre de Los Oklahombres de Doolin, estaba formada, entre otros, por Bill Dalton, uno de los hermanos que aún vivía; Dan Clifton, conocido como Dynamite Dick; George Bitter Creek Newcomb; George Red Buck Weightman; Tulsa Jack Blake; Charley Pierce; Bob Grounds; Little Dick West; Roy Daugherty, más conocido como Arkansas Tom Jones; Alf Sohn; Little Bill Raidler, y Ole Yantis. Entre 1893 y 1895, este nutrido grupo atracó bancos, trenes y diligencias, con base en la ciudad de Ingalls, Oklahoma.

El 30 de mayo de 1893, Doolin y tres integrantes de su banda asaltaron un tren cerca de Cimarrón, Kansas. En su huida fueron interceptados por una partida encabezada por el famoso *marshal* federal Chris Madsen. En el consiguiente tiroteo, Doolin resultó herido en el pie derecho. Pese a todo, los forajidos escaparon amparados en la noche. En septiembre de ese mismo año, un fuerte contingente de agentes llegó sin hacerse notar al feudo de los oklahombres en Ingalls y sorprendió a buena parte de la banda en el interior de un *saloon*. Cuando los policías tomaban posiciones fuera, esperando el mejor momento para atacar, uno de los oklahombres, Newcomb, salió para atender a los caballos, mientras sus compañeros comenzaban una partida de póquer.

Nada más salir a la calle, uno de los alguaciles, nervioso e impulsivo, le disparó, sin acertarle, pero provocando el inicio de la batalla. Newcomb se montó en uno de los caballos y abandonó al galope la ciudad bajo una lluvia de balas y no sin antes avisar de lo que ocurría a sus compañeros del *saloon*. Estos comenzaron inmediatamente a disparar contra los muchos agentes que se agazapaban en distintos puntos de la calle. Desde una ventana del segundo piso de un hotel cercano, Roy Daugherty, otro oklahombre, inició un fuego cruzado sobre los agentes. Enseguida comenzaron a producirse las primeras bajas. El primero en caer fue el agente que había abierto el fuego. Pero sendas balas perdidas mataron a Del Simmons, un muchacho que miraba entusiasmado el tiroteo, e hirieron en el pecho a otro transeúnte.

De pronto, los disparos se interrumpieron y uno de los agentes gritó a los forajidos que se rindieran y salieran con las manos en alto. "¡Vete al infierno!", le respondió Doolin, mientras se reanudaba el tiroteo. Minutos después, los forajidos salieron y, a la carrera, sin dejar de disparar, llegaron a las caballerizas del pueblo, se montaron en sus caballos y partieron a galope tendido en la misma dirección que había tomado su primer compañero. Sin embargo, Bill Dalton perdió su montura y se tuvo que refugiar detrás de una cerca. Hacia él corrió un agente armado con una escopeta y dispuesto a acabar con él, cuando, de pronto, Dalton se rehizo y le mató de un disparo. En ese mismo instante reapareció Doolin, le ayudó a subirse a su caballo y ambos partieron al galope.

Tras escapar en aquella ocasión, la banda reanudó sus atracos, obteniendo su mayor éxito en una sucursal del East Texas Bank, de la que se llevaron 40.000 dólares. Sin embargo, sus días estaban contados, pues cada vez fueron más los agentes que se pusieron tras su pista. Los tres mejores del momento (Chris Madsen, Bill Tilghman y

Heck Thomas) formaron varias partidas que acosaron a la banda a lo largo de cinco estados, sin darles un solo momento de paz durante más de un año. Una noche, durante una de estas persecuciones, dando una muestra del carácter justo que todos le atribuían, se cuenta que Doolin salvó la vida a Tilghman al impedir que un miembro de la banda, Red Buck Weightman, completase una emboscada que le había preparado.

Pocos días después, con la partida de Tilghman pisándoles los talones, la banda se detuvo a desayunar en una granja. Antes de irse, Doolin divisó a sus perseguidores en una lejana colina en dirección a la granja en la que ellos estaban. Sin perder los nervios, aprovechando que el granjero que les había acogido creía que formaban parte de una partida policial, le dijo al buen hombre: "El resto de los chicos llegarán enseguida. Haga el favor de atenderlos tan bien como a nosotros. Aquí le dejo suficiente dinero para pagar el desayuno de todos". Pocos minutos después de irse, llegó a la granja, efectivamente, el grupo de agentes y Tilghman preguntó al granjero si les podía dar de desayunar. El granjero le explicó que el desayuno ya estaba pagado: "Me lo han pagado ya los otros muchachos". Comprendiendo, el *sheriff* no solo se negó a aceptar la invitación de Doolin, sino que insistió en pagar el desayuno de sus hombres y también el de los *chicos de antes.* Por supuesto, el granjero no protestó por cobrar dos veces. Para su desgracia, Tilghman perdió su dinero y la pista de los forajidos.

En mayo de 1895, la banda de Doolin atracó otro banco en Southwest City, Missouri. En el curso del robo, un empleado sacó una pistola e intentó detener a los atracadores. En el tiroteo, el empleado resultó muerto y Doolin herido en la cabeza. Pocas semanas después, cerca de Dover, Oklahoma, la banda acampaba a orillas del río Cimarrón cuando súbitamente cayó sobre ellos una nueva partida de agentes. Tulsa Jack Blake, de guardia, intercambió disparos con ellos y, aunque murió enseguida, dio tiempo a que sus compañeros escaparan una vez más.

Por entonces, la banda estaba muy reducida. Algunos de sus miembros la habían abandonado, buscando sus propios destinos. Los que quedaban estaban a punto de encontrarlo. En enero de 1896, Doolin fue capturado por fin por Tilghman, aunque de una forma harto curiosa e imprevisible. Ambos coincidieron como clientes en un balneario de Eureka Springs, Arkansas, en el que Doolin buscaba remedio para su reumatismo crónico. Al reconocerse, ambos se enzarzaron en una pelea, intercambiándose puñetazos hasta que el fornido Tilghman noqueó al forajido y le arrestó. Enseguida le llevó a Guthrie, Oklahoma, para que fuera juzgado por sus numerosos delitos como atracador de trenes y bancos. Al llegar a la ciudad, centenares de personas llenaban las calles, deseosas de echar un vistazo a aquel famoso forajido y prorrumpiendo incluso en aplausos y vítores, mientras Doolin era introducido en los calabozos.

Pero él había jurado que nunca iría a la cárcel. Pocas semanas después provocó una fuga multitudinaria de presos, en la cual 27 lograron escapar. Entre ellos, por supuesto, él. Una vez libre, se puso en camino hacia México. Durante unos días, se escondió en casa del escritor Eugene Manlove Rhodes. Allí le atacó la nostalgia y se decidió a reunirse con su esposa y su hijo, que por entonces residían en Lawson, Oklahoma, en la granja de sus suegros. A la mañana siguiente, Doolin deshizo su camino y fue en su busca.

En la noche del 25 de agosto de 1896, se aproximó a la granja. Pero una partida de agentes al mando de Heck Thomas lo esperaba en las inmediaciones, emboscados. La figura de Doolin se dibujó bajo la claridad de la Luna. Iba a pie llevando por las riendas a su caballo. Desde detrás de unos arbustos, Thomas le exigió que se rindiera. Inmediatamente, Doolin cogió su fusil, pero varios disparos se lo arrebataron de las manos. Entonces, desenfundó su revólver y solo pudo realizar dos tiros antes de morir acribillado. Algo similar, según todos los indicios, les ocurriría a nuestros siguientes protagonistas.

¿Qué fue de Butch Cassidy y The Sundance Kid?

Las vidas de Butch Cassidy (1866-1908?) y The Sundance Kid (1867-1908?) se convirtieron rápidamente en leyenda. En 1903, sus hazañas inspiraron el primer filme moderno: *El Gran Robo del Tren,* de Edwin Porter y, desde entonces, sus peripecias no han abandonado de una manera u otra el cine y la literatura. De alguna forma, ambos simbolizan la derrota definitiva de la era romántica del Oeste a manos de la industrialización y la urbanización del siglo XX.

Robert LeRoy Parker, Butch Cassidy, nació en Beaver, Utah, en una familia de emigrantes mormones. Creció en el rancho familiar de Circleville, 346 kilómetros al sur de Salt Lake City. Dejó su casa en la adolescencia y trabajó consecutivamente en una granja lechera, en varios ranchos y en una carnicería de Rock Springs, Wyoming, a lo que aludiría su sobrenombre "Butch" (apócope de "butcher", "carnicero", que en inglés se suele utilizar como sinónimo de "machote"), al que se añadió el apellido de su amigo y mentor, Mike Cassidy, con el que trabajó en su primer empleo.

Su primer roce con la ley fue un asunto menor. En 1880, hizo un viaje a una tienda de ropa de otra ciudad que estaba cerrada. Para que el largo viaje no fuera en balde, se coló en la tienda y cogió un par de pantalones vaqueros, dejando un pagaré con sus datos. Sin embargo, el tendero lo denunció. Detenido y acusado de robo, Butch logró demostrar su inocencia y fue absuelto.

Siguió trabajando como *cowboy* hasta 1884, cuando se mudó fugazmente a Telluride, Colorado, aparentemente para buscar trabajo, pero secretamente para vender unos caballos robados. Retomó su actividad de *cowboy* en Wyoming y Montana, hasta que en 1887 regresó a Telluride y se encontró con Matthew Warner, propietario de un purasangre. Juntos presentaron el caballo a varias carreras, dividiéndose los beneficios.

Poco después trabó relaciones con los hermanos William y Thomas McCarty, que le introdujeron en los vericuetos del asalto de trenes y bancos. En noviembre de 1887, Butch, Warner y McCarty fueron responsables del robo fallido de un tren cerca de Grand Junction, Colorado. El guardia les aseguró que ni él ni nadie que viajase en el tren sabía la combinación de la caja fuerte y ellos se marcharon con un modesto botín de 150 dólares. El mismo trío, junto con un cuarto acompañante desconocido, fue responsable del robo en junio de 1889 del banco de San Miguel Valley en Telluride, en el cual consiguieron aproximadamente 21.000 dólares.

En 1890, Butch se compró un rancho en Dubois, Wyoming, cerca del llamado Agujero en la Pared *(Hole-in-the-Wall)*, una formación geológica natural al sudeste de las montañas Big Horn que proporcionaba un refugio seguro a los forajidos que huían de la ley. A partir de entonces, el rancho le sirvió a Butch como fachada legal para sus actividades delictivas y como cabeza de puente para aquel recóndito pareje que pronto se convirtió en la guarida predilecta de sus amigos y compinches.

A comienzos de 1894, Butch inició una aventura amorosa con la conocida forajida y ranchera Ann Bassett, cuyo padre le compraba los caballos y el ganado robados. Ese mismo año, fue arrestado en Lander, Wyoming, por robar caballos y por extorsionar a los rancheros locales. Encarcelado en la prisión estatal de Laramie, Wyoming, cumplió solo dieciocho meses de los dos años a que había sido condenado pues llegó a un acuerdo con el gobernador, comprometiéndose a no volver a actuar en Wyoming.

Tras su puesta en libertad, formó una banda que se ganó una gran reputación como ladrones de bancos, trenes y cualquier cosa que pudiera reportarles beneficios. La banda pronto sería conocida como The Wild Bunch (El Grupo Salvaje) o La Banda del Agujero en la Pared. De

Butch Cassidy (1866-1908?) formó una banda que se ganó
una gran reputación como ladrones de bancos, trenes
y cualquier cosa que pudiera reportarles beneficios.
La banda —inmortalizada para la posteridad en esta famosa
fotografía— pronto sería conocida como El Grupo Salvaje.
De ella formaron parte, entre otros, Elzy Lay, Harvey Logan
(más conocido como Kid Curry), Ben Kilpatrick
The Tall Texan (el tejano alto),
Harry Tracy, Will News (Noticias) Carver,
Laura Bullion, George Curry y Harry Alonzo Longabaugh,
más conocido como The Sundance Kid
(El chico de Sundance).

ella formaron parte, entre otros, Elzy Lay, Harvey Logan (más conocido como Kid Curry), Ben Kilpatrick The Tall Texan (el tejano alto), Harry Tracy, Will News (Noticias) Carver, Laura Bullion, George Curry y Harry Alonzo Longabaugh, más conocido como The Sundance Kid (El chico de Sundance). A pesar de que Butch mantuvo siempre su fama de poco amante de la violencia y nunca se le relacionó con muerte alguna, la banda sí que ganó reputación, y con razón, de muy violenta, tras matar a numerosas personas en el curso de sus atracos y también fuera de ellos. La policía, los detectives de los ferrocarriles y varias agencias del estilo de la Pinkerton aunaron sus esfuerzos para capturarlos, pero se demostró que era una tarea muy difícil.

En agosto de 1896, Butch, Lay, Kid Curry y un cuarto hombre desconocido robaron el banco de Montpellier, Idaho, del que obtuvieron unos 7.000 dólares. En abril de 1897, en la ciudad minera de Castle Gate, Utah, Butch y su amigo Lay asaltaron a un pequeño grupo de hombres que transportaban desde la estación de tren hasta su oficina la nómina de la empresa minera Pleasant Valley Coal Co., haciéndose con una saca que contenía otros 7.000 dólares en oro. En junio de 1899, la banda asaltó un tren del Union Pacific cerca de Wilcox, Wyoming, en una acción que se hizo famosa y que provocó una masiva persecución en la que participaron muchos conocidos agentes de la ley que, sin embargo, no lograron capturar a los forajidos. Durante un tiroteo con sus perseguidores, Kid Curry y George Curry mataron al *sheriff* Joe Hazen. La banda se escondió en el Agujero en la Pared y la agencia Pinkerton encargó a su mejor detective, Charles Siringo, su persecución.

En julio de 1899, Lay y otros miembros de la banda participaron en el asalto a un tren cerca de Folsom, Nuevo México, al parecer planeado por Cassidy, durante el cual se produjo un tiroteo en el que Lay mató al *sheriff* Edward Farr y a su ayudante Henry Love, por lo que, tras ser

A pesar de que Butch Cassidy mantuvo siempre su fama de poco amante de la violencia y nunca se le relacionó con muerte alguna, su banda sí que ganó reputación, y con razón, de muy violenta, tras matar a numerosas personas en el curso de sus atracos y también fuera de ellos.

capturado, fue encarcelado de por vida en la prisión estatal de Nuevo México.

Quizás a consecuencia de la pérdida de Lay, su mejor amigo, Butch hizo sendos acercamientos al gobernador de Utah y a los directivos del Union Pacific Railroad en busca de una amnistía. Pero no lo consiguió. En agosto de 1900, Butch, Sundance Kid y otros asaltaron otro tren del Union Pacific cerca de Tipton, Wyoming, cerrando cualquier posibilidad de acuerdo y violando su vieja promesa de no actuar en aquel territorio.

Mientras tanto, los detectives de la agencia Pinkerton fueron cerrando el círculo en torno a la banda que, no obstante, siguió delinquiendo. En febrero de 1900, murió en un tiroteo con agentes Lonny Curry, hermano de Kid Curry. En marzo, este último y Bill Carver estuvieron a punto de ser detenidos en Saint Johns, Arizona. En el inevitable tiroteo, resultaron muertos dos alguaciles. En abril, George Curry murió en otro tiroteo con el *sheriff* del condado de Grand, Utah, John Tyler. En mayo, Kid Curry asesinó en Moab, Utah, a este *sheriff* y a uno de sus ayudantes.

Mientras tanto, Butch, Sundance Kid y Bill Carver viajaron a Winnemucca, Nevada, donde, en septiembre de 1900, atracaron el First National Bank, consiguiendo un botín de 32.640 dólares. A continuación, Butch, Sundance Kid y Kid Curry robaron otro tren del Union Pacific cerca de Wagner, Montana, obteniendo un botín de 60.000 dólares en efectivo. De nuevo, la banda se separó y uno de ellos, Bill Carver, fue muerto por una partida policial al mando del *sheriff* Elijah Briant. En diciembre de 1901, los miembros de la banda Ben Kilpatrick y Laura Bullion fueron capturados en Knoxville, Tennessee. Días después, durante otro tiroteo, Kid Curry mató a dos policías y huyó. Perseguido por agentes de la Pinkerton y algunos policías, regresó a Montana, donde mató al ranchero James Winters, responsable de la muerte de su hermano Johnny años antes.

Por entonces, Butch y Sundance Kid se habían marchado a la ciudad de Nueva York y, en febrero de 1901, junto con Ethel Place (Etta Place), la compañera sentimental de Sundance, partieron hacia Buenos Aires, Argentina, a bordo de un vapor británico. Se establecieron en una hacienda situada en Río Blanco, cerca de Cholila, en la provincia de Chubut, próxima a los Andes.

En febrero de 1905, dos bandidos anglófonos (seguramente ellos) atracaron un banco de la localidad de Río Gallegos, 1.130 kilómetros al sur de Cholila. Pero en mayo, el trío vendió la hacienda de Cholila al sospechar que se estaba estrechando el cerco sobre ellos. Era cierto. La agencia Pinkerton había descubierto su escondite y solo esperaba el momento oportuno para apresarlos.

Movidos por su intuición (Butch Cassidy solía decir de sí mismo: "Yo tengo visión; los demás usan lentes bifocales"), los forajidos escaparon a San Carlos de Bariloche, donde se embarcaron en un vapor que les llevaría a Chile a través del lago Nahuel Huapi. Sin embargo, a finales de ese mismo año regresaron a Argentina y, a mediados de

Mientras sus compinches iban cayendo, Butch Cassidy se marchó a
Nueva York y, en febrero de 1901, junto con The Sundance Kid
(1867-1908?) y la novia de este, Etta Place partieron hacia
Buenos Aires, Argentina, a bordo de un vapor británico.

diciembre, atracaron la sucursal del Banco de la Nación de Villa Mercedes, a 650 kilómetros al oeste de Buenos Aires, obteniendo un botín de 12.000 pesos. Perseguidos por la policía, cruzaron la Pampa y los Andes y nuevamente se pusieron a salvo en Chile.

En junio de 1906, harta de esa vida, Etta Place decidió regresar a Estados Unidos y se embarcó hacia San Francisco acompañada por Sundance. Cassidy, bajo el alias de Santiago Maxwell, consiguió trabajo en una mina de estaño de Santa Vela Cruz, en el centro de los Andes bolivianos, donde esperó el regreso de Sundance.

En noviembre de 1908, cerca de San Vicente, al sur de Bolivia, un correo que custodiaba la nómina de la compañía minera Aramayo Franke fue asaltado por los dos bandidos yanquis. Tres días después, la casa en que estos se alojaban fue rodeada por un pequeño grupo de policías locales, ayudados por dos soldados. Se produjo un tiroteo, en un descanso del cual se oyó un disparo aislado dentro de la casa, seguido por un grito y otro disparo. Cuando los policías entraron, hallaron los cuerpos sin vida de los forajidos, ambos con sendos disparos mortales en la frente y la sien.

Esa fue la versión oficial de la muerte de Butch Cassidy y The Sundance Kid. Sin embargo, nunca se han encontrado sus tumbas y, a la vez, amigos y familiares estadounidenses afirmaron con posterioridad que, en realidad, los bandidos regresaron a los Estados Unidos y vivieron en el anonimato muchos años más. Desde entonces se ha polemizado mucho acerca del verdadero final de estos delincuentes tan legendarios.

4

HOMBRES CON PLACA (Y CON REVÓLVER)

Le preguntaron a Pat Garrett si estaba nervioso cuando,
desde la oscuridad, disparó y mató a Billy el Niño.
"No —respondió rápidamente—. Un tipo nervioso duraría
muy poco en el negocio en que yo me muevo".

SHERIFFS Y *MARSHALS*, DOMADORES DE CIUDADES

En general, la improvisada justicia de la Frontera solo pudo ir constituyendo la autoridad paso a paso, y a menudo de forma harto informal. El paso de territorio a Estado significaba invariablemente la introducción de las leyes federal y estatal, junto con las ordenanzas locales. Era un proceso lento, pero que, con el tiempo y con paciencia, llegaba a funcionar. La ley formal, como el gobierno, solo se instauraba en un territorio cuando en él había suficiente gente para votar por ella o para exigirla. Una vez que se conseguía esto y se establecían buenas comunicaciones entre las ciudades y los pueblos, la ley y el orden prosperaban a mayor o menor velocidad.

Mientras tanto, cuando un asentamiento de colonos crecía lo bastante como para constituirse en ciudad, una de las primeras cosas que hacía era elegir agentes de la ley. Al menos en un caso, la iniciativa fue claramente prematura: en 1871, tras conseguir la calificación de ciudad el asentamiento de Ellsworth, Kansas, el nuevo concejo municipal nombró inmediatamente a un *marshal* para que hiciera cumplir las leyes locales. No obstante, llevado por la precipitación, olvidó que aún no tenía leyes locales que hacer cumplir. Una semana después tuvo que remediarlo a toda prisa, promulgándolas.

En términos generales, en el Salvaje Oeste las relaciones humanas consistían en una extraña mezcla de cortesía y violencia, gobernada, más que por leyes, por un conjunto de reglas y normas no escritas y a menudo contradictorias, conocidas posteriormente, en su conjunto, con la ambigua y difícil de desentrañar etiqueta de "Código del Oeste". Este dictaba, por ejemplo, que la palabra dada sagrada, que la hospitalidad era una obligación, que la propiedad privada era inviolable y que un caballo era la más importante posesión personal. Por tanto, tan intolerable como un asesinato era el robo de caballos: el ladrón apresado con una montura ajena podía esperar ser colgado del árbol más cercano.

Lógicamente, tal código contenía otras muchas cosas que, desde nuestra óptica, resultan chocantes. La vida de un pistolero, aunque fuera conocido como tal, por canalla que fuera e, incluso, aunque, en el lenguaje de la época, fuera un reputado "matador de hombres", tenía que ser respetada como la de los demás. Si se le disparaba y no se quería ser considerado y tratado como uno de ellos, había que hacerlo en presencia de testigos; solo entonces su muerte no se tendría en cuenta. Sin embargo, si la víctima era un ciudadano respetable, lo más fácil era que el asesino fuera linchado allí mismo (si es que alguien se atrevía a detener a su asesino, claro). En general, los que rompían el código eran mirados con desdén o, mucho peor, a través del punto de mira de un arma.

En tales condiciones, el esforzado y abnegado hombre de la Frontera no solo tuvo que conquistar la tierra y vencer a los indios, sino que también tuvo que aprender a domeñar a los muchos elementos perturbadores presentes en sus propias filas. Solo pudo descansar cuando logró barrer de sus tierras a todos los pistoleros, asesinos, salteadores, ladrones de caballos y cuatreros. Y esa fue una labor ímproba. En tal ambiente, la soga del verdugo ha de ser incluida, junto al revólver, el hacha, el arado, el lazo y el cedazo del minero, como una de las herramientas más al uso en el Oeste y, a la vez, como uno de los símbolos de la Conquista del Oeste. Una herramienta que poco pudo hacer contra los estragos de la más importante y común: las armas.

La utilización indiscriminada de armas de fuego fue siempre un problema. Los esfuerzos por restringir su uso estaban destinados al fracaso porque, a pesar de todas las leyes locales y estatales contra ellas, desarmar a los ciudadanos era prácticamente imposible. Además, la constitución así lo afirmaba. Lo único factible, de momento, era imponer multas severas o sentencias de cárcel al que las usaba sin motivo legítimo, o bien recurrir a otras armas para someterlo o eliminarlo.

En teoría, el uso del revólver en las disputas personales se condenaba, pero aquellos para los que la supervivencia podía depender de la fuerza, un revólver parecía el mejor instrumento que había que tener a mano. Los hombres que se enzarzaban en duelos con pistolas, legales o no, y sobrevivían corrían el riesgo de tener que comparecer ante los tribunales a no ser que se pudiera probar que habían disparado en legítima defensa. Esto se aplicaba también a los agentes del orden, que tenían que convencer al consejo municipal o al oficial de justicia de que sus acciones eran justificadas. Pero el simple hecho de que lo tuvieran que hacer ya indicaba que no siempre era ese el caso.

Aun contando con leyes escritas y con agentes de la ley debidamente autorizados a patrullar las calles, mantener el orden en las ciudades de la Frontera seguía siendo, en el mejor de los casos, solo una optimista pretensión. Que se hiciera o no realidad dependía a menudo del coraje y la habilidad como pistolero del agente del orden más que de cualquier otro tipo de respeto genérico a la autoridad. El agente vivía en un mundo imbuido de la psicología fronteriza basada en la independencia y la autosuficiencia personales, y en el que todos podían conseguir fácilmente armas de fuego, incluso, y solía ser el caso más habitual, por correo. En esa situación tan explosiva, la ley se hacía cumplir mejor cuando el hombre con placa era habilidoso con las armas. Cuando desarmaba a un grupo de exaltados *cowboys*, cuando separaba a dos jugadores enzarzados en una pelea o cuando rechazaba ante la puerta de la cárcel a una vociferante turba de linchadores dispuestos a todo, los ciudadanos sabían que lo único que le permitiría salirse con la suya al hombre con placa sería su revólver.

Durante el apogeo de la era de los bandidos y pistoleros sin ley en el Oeste, entre 1850 y 1900, solo unos pocos resueltos hombres con estrellas de latón en el pecho les hicieron frente. Pero como escudo protector estas chapas dejaban mucho que desear. Así, muchos de los que arriesgaron su vida en aras del orden público y el imperio de la ley la perdieron. El coraje de estos pocos hombres es el verdadero legado del Viejo Oeste, que yace en los muchos cementerios que jalonan sus caminos y que orillan sus pueblos fantasmas.

EL LABERINTO DE LAS PLACAS

El Oeste tuvo un gran número y variedad de agentes de la ley. Los solapamientos e interferencias ocasionales causaban a menudo conflictos jurisdiccionales, aunque lo más corriente era la cooperación. En cada jurisdicción, el agente de grado superior era como un gobernante con capacidad para solicitar ayuda, tanto entrenada como amateur, cuando las cosas amenazaban con ponerse serias.

En las ciudades, el *marshal* solía tener a su disposición, al menos en las poblaciones de mayor tamaño, prosperidad o peligrosidad, una pequeña fuerza compuesta de alguaciles o ayudantes y de unos pocos policías; además, en caso de emergencia, podía alistar, más o menos a la fuerza, a ciudadanos comunes y nombrarlos temporalmente ayudantes o policías auxiliares. En los condados, el cumplimiento de la ley y la persecución de los delincuentes quedaban en manos de un *sheriff*, ayudado por un vicesheriff y por un grupo de alguaciles o ayudantes, auxiliados en ocasiones por partidas de ayudantes improvisados.

Había un tercer nivel de agentes, de jurisdicción federal, que actuaba genéricamente en cada estado, distrito o territorio. Estos marshals de los Estados Unidos o marshals federales y sus ayudantes solo se encargaban técnicamente de hacer cumplir las leyes federales y de perseguir a criminales tales como ladrones de correos y desertores del Ejército. Sin embargo, los ayudantes formaban a menudo eventuales comisiones tanto locales como de condado y echaban una mano (y una pistola) a sus colegas locales.

En los rincones más salvajes del Sudoeste, donde los gobiernos de los condados era rudimentarios o no existían, surgió una rama especial de agentes de la ley: los *rangers* o policías montados. Los cuatreros y otros forajidos que actuaban a lo largo de la frontera mexicana de Texas, Nuevo México y Arizona tenían un especial motivo para temerlos, pues, además de ser agentes directos del Estado o del Gobierno federal, generalmente eran reclutados de entre las filas de los candidatos más duros que se pudieran conseguir: hombres que no solo sabían disparar bien y rápido, sino que también eran buenos jinetes, pues tenían que patrullar grandes distancias a la grupa de sus caballos, y que no se arredraban ante nada ni nadie. Los rangers de esos tres estados estaban organizados como una organización cuasimilitar, pero cada uno tenía sus propios medios para hacer cumplir la ley.

Por ejemplo, cuando un grupo de pendencieros forajidos causaban un episodio de terror ciudadano en alguna población de Texas, disparando indiscriminadamente a las luces, letreros y ventanas, poniendo en peligro la vida de los ciudadanos (o matándolos directamente), la ciudad requería urgentemente ayuda a los rangers de Texas para que vinieran y sofocaran el disturbio. Así pasó en cierta ocasión cuando una comisión ciudadana de una de estas poblaciones tejana amenazadas por un grupo de alborotadores fue a recibir ilusionada a los rangers que habían anunciado su llegada en el tren. Al ver que solo bajaba uno, el comité de bienvenida buscó con la mirada, entre decepcionado y sorprendido, a los demás. "Soy el ranger", dijo el agente Pat Dooling. "¿Solo han enviado a *un* ranger?", preguntó el portavoz del comité. Dooling, sin perder la sonrisa, respondió: "Solo tienen *un* disturbio, ¿no?". Él solo lo sofocó y se marchó en el siguiente tren.

Colectivamente, toda esta variada red de agentes de la ley y el orden componían una tupida jerarquía, con los *marshal* federales a la cabeza de la cadena de mando. En amplias zonas, estos tenían preeminencia en razón a que eran los únicos nombrados directamente por el presidente de los Estados Unidos, con conocimiento y aceptación del Senado. En consecuencia, al estar sometidos al sistema de partidos, en su elección se tenían en cuenta tanto o más sus habilidades políticas cuanto su calidad como pistoleros y sus dotes de mando. A su vez, tenían la capacidad de elegir a sus propios ayudantes. Como resultado, el puesto de *marshal* federal era tan rentable que cuando quedaba una vacante se presentaban muchos aspirantes.

Algo similar fue ocurriendo en los condados, donde el *sheriff* se ganaba el puesto mediante una elección muy reñida y necesitaba dominar las artes políticas. Hubo excepciones, por supuesto. Cuando Bat Masterson (1855-1921) se presentó a la reelección como *sheriff* del condado de Ford, Kansas, les dijo a sus votantes: "No tengo promesas que hacerles, porque las promesas suelen ser meras paparruchas". Con un programa tan conciso, Masterson ganó aquellas elecciones. A falta de programa, su bien conocida habilidad como pistolero convenció a los votantes.

Los hombres que ganaban esas oposiciones estaban a veces faltos de experiencia o de integridad reconocida como agentes de la ley. Por ejemplo, durante sus primeros tiempos como territorio, Colorado destacó por su mala suerte a la hora de elegir marshals. El primero, nombrado en 1861, acabó arrestado por malversar fondos federales. El segundo, un ex juez de la corte municipal de Denver, tuvo un mejor comportamiento, pero muy poca eficacia. El tercero dimitió al ser acusado de robo y falsificación de moneda. El cuarto fue condenado por engordarse el bolsillo presentando falsas reclamaciones al gobierno federal y tuvo que pasar dos años *a dieta* en la penitenciaria de Leavenworth.

Con el tiempo, muchos sheriffs dejaron de involucrarse personalmente en la persecución y detención de los delincuentes, prefiriendo delegar esos asuntos en ayudantes con buena reputación de pistoleros, mientras ellos, como la mayor parte de los marshals, se quedaban tranquilamente en casa, dedicados a sus asuntos políticos o directamente a hacer dinero.

Sin embargo, una vez que el *sheriff* o el *marshal* tomaban posesión de su cargo, no siempre lo encontraba tan rentable como había pensado de antemano. Por mucho tiempo que pasara recolectando impuestos del condado y pese a que, a menudo, se quedaba con un porcentaje de lo cobrado, eso seguía sin sumar mucho. Quien más y quien menos, los agentes se buscaban algunos chanchullos judiciales, relacionados preferentemente con la administración de derechos, concesiones y permisos inmobiliarios. Y así sí podían llegar a hacerse ricos. Se dijo que John Behan, *sheriff* del condado de Cochise y enemigo de los Earp en Tombstone, se llegó a embolsar en un solo año de mandato 40.000 dólares.

A cambio del exiguo sueldo y de las ganancias irregulares, el *sheriff* tenía muchas obligaciones diarias, no solo las estrictamente policiales. De todos se esperaba que mantuvieran a su cargo la cárcel del condado en buenas condiciones, que abastecieran las necesidades del juzgado y que se encargaran de vender las propiedades requisadas a los delincuentes. Además, algunos tenían que atender ciertos requerimientos específicos derivados de las peculiaridades de sus áreas de jurisdicción. En Wyoming inspeccionaban las marcas de los caballos que salieran del condado para asegurarse de que no había entre ellos ejemplares robados. Los sheriffs de Utah no solo mantenían las cárceles sino también las perreras del condado. En Colorado, tenían que ayudar en la lucha contra los incendios forestales. En Texas, en la erradicación de la plaga de perritos de las praderas. Y en Nuevo México, en la búsqueda de reses extraviadas.

En el tercer nivel, la ciudad, estas tareas extras se multiplicaban hasta el punto de que prácticamente ocupaban casi todo su tiempo. En muchos lugares, el *marshal* hacía de inspector de sanidad y de incendios, así como de comisionado de sanidad. A veces, cobraba los impuestos municipales, así como las tasas y licencias que se requerían a los bares, burdeles y propietarios de mascotas. No era raro que aprovecharan esas circunstancias para hacerse cargo, a cambio de unos ingresos extras, del cobro de todo tipo de facturas de empresas privadas. Otras exigencias típicas del trabajo del *marshal* eran entregar citaciones, responsabilizarse de las cárceles, llevar registros oficiales de arrestos y de los bienes requisados o custodiados a los detenidos, deponer testimonios en los juicios y mantener el orden en los tribunales de su ciudad. Y aun había más. En Abilene, el temido Wild Bill Hickok estuvo encargado de limpiar las calles de forajidos, pero también de basura. Además, para suplementar su paga de 150 dólares al mes, conseguía 50 centavos por cada perro sin licencia que mataba a tiros dentro de los límites de la ciudad.

Incluso cuando un *marshal* ejercía su más obvio cometido y realizaba un arresto, generalmente las causas eran menos glamorosas de lo que la leyenda nos cuenta. En un mes típico de Tombstone, por ejemplo, Virgil Earp y sus ayudantes hicieron 48 arrestos. De ellos, 18 eran producto de borracheras y desórdenes y 14, de perturbaciones de la paz. Solo ocho tenían que ver con la violencia o el riesgo de violencia: cuatro fueron detenidos por asalto, tres por llevar armas ocultas y uno por resistirse a la autoridad. Los demás casos tenían que ver con pequeños hurtos juveniles y con conducción temeraria de carros. En cierta ocasión se vieron obligados a realizar una tenaz caza del hombre persiguiendo a un arcordeonista loco que no dejaba descansar a los vecinos por la noche.

Pero esto es engañoso; no refleja la incandescente inestabilidad de las ciudades fronterizas ni los súbitos estallidos de violencia letal que exigían la presencia de los agentes pistola en mano. Muchos de esos episodios tenían lugar en ciudades de Texas, Kansas o Montana cuando los *cowboys* llegaban tras una travesía polvorienta, agotadora y solitaria. Tras bañarse y perfumarse, con los bolsillos llenos y semanas de aburrimiento de las que desquitarse, se plantaban en las calles locos por divertirse y buscando meterse en problemas. La juerga podía acabar en tragedia, en un duelo a pistola con un jugador tramposo o en una fatal disputa por los mercenarios favores de una prostituta. Lo más habitual era la trifulca masiva. Hasta las bromas más inofensivas se podían convertir en peligrosas, especialmente cuando a los *cowboys* les daba por recorrer las calles a galope tendido, soltando sus típicos alaridos y disparando al aire.

La galería de tipos humanos que actuaron de agentes de la ley en el Salvaje Oeste fue extensa y variopinta. Hubo casos como el del ex boxeador neoyorquino Tom Bear River Smith (1830-1870), que, contra todo pronóstico, se impuso a las difíciles circunstancias. Smith fue nombrado *marshal* de Abilene en los más tormentosos años de aquella ciudad ganadera, en junio de 1870, a cambio de un sueldo mensual de 150 dólares, más un plus de dos dólares extras por arrestado que resulta convicto. Hasta su llegada, ningún alguacil había durado más de algunas semanas. Smith, que ni bebía ni jugaba ni solía ir armado, se hizo respetar por la serena frialdad

El ex boxeador neoyorquino Tom Bear River Smith (1830-1870)
fue nombrado *marshal* de Abilene en los más tormentosos años
de aquella ciudad ganadera a cambio de un sueldo mensual de 150
dólares, más un plus de dos dólares por arrestado convicto. Smith,
que ni bebía ni jugaba ni solía ir armado, se hizo respetar
por la serena frialdad de su carácter y la dinamita de sus puños.

de su carácter y por la dinamita de sus puños. Su primer acto en la ciudad consistió en fijar un bando prohibiendo el uso de las armas de fuego. Al día siguiente, el bando apareció convertido en un colador. Pese a estos descorazonadores principios, Smith se impuso a todos los pistoleros que quisieron provocarle, siempre a base de hablar persuasiva y quedamente y de propinar unos puñetazos repentinos y demoledores para reducir a los díscolos. En pocos meses, Abilene vio restaurada la paz en sus calles.

Sin embargo, la pacífica carrera de Smith se truncó cuando lo mataron alevosamente al ir a practicar una detención. En noviembre de 1870, Smith, acompañado de un alguacil temporal, localizó a dos proscritos, Andrew McConnell y Moses Miles, acusados de matar a un granjero de Abilene. Se produjo un tiroteo durante el cual el *sheriff* Smith resultó herido en el pecho. Tras huir el alguacil, uno de los forajidos, Miles, le remató con una escopeta y le decapitó con un hacha. Abilene le organizó las más solemnes honras fúnebres.

Inmediatamente, la ciudad tuvo que contratar a un nuevo *marshal* y esta vez, a ser posible, con pistola diestra. El mejor que fuera posible. Y lo consiguió. Sucesor en la plaza de Tom Smith fue un sujeto de muy diferente catadura. Su nombre era James Butler Hickok (1837-1876), aunque era más conocido como Wild Bill, al que más adelante volveremos con mucho mayor detalle.

La saga de los sheriffs sería por tanto incompleta si solo se mencionase a los que dejaron un rastro turbio y se olvidara a los que, por ceñirse al cumplimiento de su deber, como Tom Smith, no atrajeron la morbosa curiosidad de autores de novelas a diez centavos, propagadores de famas dudosas. Entre los defensores de la ley cuya labor cooperó a civilizar y a hacer más habitables los nuevos territorios (los que contemporáneamente se llamó *city tamers,* "domadores de ciudades") hay que citar a Bill Tilghman (1854-1924), el hombre de Oklahoma que durante veinticinco años impuso ley y orden

131

Chris Madsen

Bill Tilghman

Heck Thomas

Entre los defensores de la ley cuya labor cooperó a civilizar
y a hacer más habitables los nuevos territorios hay que destacar a
Bill Tilghman (1854-1924); Chris Madsen (1851-1944),
y "Heck" Thomas (1850-1912). Los tres, al servicio del juez
Isaac Parker, el "Juez de la Horca", y conocidos conjuntamente
como "Los Tres Guardias", capturaron a unos 300 proscritos,
además de matar a otros cuantos.

en aquel estado, y que tenía como máxima "no matar nunca a ningún delincuente al que se pueda capturar vivo". También a Chris Madsen (1851-1944), un soldado profesional danés que, antes de emigrar a América, había servido en la Legión Extranjera francesa y había luchado en la guerra franco-prusiana. Nada más emigrar, se alistó en el ejército yanqui y, al acabar su compromiso, fue elegido *marshal* y desempeñó su cargo en Nevada, Colorado y Arizona, llegando a ser el modelo del oficial íntegro que no vacilaba en enfrentarse con los más duros y recalcitrantes delincuentes sin jamás ponerse a su altura en cuanto al abuso de las armas. Caso similar fue el de Henry Heck Thomas (1850-1912), otro *marshal* de Oklahoma. Estos tres marshals formaron lo que se dio en llamar "Los Tres Guardias", y capturaron en total a unos 300 proscritos, además de matar a otros cuantos.

Pero hubo muchos más agentes de la ley de trayectoria impoluta y loable. El *sheriff* Seth Bullock (1849-1919), infatigable perseguidor de forajidos en Dakota; el *marshal* Dave Cook (1842-1907), que limpió Denver de malhechores, tras detener a unos 3.000 forajidos...

El trabajo de mantener el orden público en el turbulento Oeste no era fácil ni estaba exento de enormes riesgos. Se ha calculado que de los 200 hombres reclutados por el mencionado juez Isaac Parker (el conocido Juez de la Horca) para patrullar el Territorio Indio, que estaba bajo su jurisdicción y era un conocido refugio de forajidos, 65 fueron asesinados en el cumplimiento del deber. En la tardía fecha de 1900, Bat Masterson, otro de los buenos ejemplos de agentes de la ley eficaces, rechazó su nombramiento como *marshal* de aquel mismo territorio con el argumento de que "si lo acepto, dentro de un año tendré que matar a algún chico alocado que quiera ganarse una reputación a costa de matarme". Y Masterson sabía de qué hablaba.

BAT MASTERSON,
DE PISTOLERO A CRONISTA DEPORTIVO

La vida de William Bartholomew Masterson (1855-1921), mejor conocido como Bat Masterson, es de las más ilustrativas del ambiguo ajetreo que llevaba aparejado el oficio de *sheriff* cuando se simultaneaba con el de jugador profesional, hecho que, a juzgar por la frecuencia con que se daba, no suponía incompatibilidad intrínseca alguna. En el caso de Masterson, él mismo argumentaba que el juego, además de ser un medio para complementar el pequeño sueldo de *sheriff*, tenía otra gran ventaja: le hacía "insensible al soborno".

Bat tenía algo de bromista y le encantaba meterse en problemas o estar al borde de ellos. Fue un virtuoso del revólver a este lado de la ley y su indumentaria estaba en consonancia con sus deslumbrantes talentos: un pañuelo de seda rojo al cuello e impactante chaleco con flecos hasta la rodilla; espuelas engastadas en oro; revólveres bañados en plata con empuñadura de marfil; cinturón y cartucheras tachonadas con plata y un sombrero gris con una banda de piel de serpiente de cascabel con ojos de cristal... Se cuenta que un hombre del Este que visitaba Dodge City y estaba deseoso de conocerlo en persona se acercó a un rufián lugareño de aspecto desaliñado y le preguntó dónde podía encontrar al famoso Bat Masterson. "Camine por el pueblo y cuando se encuentre con el hombre mejor vestido y de mejor aspecto de la ciudad ese será Bat", le respondió el vecino.

Masterson era originario de Wichita, Kansas, y tras un empleo juvenil en el ferrocarril de Topeka a Santa Fe, se convirtió en cazador de búfalos. Después pudo corroborar su gran habilidad como tirador, puesta de manifiesto desde la adolescencia, actuando como explorador de los generales Perry y Miles. Su primer encuentro con los indios le dejó bien claro cómo se las gastaban. Durante cinco días, junto con otros 35 cazadores, Bat hubo de

Bat Masterson solía tener un aspecto tan deslumbrante que alguien
observó que eso le daría una ventaja como pistolero, pues, sin duda,
su atuendo deslumbraría a cualquier oponente
y sus adornos plateados le cegarían.

ayudar a contrarrestar un ataque conjunto de 500 guerreros kiowas, comanches, cheyenes y apaches que estaban asolando la región.

En 1876 tuvo su primer duelo con pistolas en Sweetwater, Texas. Al parecer, Bat le birló la novia a un sargento del ejército. Cuando una noche este los descubrió juntos en un *saloon* se enfureció y disparó a Bat justo en el momento en que la chica se interponía para protegerle. La bala atravesó el cuerpo de la infeliz muchacha, matándola, para ir a alojarse en la pelvis de Bat, quien, a pesar del impacto, tuvo tiempo de desenfundar y disparar. El sargento murió en su campamento al día siguiente. A Bat le quedaron secuelas crónicas de esta herida: una ligera cojera para toda la vida, que le hizo usar a partir de entonces un bastón, que, en sus manos, se convirtió en otra contundente y eficaz arma.

En la primavera de 1877, una vez repuesto, sus credenciales como cazador, explorar y pistolero le valieron para ser nombrado ayudante del *marshal* de Dodge City, ciudad que por entonces, al ser el más importante punto de llegada del ganado procedente de Texas, se llenaba continuamente de grupos de vaqueros bravucones y pendencieros que daban mucho trabajo a los servidores de la ley. Bat tenía por entonces veintitrés años y un prometedor futuro, que se reflejaba en su perenne aspecto de dandi.

A su llegada al pueblo, llevaba un aspecto tan deslumbrante que alguien observó que eso le daría una ventaja como pistolero, pues, sin duda, su atuendo deslumbraría a cualquier oponente y sus adornos plateados le cegarían. En Dodge, Bat se reunió con sus hermanos Jim, que regentaba uno de los más famosos salones de baile de la ciudad, y Ed, ayudante del *marshal*. Su carrera fue fulgurante: en otoño, tras unas reñidas elecciones, fue nombrado *sheriff* del condado de Ford.

Para adecuarse algo más a las exigencias de su nuevo cargo, Bat moderó su vestimenta: abandonó el fajín y el sombrero, aunque recorría en calesa y vestido con un traje negro hecho a medida y un elegante bombín con borde rizado. De no muy aventajada estatura, pero macizo y coriáceo, en lo profesional, Bat se imponía por la seriedad con que ejercía su oficio y hacía valer la autoridad que reflejaba su estrella. Aun estando en franca minoría, siempre encontraba la forma de imponerse cuando se trataba de reducir a toda una pandilla de malhechores.

Solo dos semanas después de tomar posesión del cargo, tuvo la oportunidad de demostrar que era la persona adecuada. En Kinsley, a unos 60 kilómetros de Dodge City, seis bandidos intentaron asaltar un tren, pero no tuvieron éxito y huyeron. El *sheriff* del cercano condado de Edwards y, por otra parte, un destacamento de soldados salieron en su persecución. Masterson decidió anticiparse a las acciones de los forajidos con su propio grupo. En mitad de una fuerte ventisca, se dirigió con sus hombres hacia Crooked Creek y se escondió en un campamento de arrieros abandonado. Cuando dos de los bandidos se aproximaron buscando refugio contra la nevada, Masterson les detuvo sin mayores dificultades. Tras entregarlos al *sheriff* de Edwards, salió en persecución del resto de los frustrados asaltantes del tren. La búsqueda fracasó, pero un mes después dos de los fugitivos aparecieron por Dodge City en su busca. Antes del amanecer, Masterson ya los había detenido. Un quinto asaltante sería capturado medio año después, aunque no así el sexto y último. Pero daba igual, el éxito del nuevo *sheriff* era más que suficiente como carta de presentación.

La presencia del atildado joven *sheriff* se hizo familiar en el condado y se notó que los forajidos comenzaron a eludir el territorio, así que el condado de Ford se mantuvo en una relativa paz. No se podía decir lo mismo de Dodge City, donde su hermano Ed, ya nombrado *marshal*, se las veía y se las deseaba para manejar a tanto *cowboy* bebido, tanto timador y tanto soldado aburrido con ganas de jarana. Ed tenía el suficiente coraje para afrontar el trabajo, pero era mucho más pacífico que su hermano Bat y no lograba imponer su mismo respeto. A Bat, su fama le precedía y eso le evitaba muchos problemas. A Ed no le ocurría lo mismo. Y sucedió la tragedia.

Una noche, Ed estaba desarmando a dos vaqueros borrachos a la salida de un *saloon*, pero, como siempre, sin sacar su propia pistola. Los alborotadores desenfundaron sus armas y le apuntaron. Ed inmovilizó a uno contra la pared. En ese momento, Bat, que acudía en auxilio de su hermano, vio que el segundo vaquero se disponía a disparar y se anticipó desde la distancia. Sin saber quién había disparado, Ed soltó a su presa y sacó la pistola. El vaquero liberado sacó la suya y disparó. Ambos hermanos Masterson replicaron a los disparos y el *cowboy* cayó abatido. Pero también Ed Masterson, el *marshal* de Dodge City, que murió.

No obstante, el apellido Masterson no se desligó de la ciudad. Esa misma primavera, el tercer hermano, Jim, de veintitrés años, fue contratado como policía adjunto al *marshal*. Su buen hacer le permitió asumir el cargo de *marshal* de la ciudad en el otoño del siguiente año, justo el mismo día en que su hermano Bat perdió la reelección como *sheriff* del condado.

Bat se fue a Deadwood, Dakota, en plena fiebre del oro local. Allí, las disputas a tiro limpio le obligaron a demostrar que era un tipo recto que hacía respetar la ley por las buenas o por las malas, en aquel sitio más bien por éstas últimas. Después, aconsejado por su amigo y colega Wyatt Earp, marchó de *sheriff* a Ford County, Kansas, donde reforzó su leyenda por su valor y acierto pistola en mano. De allí pasó a Leadville, Colorado, lo que demostraba su natural querencia hacia los lugares más problemáticos. Obviamente, aquellos eran también los sitios donde un buen jugador como era él conseguía mejores rendimientos. En todo caso, se notaba que le iba el riesgo.

En 1881, acudiendo a una nueva llamada de su amigo Wyatt Earp, marchó a Tombstone, Arizona, y se hizo cargo de una famosa mesa de juego en el *saloon* de aquél, el Oriental, en la que pudo lucir una vez más su habilidad con los naipes. Desde ese observatorio, fue testigo del legendario tiroteo de O.K. Corral.

Durante aquellos años, siguió su peregrinaje por las ciudades más conflictivas de Colorado, a veces como jugador, como en Leadville, a veces como *marshal*, como en Trinidad, o incluso, en ocasiones, compatibilizando ambas facetas, como en Creede, donde regentó una sala de juego y patrulló las calles, siempre vestido con un impecable traje de pana bien perfumado con lavanda y siempre con gran éxito. Como se leyó en un periódico de Denver: "Todos los matones y ladrones le temen más que a una docena de chicos armados. En cuanto comienza un jaleo, basta con susurrar: "¡Que viene Masterson!" para que todo acabe".

Gracias a su prestigio, Bat se volvió con los años mucho más remiso al uso de la pistola. Al menos al uso convencional. Le ayudaba su bien ganada fama y una nueva habilidad: no tenía remilgos para desenfundar la pistola, sí, pero prefería usarla a modo de porra, para golpear con su culata cualquiera de los muchos duros cráneos que tanto abundaban en los vecindarios que, por su doble profesión, frecuentaba. Por si la culata fallaba, solía llevar también a mano un bastón de vara de fresno con que imponer sus puntos de vista.

En lo personal, de tanto frecuentar antros y tugurios, acabó enamorándose y formando pareja con otra trabajadora del ambiente, Emma Walters, cantante y bailarina. Juntos tomaron la decisión de dejar sus arriesgadas profesiones y, con el capital que Bat había ganado en los tapetes, adquirir un local, el Palace Variety Theater & Gambling Parlors, en Denver, Colorado. Sin embargo, a pesar de la experiencia de ambos, los Masterson no tuvieron demasiada suerte en la explotación del salón de juegos.

En aquellos últimos años del siglo XIX, el boxeo empezaba a hacer furor en Estados Unidos. Los combates, sobre todo los de los pesos pesados, atraían a enormes multitudes que disfrutaban de lo lindo con aquellos épicos combates sin límite de asaltos protagonizados (desde ese mismo año, por fin con guantes) por una serie creciente de ases del ring, como John L. Sullivan, James Corbett, Tom Sharkey, Bob Fitzsimmons y Jim Jeffries. Masterson también empezó a interesarse por este deporte y, como era lógico, dado su temperamento de jugador, su primera vinculación fue con el mundo de las apuestas, para pasar inmediata, y sorprendentemente, al periodismo deportivo, al comenzar a colaborar con el *Morning Telegraph* de Nueva York, ciudad a la que se mudó con su mujer en 1902.

Así dejó Bat definitivamente el Oeste, escenario de su carrera como servidor del orden a tiros o garrotazos. Con el paso del tiempo, adquirió un gran renombre como columnista deportivo, lo que, entre otras muchas cosas, le granjeó la admiración y la amistad del presidente Theodore Roosevelt, quien le ofreció el cargo de *marshal* federal del Territorio de Oklahoma, que Bat rechazó amablemente. Ya no estaba para esos trotes y, además, su excesiva fama le convertiría en un objetivo apetitoso para cualquier aprendiz de pistolero que quisiera ganar reputación venciendo a una leyenda viva del Oeste. Así que Bat siguió adelante con su reconocida actividad de cronista deportivo. Su estilo era claro y conciso, sobre todo cuando había sido prudente en el trasiego de whisky, otras de sus grandes aficiones, aunque en este caso llegaría a ser tan desmedida que le llevaría al sepulcro en 1921 en pleno apogeo de su fama.

Peor fue, en todos los sentidos, el final de nuestro próximo protagonista, Pat Garrett.

PAT GARRETT, EL PESO DE LA (MALA) FAMA

Otro agente de la ley que ha pasado a la historia, y aun con mucha más fuerza, es Patrick Floyd Garrett (1850-1908). Nacido en el condado de Chambers, Alabama y criado en una próspera plantación de Louisiana cercana a Haynesville, se fue de casa nada más morir sus

La fama de Pat Garrett se hizo, en un primer momento, enorme tras matar al célebre forajido Billy el Niño. Sin embargo, con el tiempo, a medida que se fueron conociendo las circunstancias, Garrett perdió toda su popularidad e incluso sintió el rechazo social.

padres en 1869 y encontró trabajo como *cowboy* en el condado de Dallas, Texas. En 1875, comenzó a cazar búfalos, aunque sin abandonar su trabajo de vaquero.

En noviembre de 1876, se enzarzó sorprendentemente en una pelea con Joseph Briscoe, un curtidor irlandés de escasa estatura pero fornidos músculos, que estaba lavándose la ropa en un arroyo, cosa que molestó a Garrett. Este, hombre muy alto, se deshizo fácilmente del irlandés, pero este cogió un hacha y arremetió contra él. Pat repelió el ataque con su rifle y le mató. Inmediatamente, se trasladó a Sumner, Nuevo México, y encontró trabajo fugazmente como vaquero antes de decidirse a abrir su propio *saloon* y después un pequeño restaurante.

Dada su planta, fue conocido por los lugareños como Long John o, en español, Juan Largo. En 1879, se casó con la joven Juanita Gutiérrez, que murió durante el primer año de matrimonio. En 1880, lo hizo con la hermana de su anterior esposa, Apolinaria, con quien tendría nueve hijos. Además de llevar sus negocios, Garrett sacaba tiempo para frecuentar las mesas de juego, donde compartió tapete con la mayoría de los jóvenes *cowboys* que participarían poco después en la famosa y sangrienta guerra ganadera del condado de Lincoln. Uno de aquellos chicos era Henry McCarty, un muchacho que pronto sería mucho más conocido como Billy el Niño. Con él trabó tal amistad que los lugareños comenzaron a llamarlos, en alusión a sus respectivas estaturas y a su común afición al póquer, Gran Casino y Pequeño Casino.

En noviembre de 1880, el *sheriff* del condado de Lincoln dimitió y nombraron sucesor a Garrett, miembro del Partido Republicano y pistolero de alguna reputación, que prometió restaurar la ley y el orden. Nada más tomar posesión, recibió el encargo de arrestar a su amigo Henry McCarty, que se acababa de fugar de la cárcel, eludiendo un cargo por asesinato, y que ahora se movía con los alias Henry Antrim y William Harrison Bonney, aunque ya todos le llamaban Billy el Niño. El gobernador de Nuevo

México había fijado personalmente la recompensa por su captura en 500 dólares.

Como Garrett conocía bien a Billy y a sus compinches, comenzó por buscarles en el hospital de Fort Sumner, donde vivía la esposa de uno de ellos, Charlie Bowdre. En la tarde del 19 de diciembre de 1880, Garrett y su grupo, apostados en el porche del hospital, vieron llegar a Tom O'Folliard con otro compañero, algo por delante del resto del grupo, en el que estaba Billy el Niño. Tras darles el alto, O'Folliard sacó su revólver y comenzó a disparar, siendo respondido de igual manera por los agentes, que le alcanzaron en el pecho. A pesar de estar heridos, O'Folliard y su compañero, giraron en redondo, salieron al galope y, reunidos con sus amigos, comenzaron la huida. Sin embargo, el caballo de O'Folliard se detuvo, se giró y comenzó a avanzar lentamente en dirección al hospital. Al llegar a la altura del *sheriff*, O'Folliard gritó: "¡No me dispare, Garrett! ¡Estoy muerto!". "Pues toma tu medicina, muchacho", le replicó uno de los ayudantes de Garrett apuntándole con su revólver. Garrett contuvo a su agente y le dijo a O'Folliard: "¡Arriba las manos! ¡Ríndete!". "No puedo alzar las manos", respondió el herido, mientras su caballo seguía avanzando lentamente. Unos pasos más allá, O'Folliard cayó del caballo; Garrett lo recogió y lo llevó al hospital, donde los doctores le confirmaron que estaba mortalmente herido. Pero aún no estaba muerto, pensó Garrett, y, por tanto, les podía revelar el paradero de sus amigos. Para ablandarle, el *sheriff* y sus ayudantes se pusieron a jugar a las cartas en su habitación, sin hacer aparente caso a su agonía. "Tom, se te acaba el tiempo", le dijo de pronto Garrett. "Cuanto antes, mejor. Dejaré de sufrir", susurró O'Folliard. Con un poco más de charla, Garrett consiguió al fin que, antes de morir una media hora después, le dijese lo que quería saber.

Cuatro días después, Garrett, acompañado de un fuerte contingente policial, se dirigió a Stinking Springs, donde sabía por O'Folliard que se escondía Billy. Tras apostarse junto a la guarida del proscrito, Garrett dio orden de disparar a matar en cuanto se le viera. A la mañana siguiente, alguien salió de la casa. A distancia, Garrett concluyó que era Billy y ordenó que comenzara el fuego cruzado. Charlie Bowdre, otro de los compinches de Billy, de aspecto parecido, recibió al menos dos impactos de bala en el pecho, pero logró volver a la casa, desde la que comenzaron a disparar hacia el grupo del *sheriff*.

Al rato, alguien empujó el cuerpo mortalmente herido de Bowdre fuera de la casa, mientras se oyó la voz de Billy que gritaba: "¡Cárgate a alguno de esos hijos de puta antes de morir, Charlie!". Pero Bowdre fue incapaz de disparar y murió sin más. Minutos después, los forajidos intentaron hacerse con sus caballos, pero una lluvia de balas se lo impidió. "¿Cómo va todo ahí dentro, Billy?", gritó Garrett. "Muy bien, pero no tenemos leña para hacernos el desayuno", respondió desafiante el Niño. "Pues salid fuera y veremos qué os podemos ofrecer. Tenéis que ser más sociables."

Interrumpida ahí la conversación, Garrett ordenó a sus hombres que hicieran una hoguera y frieran algo de beicon. Al poco, un palo con un pañuelo blanco atado en la punta apareció por una ventana y uno de los compinches de El Niño salió fuera pidiendo comida. Garrett le respondió que, si querían comer, se rindiesen y que no les pasaría nada. Por fin, un rato después, Billy el Niño y sus amigos se entregaron.

Tras el juicio, una vez condenado, Billy se volvió a fugar a punta de pistola, matando a dos de sus guardianes. Era el 18 de abril de 1881. Garrett salió de nuevo en su busca, estaba vez decidido a que su antiguo amigo no volviera a dar más problemas. El 14 de julio, Garrett visitó Fort Sumner para preguntar a un amigo de El Niño acerca de su paradero, averiguando que estaba con un tercer amigo mutuo, Pedro Maxwell. Alrededor de la medianoche, Garrett fue a la casa de Maxwell y se escondió en la habitación de Billy, esperando su llegada. Cuando por fin apareció, Garrett, sin mediar palabra, le disparó repetidamente y le mató.

De momento, aquello fue un gran éxito para Garrett, pero, a la larga, la forma alevosa en que mató al forajido, sin darle el alto, lesionaría gravemente su reputación. Aunque alegó que Billy entró en la habitación armado con una pistola (un cuchillo, dicen otros), la verdad es que no se encontró ni rastro de arma alguna junto a su cadáver.

Tras finalizar su mandato como *sheriff*, Garrett no consiguió que el Partido Republicano le volviese a nominar y se marchó, estableciéndose como ranchero en Fort Stanton. En 1882 publicó un libro (escrito realmente, al parecer, por su amigo Ash Upson) acerca de su experiencia con Billy el Niño, que fue un verdadero éxito de ventas. Sin embargo, nunca llegó a recibir la recompensa de 500 dólares por su captura, pues se consideró que no le había matado en el curso de una acción policial, sino que le había asesinado a sangre fría.

En 1884, perdió una elección al senado de Nuevo México. Pasado un año, dejó aquel estado y se puso al frente de una nueva compañía de rangers de Texas. En octubre de 1889, concurrió a las elecciones de *sheriff* del condado de Chaves, Nuevo México, pero perdió nuevamente.

Por entonces, su áspero carácter y los rumores sobre lo que hasta entonces, para el pueblo, había sido su admirable forma de acabar con Billy el Niño comenzaron a afectar seriamente a su popularidad. Por ello, Garrett dejó Nuevo México en 1891 y se fue a Uvalde, Texas, donde compró un rancho. Sin embargo, en 1896, regresó a Nuevo México para investigar la desaparición de Albert Jennings Fountain y de su hijo Henry en el curso de una persecución de unos cuatreros, en la que parecían estar sospechosamente involucrados tres ayudantes del *sheriff*, protegidos por un poderoso juez local. El gobernador de Nuevo México vio necesaria una ayuda externa y llamó a Garrett, que, como cobertura para su objetivo final, fue nombrado *sheriff* del condado de Doña Ana en enero de 1897. Enseguida se dio cuenta de que nunca podría conseguir un juicio imparcial mientras el juez manejase a su antojo los juzgados. Así que durante dos años fue reuniendo pruebas que, finalmente, presentó ante el tribunal. Bien cimentada su investigación, uno de los sospechosos fue inmediatamente arrestado, mientras que los otros lograron huir y esconderse. Una partida encabezada por Garrett les localizó y capturó en julio de 1898, aunque en la refriega murió uno de sus ayudantes. No obstante, tras ser sometidos a juicio, ambos forajidos fueron absueltos.

A continuación, Garrett abrió una caballeriza en Las Cruces, Nuevo México. En diciembre de 1901, el presidente Theodore Roosevelt, amigo personal de Garrett, le nombró recaudador de aduanas en El Paso, Texas, empleo en el que se mantuvo cinco años. Sin embargo, no fue renovado, posiblemente porque puso en evidencia al presidente dejándose ver en una reunión de la asociación San Antonio Rough Riders, que ambos frecuentaban, con un conocido jugador de muy mala reputación, llamado Tom Powers. El presidente se hizo una fotografía con el tahúr, al que no conocía, y eso le causó serios problemas políticos.

Garrett se retiró a su rancho de Las Cruces, pero comenzó a sufrir problemas financieros. Mantenía una fuerte deuda fiscal y, además, se le hizo responsable subsidiario del impago de un préstamo en el que había avalado a un amigo. Se hipotecó gravemente para poder afrontar el pago de ambas deudas y todo acabó con una grave crisis personal, que le arrastró a la bebida y el juego, lo que, a su vez, le llevó a caer en nuevas deudas.

Finalmente, el mayor acreedor de Garrett, un ranchero llamado W. W. Cox, encontró una forma de cubrir la deuda utilizando la cuarta parte del rancho de Garrett en las laderas de las montañas de San Andrés como pastos para el rebaño de cabras de uno de sus socios. Garrett, al saber el uso que se había dado a sus tierras, protestó enérgicamente, pues la presencia de las cabras rebajaría el valor de su propiedad a ojos de posibles compradores o arrendatarios. Por entonces, tanto los rumores sobre su manera de matar a Billy el Niño como el rechazo que creaba su comportamiento habitual le habían hecho ya muy impopular. No contaba con el apoyo de ningún político local, el que otrora le prestara Roosevelt había desaparecido y no tenía en ninguna parte amigos con poder.

Un día, Garrett y un hombre llamado Adamson, que estaba en conversaciones con él para comprarle todo el rancho, viajaban juntos en una carreta en dirección a Las Cruces. De pronto apareció a caballo en el camino el dueño de las cabras, un tal Wayne Brazel. Garrett y Brazel comenzaron a discutir y, al dar la impresión de que Garrett se agachaba para recoger del suelo de la carreta una escopeta, Brazel le disparó una vez en la cabeza y otra más, mientras caía, en el estómago. Tras asistir a su muerte, Brazel y Adamson dejaron su cuerpo al lado del camino y volvieron a Las Cruces, alertando al *sheriff* del suceso. Brazel nunca fue juzgado por la muerte de Garrett.

Esta fue la versión oficial de su muerte. Sin embargo, investigaciones posteriores parecieron demostrar que toda la actuación de Brazel era un montaje y que, en realidad, quien lo mató fue Deacon Jim Miller (1866-1909), un conocido asesino a sueldo, que acabaría linchado. Lo que nunca se llegó a saber a ciencia cierta fue por cuenta de quién. Garrett, sobre todo por su carácter arisco, nunca había sido muy popular; justamente lo contrario que nuestro siguiente protagonista, que gozó de una gran popularidad, seguramente desmedida.

Wild Bill Hickok, el jugador impasible

James Butler Hickok (1837-1876), más conocido como Wild Bill, es un personaje legendario gracias a su vida aventurera y a los relatos periodísticos y novelescos que exageraron e idealizaron su carrera de soldado, espía, agente federal, guía, jugador y *marshal*. Sus aventuras, sus romances y su muerte han sido contadas numerosas veces. Y es que Hickok hizo más cosas en sus treinta y nueve años de vida que la mayoría de los que vivieron el doble. Desde su nacimiento en Illinois en 1837 hasta su muerte en 1876, fue testigo o estuvo involucrado en algunos de los sucesos más dramáticos y, a la vez, más espectaculares de la historia del Salvaje Oeste.

En 1856, abandonó la granja familiar de Troy Grove, Illinois, donde había nacido diecinueve años antes, y se empleó como conductor de diligencias en los Caminos de Oregón y Santa Fe. Allí comenzó a ser conocido como Duck Bill (Pato Bill), quizás en alusión a su gran nariz, pero sus habilidades como pistolero pronto hicieron que tal apodo no pareciera el más adecuado (ni el más conveniente de usar en su presencia) y pasara a ser conocido como Wild Bill (Salvaje Bill), alias muy propio para un pistolero que quería imponer respeto. Hechos como el dar muerte a un oso armado solo con un cuchillo durante uno de sus turnos de conductor cimentaron su creciente reputación de genuino hombre duro, que no temía a nada ni a nadie, pero que tenía que ser temido por todos. A partir de ahí ejerció en un momento u otro de su corta pero intensa vida todos los menesteres que en el Oeste constituían ofertas de trabajo, desde conductor de diligencias y de carretas hasta vaquero y *sheriff*, pasando por los de espía de la Unión y guía del general Crook, sin olvidarnos, por supuesto, de sus dos habilidades más conocidas: las pistolas y los naipes.

En 1857, Hickok reclamó la concesión de una parcela de 65 hectáreas en el condado de Johnson, Kansas, donde

James Butler Hickok (1837-1876), más conocido como Wild Bill, es un personaje legendario gracias a su vida aventurera y a los relatos periodísticos y novelescos que exageraron e idealizaron su carrera de soldado, espía, agente federal, guía, jugador y *marshal*.

poco después, aparcado definitivamente el arado, se convirtió en uno de los cuatro agentes de policía de la localidad de Monticello, antes de trabajar como carretero en 1858. En 1861, fue nombrado agente de policía en Nebraska. Su nombre empezó a sonar en todo el país ese mismo año, cuando en Rock Creek Station, Nebraska, a causa de una cuestión baladí, se enfrentó él solo contra la banda de McCanles, matando a tres de ellos, incluido el jefe. Eso en la versión que llegó al gran público. En realidad, al parecer, mató a dos disparando traicioneramente desde un escondite y al tercero *se limitó* a apuntarlo, mientras dos compañeros (de lo que se deduce que no estaba solo) le mataban con un arma tan poco *convencional* como un azadón.

Al acabar 1861, se unió al ejército de la Unión y realizó tareas de explorador y de espía infiltrado en las líneas enemigas durante la Guerra de Secesión. Al finalizar la guerra, se relajó durante unos meses cazando búfalos con Buffalo Bill y otros antiguos compañeros y amigos del ejército. Ya en forma, el 21 de julio de 1865, se batió en duelo en la ciudad de Springfield, Missouri, dando muerte al también buen pistolero Davis Tutt. Como ya hemos comentado, este enfrentamiento se convertiría en el modelo arquetípico de duelo a pistola, muy poco habitual en el Oeste, pero que la mitología y la ficción tomaron como tópico.

Durante la guerra india de Hancock (1867) sirvió como explorador y correo del Séptimo de Caballería, a las órdenes del general Winfield S. Hancock y del teniente coronel George A. Custer. Este quedó muy impresionado y, años después, en su autobiografía, escribió sobre Hickok: "A pie o a caballo, fue uno de los más perfectos ejemplos de masculinidad que he visto jamás. Sobre su valor no cabe tener duda alguna. Su habilidad en el uso del rifle y la pistola le hacían infalible. Su comportamiento estaba totalmente desprovisto de cualquier bravuconería. Nunca habló de sí mismo a menos que se le requiriese. Su conversación nunca caía en la vulgaridad ni en la blasfe-

Wild Bill comenzó a labrarse su fama nacional como cazador
de búfalos, tarea que compartió con otros muchos personajes famosos
del Oeste. En la foto segundo por la izquierda, posa, entre otros,
con el no menos célebre coronel Custer.

mia. Su influencia entre los hombres de la frontera no
tenía límites; su palabra era ley, y fueron muchas las discu-
siones y los problemas personales entre sus compañeros
que solucionó simplemente diciendo que "ya estaba bien"
y, si era necesario, advirtiendo de que el que no lo dejara
estar "se las tendrá que ver conmigo"».

Después, entre los años 1867 y 1870, Wild Bill fue
sheriff del condado de Ellis, Kansas, y *marshal* federal de
los Estados Unidos, con sede en Fort Riley, Kansas, puesto
en el que contó con su amigo William F. Cody, Buffalo
Bill, como ayudante. Mientras tanto, su fama de pistolero
ágil y sin objeciones de conciencia iba creciendo. Por
ejemplo, poco después de su nombramiento en Ellis, tuvo
que enfrentarse a un camorrista borracho, llamado Bill
Mulvey, que armaba jaleo en una cantina. Cuando le pidió
que entregara su arma, Mulvey trató de desenfundarla,
pero se le atascó en la pistolera. A Hickok no se le atascó y
le mató. Un mes después, mientras Wild Bill calmaba un
altercado en el *saloon*, uno de los alborotadores le apuntó
con su arma. Fue lo último que hizo. En otro incidente

ocurrido en Hays City, Kansas, salvó de un linchamiento seguro a un transportista del ejército. Finalmente, volvió a ganar notoriedad tras verse envuelto en julio de 1870 en un tiroteo con soldados de permiso del Séptimo de Caballería en el que hirió a dos de ellos, uno de los cuales murió al día siguiente.

Por estas mismas fechas, el corresponsal del *Weekly Missouri Democrat,* Henry Morton Stanley (famoso autor muy poco después de la frase "El doctor Livingstone, supongo", en sus andanzas por África), le realizó una entrevista a fondo, que tendría gran repercusión en todo el país. Stanley quedó cautivado por la pintoresca figura del pistolero y agente de la ley y escribió un artículo absolutamente laudatorio, plagado, por lo demás, de las muchas mentiras y exageraciones que Wild Bill, mitad por tomarle el pelo, mitad por reforzar su ego, y fiel a su estilo, le contó. Esta vez su relato preferido fue el de que él solo había arrestado a 15 asesinos que intentaban robarle en un hotel de Fort Leavenworth. Una historia épica... y totalmente falsa.

A partir de entonces, muchos otros periódicos de todo el país tomaron casi por costumbre entrevistarlo. Wild Bill no tuvo problema ni en recibirlos ni en ser lo suficientemente creativo como para aportar a cada uno de ellos una *aventura* con que pudieran estremecer a sus lectores. Para entonces era ya muy conocida su alta figura, de 1,80 metros, que hacía ostentación de un mostacho y una larga melena castaña rizada, derramada sobre sus anchos hombros, muy a la moda de la época. Vestía, tanto de vaquero como de ciudadano, con refinado atildamiento, preferentemente con ropas de ante o, quizás, con una larga levita y un elegante chaleco sobre una camisa blanca plisada adornada con una corbata de lazo, tocado con un sombrero de copa baja y calzado siempre con botas tachonados y llamativas espuelas. Llevaba permanentemente consigo un par de pistolas (era ambidextro), de las que no se separaba ni a la hora de dormir, pues, afectado de cierta lógica paranoia, temía ser sorprendido mientras dormía.

En todo caso, Hickok nunca tuvo problemas para defenderse por sí mismo de cualquier agresión. En cierta ocasión, quiso aprovechar la convalecencia de una herida en la pierna para hacer una visita a un amigo de la infancia que vivía en Chicago. Vestido esta vez con pantalones de gamuza con flecos y mocasines, se encontró con su amigo y juntos fueron a celebrarlo a un bar. Tras varios tragos, decidieron jugar una partida de billar y en ello estaban cuando un nutrido grupo de muchachos del barrio comenzaron a burlarse de su ropa. El más gallito le preguntó: "Oye, ¿es verdad que en la parte del país en que tú vives todos os vestís con pieles sin curtir y os limpiáis los dientes con un cuchillo Bowie?". "No, pero todos los que son de donde yo vengo sabemos quién es nuestro padre", replicó con suavidad Wild Bill. La consiguiente pelea acabó con una lección magistral de Hickok acerca de las contundentes utilidades de los tacos de billar.

En 1871 se le presentó la oportunidad de suceder al infortunado Tom Bear River Smith, asesinado en noviembre del año anterior, como *marshal* de Abilene, empleo mucho mejor remunerado que el anterior de Ellis. A diferencia de su antecesor, que ejercía su oficio patrullando a caballo continuamente por las calles de Abilene, Hickok optó por no moverse del *saloon* El Álamo, donde pasaba la jornada y algunas horas extras jugando al póquer. No obstante, el previo trabajo de limpieza de Smith y la fama de Hickok, cimentada en la facilidad con que podía colocar una bala en el entrecejo de cualquiera, ayudaron a mantener la paz en la ciudad. Hickok en cuanto localizaba a un visitante indeseable que pudiera causarle problemas, le solía saludar y darle a elegir: "O te vas de la ciudad en el tren del este o del oeste, o, por la mañana, te irás al norte". Este "norte" era una alusión que todos comprendían al cementerio de la ciudad, situado en ese punto cardinal.

Puestas así las cosas, eran pocos los que no atendían el requerimiento del *marshal*, pues todos sabían lo que hacía Hickok con los entrecejos. Muchos testigos relataban que nueve de cada diez veces era capaz de acertar con un solo disparo a una moneda de diez centavos lanzada al aire; que podía descolgar una manzana del árbol con un solo disparo y luego acertarla de nuevo en el aire antes de que cayera al suelo, todo ello a una distancia de 25 pasos. Muchos afirmaban que Hickok era el mejor tirador de las llanuras, pero era su reputación de matador de hombres lo que interesaba a la mayoría de la gente. Pese a que el total de sus víctimas conocidas es menor a la decena, los periodistas y las mentiras deliberadas propias y de otros solían hablar de que había matado en duelo a una cifra de personas "considerablemente por encima de las 100". Sobre su reputación, él mismo llegó a afirmar en cierta ocasión con cierta ambigüedad deliberada: "Me consideran un homicida con las manos teñidas de sangre, lo cual niego. Solo he matado en defensa propia o en cumplimiento del deber. Nunca he matado a un hombre sin una buena razón para ello".

Como persona, la gente le definía como cortés, amistoso y muy fiable. Como agente de la ley, era efectivo pero muy tolerante y relajado. Para él, la función por la que fundamentalmente le pagaban consistía en mantener la paz, no en controlar la moral ni las costumbres locales. En realidad, su sola presencia solía ser suficiente para reprimir incluso al tejano más alborotador. La mayoría de las veces, los camorristas le evitaban y su reputación sirvió de mucho para preservar la ley y el orden.

Al poco de tomar posesión en Abilene, Hickok se encontró con el famoso asesino John Wesley Hardin, y todos anunciaron lo peor. Sin embargo, ambos prefirieron no enfrentarse. Sin dejar de vigilarse, se bebieron juntos una botella de champán y, de un modo tácito, firmaron un tratado de no agresión.

Sonado fue también su duelo en octubre de 1871 por un asunto de faldas con Phil Coe, propietario de varias salas de juego, socio del pistolero Ben Thompson y, al mismo tiempo, como Hickok, renombrado tahúr. Aprovechando una reyerta callejera a la que acudía el *sheriff*, Coe le disparó dos veces, sin herirle, aunque haciéndole un agujero en su abrigo. Hickok, a la primera, le mató de un disparo en el estómago. Pero, por desgracia, al notar el movimiento sospechoso de una sombra a un lado de la escena, Wild Bill (que, por entonces ya comenzaba a sufrir los primeros síntomas de un glaucoma incipiente y precoz que estaba limitando su vista) descerrajó sobre el bulto otros dos disparos sin pestañear. Enseguida se comprobó que había matado a uno de sus ayudantes, Mike Williams, que acudía en su auxilio. Así de expeditivo era Bill Hickok.

Cuando en diciembre de ese mismo 1871, a consecuencia de este desafortunado tiroteo, lo cesaron en Abilene, se marchó a Kansas City, donde, pese a sus habilidades, perdió todo su dinero en las mesas de juego. Sin trabajo y arruinado, aceptó una oferta para participar en dos representaciones de un espectáculo teatral sobre el Salvaje Oeste dirigido por el coronel Sidney Barnett, celebradas en las cataratas del Niágara en agosto de 1872.

La primavera siguiente, tuvo que salir al paso de un rumor que recorrió todo el país de que había sido asesinado por unos tejanos en Fort Dodge, Kansas. Para atajar el bulo, escribió una serie de cartas a diferentes periódicos. En septiembre de 1783, vivo pero endeudado, no le quedó más remedio, pese a su odio a los escenarios, que aceptar otra oferta de su antiguo amigo Buffalo Bill para participar en su espectáculo "Exploradores de las Llanuras". Aunque solo pensaba intervenir unas semanas, al final resultó que se quedó ocho meses. Al marcharse, dejó claro a Cody que actuar le parecía una farsa. Por entonces, Hickok había comenzado a utilizar gafas con cristales ahumados a causa, dijo, de los focos del teatro. En realidad, se trataba de que su

Lazos de amistad unieron a Wild Bill con otros muchos personajes destacados de la historia del Salvaje Oeste. En la foto, se le ve junto a Texas Jack Omohundro de pie y Buffalo Bill (derecha).

glaucoma estaba avanzando, lo que le causó problemas el resto de su vida que, por lo demás, no sería muy larga.

Tras dejar el teatro, siempre procurando simultanear su afición al juego con su reputación de tirador implacable, Hickok pasó la mayor parte de los dos años siguientes, 1874 y 1875, en Cheyenne, Wyoming. Allí se reencontró con Agnes Lake Thatcher, a quien ya había conocido en Abilene años atrás. Viuda desde 1869, Agnes tenía fama mundial como amazona, funambulista, bailarina y domadora de leones y, a la sazón, propietaria de un circo. En marzo de 1876 se casaron. Tras una luna de miel de dos semanas en Cincinnati, Hickok dejó a su flamante esposa para acudir a las Colinas Negras decidido a encontrar de una vez su fortuna en la fiebre del oro local. Agnes jamás le volvería a ver.

Bill llegó en 1876 a la ciudad de Deadwood, Dakota del Sur, en pleno auge de la fiebre minera. Su presencia causó un natural revuelo. La ciudad estaba prácticamente tomada por pistoleros, jugadores, timadores y demás ralea habitual, que pululaban alrededor del polvo de oro de los prospectores y que, al ver aparecer a Hickok, pensaron que venía a "limpiarla", es decir, a hundirles el negocio. Los líderes locales del hampa comenzaron a urdir un plan para librarse de Wild Bill, no fuera que le nombraran *marshal*. Se les ofreció el trabajo a algunos de los principales pistoleros disponibles, pero todos lo rechazaron, habida cuenta de los presumibles riesgos. Quizás no lo hubieran hecho si hubieran sabido que, por entonces, Hickok ya estaba pasando por serios problemas de visión. Poco antes había comentado a un amigo: "Mis ojos se están poniendo realmente mal. Mis días de tiroteos han acabado".

No obstante, creía que su reputación le mantendría a salvo. Incluso lo pensó cuando le llegaron rumores de lo que se estaba intentando preparar. Un día se encaró con los cabecillas del complot y les dijo: "Tengo entendido que vosotros, unos aspirantes a pistoleros de poca monta de Montana, habéis estado diciendo cosas sobre mí. También entiendo que va a haber unos cuantos entierros de poca monta en Deadwood si no dejáis de hacerlo. He venido a esta ciudad no a buscar notoriedad, sino a vivir en paz, pero no pienso quedarme impasible ante los insultos". Eso era exactamente la verdad. Lo único que él quería era tener algo de suerte y volver junto a su esposa con algunos ahorros.

Pero aquellos hombres siguieron adelante con sus planes y encontraron por fin a su hombre. El 2 de agosto de 1876, Wild Bill Hickok se puso a jugar una partida de póquer en el *saloon* nº 10 de Nuttall & Mann. Como fue el último en sentarse a la mesa, por una vez, no pudo hacerlo dando la espalda a la pared. En eso entró en el *saloon* John Jack McCall, más conocido como Crooked Nose (Nariz Ganchuda), un matón local de poca importancia, pero dispuesto a dar el gran golpe de su vida. Tras echar un profundo vistazo por la sala, se dirigió directamente hacia la mesa de Hickok y, sin mediar palabra, le disparó en la nuca.

"LA MANO DEL MUERTO"

Cuenta la leyenda que, en el momento de su muerte, Hickok sostenía entre sus dedos cuatro cartas: dos ases y dos ochos, y esperaba la quinta. El pistolero se desplomó muerto sobre la mesa sin soltarlas. Desde entonces, a esta combinación de cartas de póquer, estas dobles parejas de ases y ochos, preferentemente de picas y tréboles, se la llamó *the dead man's hand* (la mano del muerto). Siempre se ha considerado que es una jugada gafada que da mala suerte.

MacCall confesó que quería hacerse famoso a costa de matar a un conocido pistolero. Y lo consiguió doblemente: como asesino traicionero y cobarde, y luego como ahorcado. Primero fue juzgado por un tribunal irregular formado al día siguiente por los propios mineros, y fue hallado inocente. Poco después, sin embargo, se le volvió a juzgar de un modo más formal en Yankton, Dakota, y esta vez fue declarado culpable. Sería colgado en marzo de 1877.

Desde que se publicara el primer artículo sobre las hazañas de Wild Bill en el *Harper's New Monthly Magazine* de febrero de 1867, muchos otros escritores repitieron uno tras otro la misma historia, a menudo mejorada, hasta que, gradualmente, la leyenda se fue convirtiendo en la verdad. Él mismo, que fue su propio mejor agente de prensa, nunca les rebatió. Por eso es difícil separar la verdad de la ficción respecto a Hickok, quien, junto a Davy Crockett y Kit Carson, se convirtió en el primer héroe de las novelas baratas del Oeste que pronto proliferaron por todo el mundo. En ellas, sus vivencias se presentan en forma heroica, pero, en realidad, muchas eran exageradas o, simplemente, no ocurrieron nunca. ¿Por qué ayudó él mismo a construir esa imagen de héroe? Puede que fuera por un exceso de vanidad, porque le pareciera gracioso o porque se diese cuenta de que esa fama le ayudaría a prosperar. Lo más seguro es que fuera por una mezcla de todo eso. Lo cierto es que, una vez que comenzó, no supo o no pudo parar ya la avalancha. De tanto contar historias exageradas a cada periodista que se le acercó, y fueron muchos, el propio Hickok dejó de saber dónde terminaba la verdad y comenzaba la fantasía.

Como dijo sobre él Wyatt Earp, "Bill Hickok fue visto como el pistolero de disparo más mortífero vivo, así como también como un hombre de gran valentía. La verdad de ciertas historias sobre las hazañas de Bill puede estar sometida a debate, pero siempre se mereció con creces el respeto que se le tuvo". Muchísimo menos respeto mereció nuestro siguiente protagonista.

HENRY BROWN,
EL *SHERIFF* ATRACADOR DE BANCOS

Tahúr, ladrón de caballos y pistolero de cierta fama
en Texas y Nuevo México, Henry Newton Brown (1857-
1884) nació y se crió, huérfano, en Rolla, Missouri, en
casa de unos familiares, hasta los diecisiete años. Después
se dirigió al Oeste. Desempeñó varios trabajos de *cowboy*
en Colorado y Texas, donde se supone que, por primera
vez, mató a otro vaquero. Para quitarse de en medio, viajó
hasta el condado de Lincoln, Nuevo México, donde, nada
más estallar, se involucró en la guerra de las dehesas que
allí se desató en el bando de los "reguladores". Fue contratado por el barón ganadero John Turnstall y, por tanto, fue
compañero de armas, juergas y delitos de Billy el Niño.

En abril de 1878, ellos dos y otros cuatro reguladores
prepararon una mortífera emboscada al *sheriff* del condado
William Brady, nombrado por la otra facción en litigio y
que, para ellos, había participado en la reciente muerte de
Tunstall. Proscrito, el grupo de Henry Brown y Billy el
Niño se escondió durante los siguientes meses, hasta que
fue localizado por sus adversarios en casa de Alexander
McSween, en julio de 1878. Tras una dura batalla, con
varios muertos por ambas partes, Brown y Billy lograron
escapar. En el otoño de ese mismo año, los reguladores se
dedicaron a robar caballos para, finalmente, volver a
Nuevo México. Sin embargo, Brown prefirió quedarse en
Texas, lo que, sin duda, le salvó la vida. De momento.

Allí consiguió empleo como ayudante del *sheriff* del
condado de Oldham, aunque sería rápidamente despedido
debido a su costumbre de pelearse con otros borrachos.
Entonces se marchó a Oklahoma, donde trabajó en varios
ranchos antes de optar a un nuevo trabajo en el lado bueno
de la ley. Con tan escaso y dudoso bagaje, su candidatura
no parecía la mejor posible al puesto de *marshal* de la
ciudad de Caldwell, por entonces vacante. Pero cuando
Brown se presentó en solicitud del puesto, el alcalde le

contrató en el acto. "Muy bien, acaba usted de firmar su funeral", dijo el edil inmediatamente después de firmar el contrato.

La que había parecido buena disposición del alcalde tenía en realidad menos que ver con las cualificaciones de Brown que con la reciente historia de la ciudad. Los tres marshals anteriores habían muerto en acto de servicio. El primero en una emboscada mientras patrullaba de noche; el segundo, tiroteado por unos *cowboys*, y el tercero, asesinado a tiros por un matón en un baile. Así que, el alcalde se temía que no fueran muchos los candidatos al puesto. Pero aun temía más que esos asesinatos hubieran espantado a los potenciales colonos al dar una impresión de que la ciudad de Caldwell era "incapaz de autogobernarse", como el *Dodge City Times* había dicho hacia poco en uno de sus editoriales. Si al nuevo *marshal* no le daban miedo los tiroteos, tanto mejor.

Sintiéndose cualquier otra cosa menos atemorizado, Brown no perdió tiempo en dejar bien claro que era un agente de la ley al que había que tener muy en cuenta. Sin demora, tras contratar como ayudante a su amigo Ben Wheeler, otro pistolero, mató a dos hombres en el uso de su poder (a uno por resistirse al arresto y al otro porque le retó estúpidamente a un duelo) y la calma volvió a las calles de Caldwell. Encantada y agradecida, la gente de la ciudad reemplazó el viejo rifle de Brown por un Winchester nuevo, elegantemente grabado y engastado en oro, en el que se leía la inscripción "Por los valiosos servicios rendidos a los ciudadanos de Caldwell". Todo aparentemente apuntaba a que Brown había tenido éxito donde Wes Hardin, una docena de años antes, había fracasado. Los ciudadanos de Caldwell no lo volvieron a ver jugar, ni beber y ni siquiera fumar o mascar tabaco.

Para completar su nueva imagen, se casó con una mujer local, Maude Levagood, y compró una casa en el vecindario. Era un hombre nuevo. Así lo reconocieron los comerciantes de la ciudad que, en otro homenaje, le alabaron describiéndole como "frío, valiente y caballeroso, así como libre de todo vicio". Pero justo en ese instante, cuando parecía haber logrado un amplio respeto y cariño de la ciudad, decidió volver a sus andadas de forajido.

Había estado viviendo por encima de sus posibilidades y las deudas se le estaban acumulando. Una mañana de finales de abril de 1884, muy temprano, acompañado de su ayudante, Wheeler, y con la excusa de tener que viajar a Oklahoma a perseguir a un forajido, se reunió con dos vaqueros amigos en los pastos comunales de las afueras de la ciudad y todos juntos se dirigieron hacia Medicine Lodge, Kansas, una diminuta localidad con un pequeño banco y nadie como él para protegerlo. Aquel 30 de abril, los cuatro hombres llegaron muy poco después de que el banco abriese sus puertas. Mientras uno se quedaba fuera vigilando, Brown y sus otros dos cómplices entraron en el banco con las pistolas desenfundadas. Minutos después, salieron corriendo con las manos vacías y ensangrentadas, tras haber herido mortalmente al director del banco y haber asesinado al cajero, que se las ingenió para bloquear la cámara acorazada antes de derrumbarse muerto.

Brown, que había sido reconocido por uno de los vecinos, y sus hombres saltaron a sus caballos y se dieron a la fuga, saliendo enseguida en su persecución un grupo de ciudadanos armados. Los frustrados atracadores se acorralaron ellos mismos en un cañón sin salida, donde, tras un tiroteo de más de dos horas, les capturaron, para llevarles de vuelta a Medicine Lodge.

Tras recibir una modesta comida y ser fotografiados ante la cárcel, rodeados por el gentío, ellos, barruntando la posibilidad de ser linchados, pidieron que les dejaran escribir sendas cartas de despedida a sus deudos. Brown le escribió a su esposa una brevísima nota que decía: "Estoy en la cárcel. Quiero que vengas a verme tan pronto como puedas. Te mandaré todas mis cosas y puedes venderlas, pero quédate con el winchester. Me es duro escribirte esta carta, pero te la debía, a ti, dulce esposa, y al amor que siento por ti. [...] Si la gente no nos mata esta noche, estaremos fuera una buena temporada. Maude, no he disparado a nadie y los otros tampoco querían matar a nadie; pero lo hicieron y eso es todo lo que se puede decir. Por ahora, adiós, mi amada esposa". Unas horas más tarde, la multitud asaltó la cárcel y linchó a los compinches de Brown en un olmo cercano. A él le obligaron a alejarse unos pasos y le acribillaron por la espalda. Una vez muerto, los indignados ciudadanos le siguieron disparando hasta satisfacer su deseo de venganza. La placa de *sheriff* no le salvó.

Y es que esta figura de *sheriff* dedicado en sus horas extras a actividades delictivas fue muy común en el Salvaje Oeste.

A AMBOS LADOS DE LA LEY, SIMULTÁNEAMENTE

En una sociedad en que los propietarios y gerentes de los saloons y casas de juegos eran ciudadanos respetables y, a menudo, duplicaban funciones como alcaldes o concejales, no era sorprendente que los pistoleros y tahúres se pudieran convertir, sin mayores sobresaltos, en agentes de la ley. A veces, incluso, sin abandonar su anterior oficio.

Muchos fríos y cerebrales asesinos fueron elegidos conscientemente para cubrir puestos de *marshal* o *sheriff* y, más curiosamente aun, casi todos ellos demostraron luego estar entre los mejores del Salvaje Oeste. Y es que solo una delgada línea, casi invisible, separaba ambas *profesiones.* Cada vez se fue necesitando más su experiencia con las armas a medida que las ciudades ganaderas florecían tras la Guerra de Secesión. Para el asesino, cruzar la línea en ambos sentidos era muy sencillo: el tenso y quizás aterrorizado ayuntamiento, tras aprobar en rápida votación la contratación de un pistolero, le daba su bendición y una estrella de latón. Sabían que solo él tendría el coraje suficiente como para enfrentarse a una turba de jóvenes *cowboys* borrachos y armados recién llegados de una larga y difícil travesía. A la vez, a los jugadores profesionales también les podría intimidar y prevenirles de que no estafaran a los vaqueros, a menos que hubieran llegado a un acuerdo previo de repartirse las ganancias, lo cual no era tan raro.

Como ya hemos comentado, en 1871, el concejo de Abilene contrató a Wild Bill Hickok por 150 dólares al mes y un 25% de todas las multas que se aplicaran (todo aquel que estuviese armado en el pueblo era multado con 100 dólares o tres meses de prisión), tras rogarle encarecidamente que se esforzase en llevar ante la justicia a todos los infractores de la ley y en prevenir todas las alteraciones del orden público, disturbios y violaciones de la paz ciudadana. Los concejales eran conscientes de que la reputación como pistolero de Hickok bastaría en la mayoría de las ocasiones para que todo aquel forajido que se propusiese entrar en el pueblo, se lo pensara mejor, se diese la vuelta y cabalgara en otra dirección.

Wild Bill pasó una buena parte de su etapa como *marshal* de Abilene sentado ante una mesa de póquer. Todo aquel que le quisiera ver para un asunto oficial tenía que acercarse a su cuartel general del *saloon* El Álamo, con su inmensa barra de bar, su despliegue de mesas y artilugios de juego, su banda de música y sus óleos de mujeres desnudas en las paredes. Le habían contratado por ser quién era y por ser cómo era, debió pensar Hickok, así que no había razón alguna para cambiar. Pero, de esa actitud aparentemente displicente no se debe deducir que hiciera mal su trabajo. Comparado con otros antecesores y con sus colegas de otras partes, Wild Bill resultó ser un dechado de virtudes.

Por ejemplo, los ciudadanos de Laramie, Wyoming, se vieron impulsados a colgar a su *marshal* al descubrir que en su segunda actividad de gerente de bar estaba envenenando y robando a sus jefes. Un buen número de sheriffs tuvieron finales similares como resultado de sus *pluriempleos*. Airados vigilantes lincharon al *sheriff* del condado de Ada, Idaho, tras descubrir que, en su jornada nocturna, era ladrón de caballos. O, como acabamos de ver, igual final tuvo Henry Brown, el *marshal* de Caldwell.

Hombres así eran excepciones, pero los dilemas a los que se enfrentaban los ciudadanos pacíficos de la frontera eran muy complejos. A menudo el nombramiento de un nuevo agente les obligaba a elegir entre un candidato de la localidad recto y honesto, pero ineficaz, y un recién llegado de dudoso pasado pero nervios de acero.

El caso de Wild Bill Hickok vuelve a ser ejemplar a este respecto. En 1870, cuando la ciudad se convirtió en uno de los principales centros ganaderos del Oeste, el concejo provisional nombró *marshal* a un reacio tendero de la localidad. En eso llegó a la ciudad un grupo de *cowboys* con ganas de diversión tras su larga travesía desde las llanuras de Texas. Enseguida, tomaron la medida al inexperto *marshal*, comprobaron que era un tipo poco bragado y dieron rienda suelta a su alegría etílica echando abajo la nueva comisaría a medio construir. No obstante, lo único que estaba ya construido del todo era la cárcel y el atolondrado cocinero del grupo de vaqueros la estrenó. El dubitativo *marshal* pareció salirse con la suya por primera vez, pero entonces aparecieron en escena los compinches del detenido, reventaron a disparos la cerradura de la celda y se llevaron a su amigo a continuar la juerga. Dolidos por tan humillantes demostraciones de ineficacia e ineptitud policial (incluido el ya citado asesinato de Tom Bear River Smith), el concejo se decidió a dar el puesto a Hickok. Acertó plenamente.

Muchas comunidades fronterizas empeñadas realmente en imponer mano dura tuvieron que hacer como Abilene y aceptar como marshals a conocidos pistoleros, presumiendo que este tipo de personajes eran los mejor preparados para meter en vereda a sus congéneres. Tomaban su decisión y cruzaban los dedos para que el recién nombrado *marshal*, de tan dudoso pasado, no volviera a sus andadas, pero esta vez con una placa en la solapa. Lo cierto es que no era una decisión tan descabellada: cualquier podía pensárselo dos veces antes de armar un jaleo en una ciudad patrullada por Wild Bill Hickok o Bat Masterson.

A menudo era muy difícil distinguir a los agentes de la ley de los forajidos y pistoleros. William Brocious (1845-1882), más conocido como Curly Bill (Bill el de los rizos), un pistolero alcohólico, cuatrero y asesino (entre otros, de Morgan Earp), sirvió como ayudante del *sheriff* Behan, hasta que otro ex agente de la ley, Wyatt Earp, le mató. Tom Horn (cuya vida enseguida conoceremos más a fondo), históricamente representado como un asesino, sirvió tanto de ayudante de *sheriff* como de detective de la agencia Pinkerton, un trabajo para el que estaba muy bien preparado y en el ejercicio del cual mató a 17 hombres, antes de proseguir, ya puesto, matando a otros 22 como asesino a sueldo. Ben Thompson, mejor conocido como pistolero y tahúr, fue también jefe de policía de Austin, Texas, y con mucho éxito. El reputado y cruel asesino King Fisher (1854-1884) obtuvo muchos éxitos como *sheriff* en Texas. Tanto Doc Holliday como Billy el Niño llevaron placas de agentes de la ley al menos una vez en su vida. Big Steve Long (?-1868) sirvió como ayudante del *marshal* de Laramie, Wyoming, mientras continuaba cometiendo asesinatos y robando... hasta que fue descubierto y linchado por un comité de "vigilantes".

Pero, por lo general, la opción del pistolero reconvertido en agente de la ley salió bien. Estos *pistoleros con placa,* tras demostrar al principio el porqué de su fama, conseguían que la violencia se redujera al mantener a los demás a raya. Eso sí, una vez que el orden se restablecía, la ciudad le solía indicar al pistolero, con mucha mano izquierda, que había llegado el momento de probar con un agente de la ley más ortodoxo y políticamente correcto que provocara más respeto que miedo. En otros casos, cuando la tensión se reducía, el pistolero simplemente llegaba a aburrirse y se iba. Un buen ejemplo de ambas cosas fue la decisión que tomó la ciudad de El Paso, Texas, en 1882, cuando destituyó al pistolero y antiguo ranger de Texas Dallas Stoudenmire (1845-1882) como *marshal* de la ciudad, que había conseguido limpiar de indeseables gracias a sus especiales cartucheras para seis pistolas.

Sin embargo, en algunas ocasiones, el despedido no se iba de buena gana. En el condado Apache, Arizona, al despedir al *sheriff* Comodoro Perry Owens (1852-1919), la comisión local tuvo la mala idea de retenerle su último sueldo. Owens entró en el edificio del condado y les obligó a punta de pistola a pagarle, lo que los concejales hicieron sin rechistar.

No obstante, otras veces, el experimento no salía tan bien. Fue el caso del *marshal* de Fort Worth, Texas, Jim Courtright (1848-1887), más conocido como Long-Haired Jim, que, mientras limpiaba la ciudad, también se entretenía obligando a los comerciantes de la zona a pagarle para asegurarse su protección. Esta conducta condujo en 1887 a su fatal enfrentamiento con el propietario de un *saloon*, el famoso pistolero Luke Short (1854-1893), que lo mató. Short, por cierto, era buen amigo del clan Earp y también de Bat Masterson, con quienes había formado años antes la famosa "Comisión de Paz", en realidad una banda de matones que impuso *su* ley en Dodge City.

Hubo casos más extremos aun, como el ya mencionado del *sheriff* del condado de Bannack, Montana, Henry Plummer, que dirigía secretamente una banda de delincuentes que, en el curso de sus actividades delictivas, asesinó (según la leyenda interesada) a más de 100 personas. Finalmente, se descubrió su doble vida y, en 1864, él y todos los miembros de su banda fueron ahorcados por un grupo de vigilantes.

Un caso mucho más indefinible y que, desde entonces, ha dado mucho que hablar es el del asesino a sueldo Tom Horn.

Tom Horn,
UN LEAL ASALARIADO DE LA PISTOLA

Pocos personajes del Oeste han despertado tantas polémicas como Tom Horn (1861-1903), aunque no tanto por lo que hizo durante su vida, sino especialmente por cómo acabó. En el Salvaje Oeste en el que Horn alquilaba su pronta y certera pistola, resarció por completo a los barones del ganado que le contrataban y se llevó con él todos sus secretos a la eternidad, sin soltar prenda ni incriminar a nadie. Fue un ejemplo de lealtad; tal vez de lealtad mal entendida o mal aplicada, pero, desde luego, extrema. Como alguien le describió: "Fue un hombre que encarnó las características, las experiencias y el código de honor del antiguo hombre de la Frontera".

Horn trabajó como *cowboy*, mulero, domador de potros, conductor de diligencias, explorador e intérprete del ejército y campeón de rodeo, antes de emplearse como detective y cazarrecompensas para la agencia Pinkerton. En calidad de tal, se encargó de capturar a atracadores de bancos, ladrones de nóminas de las compañías mineras y otros muchos forajidos. Pero, junto a este muestrario de profesiones más o menos honradas, destacó sobre todo como asesino a sueldo empleado por los barones del ganado. Su participación en las guerras de las dehesas de Wyoming y, más tarde, su implicación en la muerte de un niño de catorce años, Willie Nickell, no terminan de encajar con sus hazañas como explorador e intérprete del ejército.

Tras recibir una condena a muerte por el asesinato de ese muchacho, el fiscal le propuso conmutársela por una cadena perpetua si delataba a los demás implicados. Horn desdeñó sin dudarlo esa oferta. Era un frío y calculador asesino, pero delatar a un cliente o a un amigo era para él impensable. Cuando supo el 23 de octubre de 1903 que su indulto había sido denegado definitivamente, escribió a John Coble, uno de sus patrones ganaderos, para pedirle que urgiera a los que podían salvarlo a que dijeran la

Pocos personajes del Oeste han despertado tantas polémicas como el
agente de la ley y asesino a sueldo Tom Horn (1861-1903),
aunque no tanto por lo que hizo durante su vida, sino por
cómo acabó y por su negativa, pese a que ello
le hubiera salvado la vida, a delatar a sus clientes.

verdad, pero, por la razón que fuera, nadie lo hizo y el 20 de noviembre, víspera de su cuarenta y cinco cumpleaños, fue ahorcado. Fue un final triste y sórdido para un hombre que, en opinión de muchos de los que lo conocían, no se merecía algo así. Además, su ejecución dejó muchas preguntas sin responder. En 1993, noventa años después de su ejecución, un tribunal volvió a examinar su caso, aportando algunas pruebas y testimonios en su día no presentados en el juicio original y declarándolo "no culpable".

Nacido en 1860, Horn llevó una vida gris hasta que conoció a Al Sieber, jefe de exploradores del ejército, en la reserva india de San Carlos. La facilidad de Horn para hablar español y su conocimiento del lenguaje apache impresionaron a Sieber, que pronto aprovechó sus habilidades lingüísticas y exploratorias. Desde 1875 hasta 1886, Horn siguió las huellas de Gerónimo y otros guerreros apaches. Incluso se llegó a afirmar que fue él quien planeó la rendición final del famoso jefe ante el general Miles en Skeleton Canyon. Era un jinete experto y su conocimiento del ganado hizo que ganara el rodeo que se celebró en Phoenix en 1891. Pero lo que más se recordó de él fue su habilidad con las armas. A diferencia de otros pistoleros, Horn era conocido más por sus disparos certeros que por su rapidez.

Hay indicios que sugieren que participó en las guerras del ganado de Graham-Tewsbury y del condado Johnson. Abundaban los rumores que lo vinculaban con muertes por orden de los ganaderos en las disputas por las dehesas. Se decía que tendía emboscadas a los ladrones de caballos con un rifle muy potente y que colocaba un par de piedras junto a la cabeza de sus víctimas como señal para asegurarse la recompensa. Aunque muchas de las alegaciones hechas contra él se basaban solo en rumores, nadie dudó en su tiempo de que era un asesino a sueldo. Se daba por seguro que ofrecía sus servicios como pistolero al mejor postor y que, por cada cuatrero al que eliminaba, recibía entre 500 y 600 dólares. En este empleo demostró

Se daba por seguro que Tom Horn ofrecía sus servicios como pistolero al mejor postor y que, por cada cuatrero al que eliminaba, recibía entre 500 y 600 dólares. Él demostró que era un metódico cazador de hombres y un asesino sin piedad. Se sabe que detuvo a docenas de forajidos y que mató, al menos, a 17 hombres.

rápidamente que era un metódico cazador de hombres y un asesino sin piedad. Se sabe que detuvo a docenas de forajidos y que mató, al menos, a 17 hombres. Sin embargo, lo que no está claro es si sus muertes estaban planeadas o eran provocadas. Además, por supuesto, estaba su problema con la bebida. Periódicamente se iba a Denver, Colorado, y se dedicaba a beber en los bares y a contar historias tremendas de sí mismo.

Cuando en 1901 encontraron asesinado a Willie Nickell, se le implicó alegando que había alardeado de ello. El *sheriff* Joe LeFors recibió la orden de arrestarlo. Lo encontró en uno de los antros de Denver. Tras ganarse su amistad mediante engaños, LeFors logró que, en el curso de una de sus borracheras, según su posterior testimonio en los tribunales, Horn confesara. Consecuentemente, fue arrestado y juzgado y, a pesar de una defensa hábil sufragada por sus amigos ganaderos, y en ausencia de cualquier testimonio exculpatorio, el jurado creyó su forzada confesión y lo declaró culpable. De una forma u otra, lo era. Como otros muchos en aquel mundo de extraña justicia y relativa ley.

5

LEY, JUSTICIA Y ORDEN
EN LA FRONTERA

De ahora en adelante, yo seré aquí la ley. ¡Conozco bien las leyes
porque las he violado todas!

El juez de la horca, John Huston (1972)

LA AGENCIA PINKERTON, "EL OJO QUE NO DUERME"

Robert Allan Pinkerton (1819-1884) era un detective y espía escocés, nacido en Glasgow. En su juventud fue miembro activo del movimiento cartista, pero, defraudado por no conseguir el sufragio universal por el que luchaba, Pinkerton emigró a Estados Unidos en 1842, a los veintitrés años. En 1846, mientras trabajaba como tonelero, capturó una banda de falsificadores, lo que le valió para ser elegido *sheriff* de su condado. Tres años después, en 1849, fue designado primer detective de Chicago. En 1850 se asoció con el abogado Edward Rucker para fundar la North-Western Police Agency, que más tarde pasaría a llamarse Agencia Pinkerton, un servicio privado de detectives y escoltas cuyo logotipo —un ojo estilizado con el lema *We Never Sleep* (nunca dormimos)— pronto se hizo muy popular en Chicago.

Desde sus comienzos, la agencia incorporó nuevos métodos al trabajo policial, entre ellos el de la guerra

Robert Allan Pinkerton (1819-1884) era un detective y espía escocés que emigró a Estados Unidos en 1842. Cuatro años después, mientras trabajaba como tonelero, capturó una banda de falsificadores, lo que le valió para ser elegido *sheriff* de su condado. En 1849, fue designado primer detective de Chicago. En 1850 fundó la North-Western Police Agency, que más tarde pasaría a llamarse Agencia Pinkerton.

psicológica contra los sospechosos. En 1856, al ser contratada para investigar al supuesto asesino de un cajero de banco, un tal Drysdale, contra el que no había pruebas, aunque sí la convicción de que era culpable, Pinkerton asignó a uno de sus hombres para que se convirtiera en su sombra. El agente siguió al sospechoso día y noche, tenazmente, hasta que este perdió el control y se suicidó, no sin antes confesar ese y el resto de sus crímenes.

La agencia Pinkerton resolvió varios atracos a trenes durante los años cincuenta. Esto le dio la oportunidad de entrar en contacto con varios personajes influyentes, como el general George McClellan y el que pronto sería nombrado presidente, Abraham Lincoln. Gracias a estos contactos, al estallar la Guerra de Secesión, Pinkerton sirvió como jefe del Servicio de Inteligencia de la Unión de 1861 a 1862, desarrollando varias técnicas de investigación aún utilizadas hoy en día, como el seguimiento y rastreo de sospechosos o la suplantación o creación de personajes para misiones de espionaje encubierto. Los agentes de Pinkerton trabajaban a menudo como infiltrados, haciéndose pasar por soldados o simpatizantes confederados, para conseguir información militar secreta. Pinkerton sirvió personalmente en varias misiones bajo el alias de Comandante E. J. Allen. Poco después, logró recuperar una gran suma de dinero robada a la Adams Express Company y frustró una presunta conspiración para el asesinato en Baltimore, Maryland, del presidente Abraham Lincoln, de cuya protección se encargaba privadamente la agencia. Ambos éxitos le granjearon un gran prestigio profesional y una no menor popularidad.

Después de servir en el ejército, Pinkerton prosiguió su lucha contra los atracadores de trenes y contra organizaciones obreras y terroristas secretas, en las que sus agentes se infiltraban como reventadores o boicoteadores. Cuando en 1871 los desesperados banqueros le contrataron para que su ejército de sabuesos siguiese la pista a la banda de los hermanos James, pensaron que sus problemas acabarían, puesto que en el negocio de los detectives la agencia no tenía rivales. El propio Pinkerton lo creía así, como le escribió por aquellas fechas a uno de sus asesores: "No sé lo que significa la palabra fracaso. No existe nada en este mundo que pueda influirme cuando sé que estoy haciendo lo debido". Pero las actividades de espionaje e infiltración de la agencia hicieron que, pese a sus grandes apoyos en la administración, sus detectives comenzasen a ser mal vistos en determinados ambientes, especialmente en el Sur. Por eso, al proceder a la persecución de los hermanos James, los mayores ladrones de bancos y de trenes de la época, Pinkerton se encontró con que nadie le facilitaba la labor e, incluso, se la obstaculizaban, lo que redundó en que le fuera imposible capturarlos. Así, Pinkerton, por una vez, aprendió el significado de la palabra "fracaso".

No obstante, fueron muchos más sus éxitos, lo que produjo que su agencia siguiera creciendo y casi se convirtiera en un brazo policial del estado y, en tal sentido, en el antecedente del futuro FBI. Durante su apogeo, la agencia Pinkerton empleó más agentes que el ejército regular de los Estados Unidos, hasta el punto de que fue proscrita en el Estado de Ohio por el temor de que se empleara como un ejército o milicia privada.

Las cosas siguieron más o menos así hasta la prematura muerte de Pinkerton, en Chicago, el 1 de julio de 1884, a causa de una septicemia, infección generalizada provocada increíblemente al morderse la lengua al resbalar y caer en una acera. En aquel momento, trabajaba en la creación de un gran fichero que centralizara todos los expedientes de identificación de criminales. Tras su muerte, la agencia continuó en marcha y pronto se convirtió en una poderosa y eficaz arma contra las jóvenes organizaciones obreras que se estaban desarrollando en Estados Unidos y Canadá. Esta batalla contra los obreros deslució su imagen durante muchos años. A pesar de que sus miembros siempre siguieron las estrictas normas morales establecidas por su fundador, se llegó a denunciar que no eran más que el brazo

Los contactos de Pinkerton con los principales líderes políticos del país —en la foto, se le ve junto a Lincoln y el general McClernand— favorecieron que su agencia siguiera creciendo y se convirtiera casi en un brazo policial del estado y, en tal sentido, en el antecedente del FBI. Durante su apogeo, la agencia empleó a más agentes que el ejército regular de los Estados Unidos. Incluso fue proscrita en Ohio por temor a que se convirtiera en un ejército privado.

armado de los grandes empresarios. Décadas después, el termino "pinkerton" comenzó a usarse en Estados Unidos como sinónimo de "detective privado", aunque en el argot propio de los obreros estadounidenses también se ha usado como sinónimo de "esquirol".

En otra de sus facetas personales, Pinkerton produjo muchas novelas detectivescas populares, aparentemente basadas en sus propias experiencias o en las de sus agentes. Algunas fueron publicadas después de su muerte y se las considera motivadas para promocionar su empresa y no tanto como un esfuerzo literario. Muchos historiadores creen que Pinkerton usó *negros* (escritores anónimos) para que se las escribieran, aunque todas ellas aparezcan firmadas por él y reflejen su punto de vista y sus opiniones, así como algunas de sus experiencias.

JUSTICIA CIUDADANA: LOS "VIGILANTES"

En una frontera como la del Oeste, donde cada avance hacia la prosperidad y la seguridad se hacía a costa de mucho esfuerzo, los ciudadanos estaban dispuestos a llegar cuan lejos hiciera falta para proteger sus progresos y sus conquistas. Los elementos criminales, conocidos o sospechosos, suponían un riesgo real a la estabilidad que esas comunidades tanto apreciaban, por lo que, si la autoridad formalmente constituida parecía poco capaz de acabar con el problema, los individuos más decididos se sentían obligados a hacerlo por ella. Los ciudadanos que creían que la ley era débil o lenta no dudaban en aplicarla por su propia cuenta para conseguir el orden mediante la aplicación de la fuerza bruta. En circunstancias tales, las gentes se veían en la necesidad de improvisar, de cubrir el vacío de lo inexistente y más si se trataba de proteger su propia seguridad o la de sus bienes.

De esta necesidad nacieron los llamados "comités de vigilancia", que integraban hombres resueltos y respetables, que intervenían para evitar que el delito y los malhechores que lo practicaban se enseñoreasen de la comunidad. En ocasiones, estos comités de vigilantes actuaban supliendo la ausencia total de autoridad; en otras, su acción se encaminaba a subsanar la dejación hecha por una autoridad corrupta que olvidaba sus deberes por cobardía o por connivencia con los rufianes. Al actuar con rapidez e inexorablemente, estos autoproclamados defensores de la ley rara vez intentaban discernir al inocente del culpable cuando eran testigos de situaciones sospechosas.

Sus actuaciones iban desde las partidas formadas de modo improvisado a las operaciones paramilitares de gran planificación y alcance. Los rancheros de Montana, por ejemplo, mataron al menos a 35 sospechosos durante el curso de una caza masiva de cuatreros y ladrones de caballos llevada a cabo en 1884. Cuando los primeros colonos de Cheyenne, Wyoming, comenzaron a tener problemas con los forajidos y bandidos, formaron un comité de vigilantes liderado por el comerciante Nathaniel K. Boswell, que acababa de abrir un bazar en la ciudad. Con el apoyo de los ciudadanos bienpensantes, Old Boz, como era llamado, se dedicó por su cuenta y riesgo a detener a cuatreros y a poner coto a una gran población flotante formada, en palabras de un periódico de la época, por "jugadores, ladrones, salteadores, navajeros y mujeres del submundo". La iniciativa de Boswell encantó al gobernador del Territorio de Wyoming, que decidió nombrarle *sheriff* del condado.

Casos similares se dieron continuamente por toda la Frontera. Aunque se han contabilizado oficialmente unas 700 víctimas de estos comités de vigilantes en todo el siglo XIX, seguramente, dada su condición de operaciones encubiertas, las víctimas serían muchas más.

Así, desde las resecas llanuras de Texas a los valles boscosos de las Colinas Negras, los hombres comunes adaptaron el papel de vigilantes, reuniéndose y patrullando en secretos comités, en partidas no autorizadas o en bandas improvisadas para erradicar la amenaza criminal. Algunos objetos de su furia fueron colgados, abatidos a tiros o quemados, con o sin juicio previo; otros, golpeados, azotados o, en una macabra aplicación de la ley del ojo por ojo, marcados como el ganado que supuestamente robaban. Tales episodios demostraban bien a las claras que la acción de los vigilantes contenía las semillas de una anarquía aun mayor que la derivada de los crímenes contra los que luchaba. En las lindes de la Frontera, los vigilantes daban siempre una contundente respuesta: actuaban por sí mismos porque virtualmente no había otra clase de ley y orden. Pero también florecieron en partes del Oeste bien asentadas, donde los agentes de la ley y los magistrados y jueces parecían demasiado pendientes de las sutilezas estatutarias del procedimiento debido, o donde simplemente se mostraban ineficaces contra los malhechores.

El comienzo de la acción de los vigilantes tuvo lugar en San Francisco durante los años de la Fiebre del Oro. Las fechorías de una banda organizada de bandidos australianos, los Sydney Ducks, habían sembrado inseguridad y temor. En pocos meses, más de 100 asesinatos con propósitos de robo dieron fe de la impunidad en que se movían los malhechores. Además, la justicia estaba tan deteriorada y la ciudadanía tan desprotegida que, cuando se arrestaba a alguno de estos forajidos, nadie osaba testificar en su contra. En el verano de 1851, Sam Brannan, editor del *Star,* y otros notables de la ciudad formaron un comité de vigilancia cuyo propósito era defender la vida y la propiedad. Así, en respuesta a la alarma pública por el aumento de la violencia ciudadana, la ciudad de San Francisco se encontró de la noche a la mañana supervisada por vigilantes. Durante su primer año de funcionamiento (1851), California lo agradeció, aunque fue reacia a tolerarlos oficialmente. El Comité de Vigilantes, formado por 600 voluntarios locales, muchos de los cuales eran prominentes hombres de negocios, colgó a cuatro delincuentes,

Curiosamente, durante el auge del Salvaje Oeste (1854-1890), pese a lo
que se cree, se produjeron pocos ahorcamientos legales
como el de la fotografía.

azotó a otro, deportó a 20 y enjuició a otros 41. Como resultado, la violencia de la ciudad se redujo y el comité fue disuelto, aunque se tuvo que reorganizar cinco años después durante otro breve periodo.

La institución de los vigilantes se extendió luego por Montana, Wyoming, Kansas, Texas, Arizona, Colorado e Idaho. Su acción persecutoria contra cuatreros y atracadores se amplió también a matones y violadores. La carencia de cárceles en condiciones de seguridad, unida a la naturaleza de los crímenes perpetrados por los detenidos, inducía a aplicarles la última pena, como escarmiento, tras un juicio sumarísimo. Pero, por regla general, los vigilantes protegían al condenado de los riesgos del linchamiento, práctica que muchas turbas hubieran deseado perpetrar, sobre todo cuando los crímenes atribuidos eran particularmente repugnantes. El anuncio de la caza de un hombre culpado de un crimen, pregonada por los comités de vigilancia, movilizaba a todos los adultos deseosos de tomarse la justicia por su mano. Cuando se producía la captura, el alborozo cundía entre la gente porque iban a disfrutar de lo que ellos llamaban "la fiesta del nudo corredizo", el ahorcamiento público. El humor dominante en el Oeste era macabro: cuando ahorcaban a un individuo de inclinaciones religiosas decían que lo "arrojaban hacia Jesús", y para ellos, una sentencia "suspendida" incluía una cuerda.

A menudo, las tácitas e informales alianzas entre los agentes de la ley y los vigilantes solían consistir en que el agente se inhibiera mientras los vigilantes hacían su trabajo. Eso sucedió, por ejemplo, en Aurora, Nevada, en 1864. Después de que unos 30 colonos de la zona fueran asesinados por ladrones de caballos o forajidos, un comité de vigilantes hizo una redada y apresó a varios cabecillas. Al empezar a construir un cadalso frente a la armería de la ciudad, un ciudadano disconforme envió un telegrama de protesta al gobernador del Territorio, que residía en Carson City, informándole de la situación. El gobernador telegrafió pidiendo explicaciones al *marshal* federal Bob

Howland, que estaba circunstancialmente en Aurora. La respuesta del *marshal* fue lacónica pero cristalina: "Todo tranquilo en Aurora. Se ha colgado a cuatro hombres en quince minutos".

En 1861, el Territorio de Colorado confirió estatus oficial a los comités de vigilancia de los distritos, previendo por ley que cada uno de ellos quedara facultado para "examinar e informar de todas las violaciones criminales de la ley". En todo el Oeste, los estatutos territoriales o estatales fueron garantizados por grupos de vigilantes formalmente organizados como asociaciones agrarias, ganaderas y protectoras de los intereses de los colonos. Muchos de ellos celebraban reuniones anuales, emitían informes y procedían sin problemas al ahorcamiento o fusilamiento de forajidos.

Aunque la mayoría de los vigilantes eran ciudadanos bien intencionados, algunos estaban impulsados por motivos menos elogiables. Los ricos, buscando asegurar sus intereses privados, no tenían demasiadas dificultades para contratar a pistoleros. De todos ellos, estos mercenarios eran los más difíciles de clasificar. Ni eran forajidos ni agentes de la ley en el estricto sentido de la palabra, aunque muchos habían desarrollado ambas carreras en el pasado. En su papel de vigilantes, solían operar no tanto en defensa de la ley como simplemente al margen de ella. Una vez recibían su paga ensangrentada, se alejaban cabalgando hacia el horizonte y nunca más se les volvía a ver. Afrontaban su trabajo de matones y asesinos como una forma de conseguir un sueldo y no solía faltarles trabajo.

Al comienzo de la década de los sesenta, la compañía de diligencias Overland Stage Line contrató a pistoleros para que libraran del acoso de salteadores y ladrones de caballos a una nueva línea que atravesaba las Rocosas. Después de algunos tiroteos y otros tantos linchamientos, la compañía dejó de ser molestada. En todas partes, los ferrocarriles reclutaron pistoleros profesionales como detectives privados para combatir a los ladrones de trenes, en aplicación de los poderes policiales extraordinarios concedidos por las autoridades a estas compañías. Wyoming, por ejemplo, autorizó a los conductores de los trenes a hacer arrestos, y Dakota del Norte nombró a todos los empleados de los ferrocarriles agentes de paz. No obstante, las compañías ferroviarias mantuvieron además sus ejércitos privados.

En todos los pastos públicos desde Texas a Montana, los ganaderos que monopolizaban las tierras confiaron en pistoleros contratados para reducir a la fuerza las amenazas de los pastores y agricultores o, más a menudo, para proteger sus manadas de los cuatreros. Naturalmente, los propietarios y los capataces preferían delegar ese trabajo en profesionales. A menudo, las asociaciones ganaderas contrataban a pistoleros errantes y les daban títulos tan inocuos como "detectives", "inspectores de ganado" o "reguladores". Cuando los cuatreros eran localizados, los pistoleros se abalanzaban sobre ellos y se deshacían de los culpables, para dispersarse rápidamente. En la mayoría de los casos, no eran identificados e incluso, cuando se les cogía, la protección de sus contratistas les servía para eludir la ley. Respetables e influyentes, estos tenían el suficiente dinero como para que tales pistoleros a sueldo estuviesen entre los mejor pagados del Oeste. Sus sueldos oscilaban entre los 100 y los 150 dólares al mes, aproximadamente tres veces la remuneración de un ayudante de *marshal*. En algunos sitios se les pagaba incluso 250 dólares mensuales, más pluses si obtenían la condena de un ladrón de caballos o un cuatrero.

En muchos yacimientos mineros y establecimientos ganaderos, los vigilantes hicieron más por expulsar a los forajidos que los agentes de la ley elegidos oficialmente. En tal sentido, tuvieron mucha influencia en hacer de la Frontera un lugar más seguro y en preparar el terreno para la llegada de la justicia. Salvaron a muchas comunidades fronterizas de la anarquía y tendieron un puente a la administración formal de la justicia que llegaría poco después. Sus acciones no solo eran más rápidas y más seguras que las de los débiles tribunales sino que, a menudo, eran también más justas. Fuera el que fuese el medio escogido, el mensaje era muy claro: la ley y el orden debían de prevalecer.

El linchamiento, entendido generalmente como ahorcamiento ilegal (aunque, de hecho, se decía que había sido linchado cualquiera al que una multitud hubiera disparado, apuñalado o golpeado hasta matarlo) era un rasgo del Oeste que ha perturbado desde hace mucho a los historiadores y sociólogos ansiosos de explicar a qué se debió una costumbre tan bárbara. En términos generales, la mayoría de los linchamientos eran resultado de una necesidad desesperada de imponer la ley y el orden en comunidades en las que faltaban por completo. Por todo el Oeste, la gente pedía protección para defenderse de asesinos, forajidos, especuladores, expoliadores de tierras y, en general, todos aquellos cuyas actividades antisociales producían ira y resentimiento. Tribunales ilegales, tribunales ciudadanos y, por supuesto, comités de vigilancia procuraban poner orden en el caos. El resultado fue, a veces, horrendo. Incluso en las ciudades que contaban con marshals, los linchamientos florecieron, más o menos condenados por las autoridades.

Sin embargo, curiosamente, durante el auge del Salvaje Oeste (1854-1890) se produjeron pocos ahorcamientos legales. En Kansas, por ejemplo, a pesar de algunas muertes de las que se habló mucho (entre ellas el asesinato del comisario Tom Smith de Abilene), no se llegó a imponer nunca la pena de muerte. A cambio se imponían sentencias penitenciarias muy largas o, a lo sumo, cadenas perpetuas. Otros estados, sin embargo, no eran tan indulgentes y en ellos ahorcar era corriente.

Las comunidades que sostenían y defendían el funcionamiento de los comités de vigilancia como garantía de seguridad, se negaban a dudar de su efectividad cuando se producía un error fatal, es decir, cuando se colgaba a un inocente y más tarde se descubría al verdadero criminal. No faltan las tumbas en los cementerios del Oeste en las que en una improvisada lápida campea la inscripción: *Hanged by mistake* (ahorcado por error).

EL MUNDO JUDICIAL

La responsabilidad última del mantenimiento del incipiente orden en el Salvaje Oeste recaía en los hombres armados no con pistolas sino con macillos de juez. Al principio, el tipo de justicia que estos variopintos funcionarios dispensaban era tan irregular cuanto alejadas estuvieran las ciudades del Este *civilizado*. Muchos jueces de la primera época eran a la vez comerciantes y tenían poca o ninguna preparación legal. A falta de tribunales, a menudo desarrollaban sus juicios en tiendas o cantinas y no siempre se les encontraba, incluso aunque tuvieran sesión prevista. Tampoco era raro que, aun presentes, mostraran poco interés por lo juzgado o por impartir algún tipo de justicia, y sí por sacar beneficio personal de ello.

Pero la constante violencia y el perenne desacato fueron obligando a las comunidades a ir eligiendo jueces cada vez más cualificados y a construir instalaciones donde la justicia se impartiera con la dignidad y la autoridad debidas. La magnitud de los crímenes que se cometían reclamaba, a gritos, que la justicia los juzgara y en ese proceso, de vez en cuando, se tenía que perdonar que uno u otro juez desbarrara, si lo que se intentaba era atemperar cada vez más la ley de las pistolas con la escrita. Lo que está claro es que la dificultad de esta tarea se traducía en considerables costes personales para los encargados de la actividad jurídica. En las mejores circunstancias, con un jurado concienciado y unos abogados bienintencionados, el juez de distrito aún tenía sus frustraciones. Muchos juristas eran radicalmente ignorantes de la ley, pues solo unos pocos habían recibido educación jurídica formal.

Todo abogado defensor tenía derecho a un juicio con jurado, pero reunir a suficientes ciudadanos para formar uno con ciertas garantías era algo difícil en las áreas menos pobladas. En varios distritos donde el pago de dietas a los jurados era extremadamente lento, estos se negaban a revelar sus conclusiones hasta que se les abonaba en el acto lo debido.

En todo caso, los resultados no siempre eran alentadores. Mark Twain contó el caso de un jurado de Virginia City que "pensaba que ser incestuoso y ser incendiario era lo mismo". Incluso cuando los jurados de la Frontera cubrían los mínimos exigibles, no había garantía alguna de que los méritos y deméritos del caso guiaran exclusivamente sus deliberaciones. A menudo, si el defensor era del lugar, lograba atraer a su causa a los jurados apelando simplemente a que la condena significaría aceptar las ingerencias foráneas. Tampoco estaba prohibido dar algo de espectáculo. Por ejemplo, se cuenta que un abogado de Tombstone, Marcus A. Smith, estaba argumentando su caso cuando al otro lado de la ventana un burro comenzó a rebuznar. El otro abogado se levantó y dijo: "Con la venía del tribunal, protesto de que ambos abogados defensores hablen a la vez".

Dada la evidente impericia de los abogados, la labor de los jueces se perdía en esfuerzos pedagógicos, a menudo baldíos. Muchas veces, ni siquiera ellos estaban versados en procedimientos y antecedentes, y no pocas veces se trataba de sustitutos nombrados improvisadamente por los titulares que, al ver el panorama, se habían vuelto a ejercer al Este.

Sin embargo, estas enormes deficiencias no libraban a los acusados de recibir las más duras penas si eran encontrados culpables ni tampoco impedían que algunos culpables salieran bien librados de juicios que resultaban ser farsas. A nivel local, la administración de justicia era, en el mejor de los casos, caprichosa y a veces bordeada lo absurdo. Lo único que se le podía exigir a cualquier juez de paz o penal era que estuviera disponible. Su trabajo no era muy complejo ni arduo, y su responsabilidad solía reducirse a ver casos muy menores de pequeños hurtos, ofensas menores o conducta desordenada. Cerca del 90%

de los juicios comenzaban con una petición de culpabilidad y acababan momentos después con la imposición de una multa.

Las condiciones de trabajo normalmente dejaban mucho que desear. En las nuevas ciudades fronterizas, los edificios públicos eran tan escasos como los jugadores honestos. La acumulación de casos obligó a muchas de ellas a construir rápidamente tribunales, pero no era un asunto sencillo mantenerlos intactos y en buen estado. Una de las tácticas favoritas de los forajidos era quemarlos para destruir las pruebas que les acusaban.

No obstante, la justicia local adolecía, más que de instalaciones, de hombres equipados que la aplicaran. Muchos de los funcionarios judiciales de cualquier nivel apenas sabían leer y escribir y, como no había requisitos mínimos, esos puestos atraían a un desproporcionado número de tartamudos, borrachos, excéntricos o visionarios. Tampoco eran muy rigurosos ni formales los procedimientos. Que el juez se cortara las uñas mientras oía un caso, o que decretara un receso para que todos los implicados en el juicio pudiesen aplacar su sed en el *saloon* de al lado, solían ser circunstancias toleradas por una comunidad indulgente. Es lo que había. La sala solía ser un recinto improvisado, con una tarima en la que se situaba el magistrado, y no era infrecuente que su postura habitual durante el juicio oral fuera cómodamente retrepado en su butaca y con los pies cruzados sobre la mesa. Los juicios de menor cuantía se resolvían con la imposición de multas a capricho del administrador de la justicia, el cual, antes de imponerlas, solía blandir cualquier mamotreto a mano que, a falta de código penal, solía ser el anuario de Correos, que extravagantemente servía para revestir de legalidad lo que era puro arbitrio. Pero, en el fondo, era mucho peor que abundaran los jueces que aceptaban o solicitaban cohechos, o que utilizaban su autoridad para imponer y embolsarse exorbitantes multas, o que sistemáticamente favorecía los intereses del cacique local.

Sin duda, también hubo en el Oeste jueces honestos que no cedieron ante la tentación, jueces imparciales que no penalizaron a los extraños con severidad ni excusaron las transgresiones de sus amigos. Incluso los hubo con sólida preparación jurídica y legal. Probablemente fueron más de los que los relatos presenciales cuentan. Estos hombres se esforzaban por capturar bandidos y llevarlos ante la justicia en tiempos en los que la judicatura se ejercía a la buena de Dios y por sujetos de cuya imparcialidad y conocimientos legales podía tenerse muy razonables dudas.

El someterse a un juicio justo era aspiración nunca más apropiada de cualquier delincuente cuando era inculpado porque lo más probable es que se enfrentara al prejuicio de unos o la extravagancia de otros. En circunstancias tales, todo tipo de incidencias tenían cabida. Los jueces solían ir armados y bien que lo necesitaban. Se cuenta que cuando el juez Williamson fue a hacerse cargo de su puesto en el condado tejano de Shelby, apenas constituido en tribunal, un grupo de individuos malcarados se presentó para hacerle saber que la localidad no precisaba de sus servicios y aconsejándole que, por el bien de su salud, tomara la primera diligencia. El juez, sin perder la calma, preguntó en nombre de qué autoridad le hacían esas recomendaciones. Uno de los individuos, blandió un enorme cuchillo de montañés, lo estrelló violentamente contra la mesa del juez, mientras exclamaba: "¡Esta es la ley del condado de Shelby y con ella nos basta!". Williamson, sin perder la calma, sacó su revólver, lo emparejó al cuchillo con un ademán no menos violento, mientras decía: "¡Si esa es la ley del condado de Shelby, esta es la Constitución, que está por encima de esa ley!".

Famoso entre los famosos, y supremo ejemplo de juez estrambótico donde los hubiera, fue Roy Bean.

Roy Bean, "la Ley al Oeste del Pecos"

El más salvaje, heterodoxo y a la vez pintoresco jurista del Salvaje Oeste fue el *juez* Phantly Roy Bean (1825-1903). Regente de salón en el remoto villorrio tejano de Langtry, Bean fue un juez de paz que dictaba veredictos desde una mezcla de juzgado-bar, situado en un páramo desolado del desierto de Chihuahua, donde vendía cerveza durante los recesos. Un juez que se inventaba sobre la marcha la jurisprudencia y los propios códigos, que imponía multas caprichosamente y que generalmente se quedaba el dinero para sí. Este corpulento cantinero afrontaba sus decisiones judiciales entre partida y partida de póquer. De escasísima formación, legal y general, leía con gran dificultad, aunque, eso sí, con una voz muy grave, que imprimía cierta autoridad a sus dictámenes, por lo demás bastante arbitrarios y poco fundados, por no decir caprichosos y absurdos. Los que él juzgaba culpables no tenían derecho a apelar, porque, como declaraba con sinceridad el rótulo de la fachada de su tribunal-bar, Bean era literalmente "la Ley al oeste del Pecos", el río que corría a 30 kilómetros de su bastión jurídico.

Bean había nacido en el condado de Mason, Kentucky, alrededor de 1825, aunque algunos documentos sugieren que en 1823. A los quince años, como tantos otros de los grandes protagonistas del Oeste, se fue de casa buscando aventuras en la Frontera de la mano de sus dos hermanos mayores, Sam y Joshua. Con el primero viajó en ferrocarril por lo que más tarde sería Nuevo México, después cruzaron el río Grande y establecieron una oficina de correos en Chihuahua, México.

Tras asesinar a un lugareño borracho que le amenazaba con un cuchillo, Roy marchó a California, donde permaneció con su otro hermano, Joshua, que llegaría a ser el alcalde de San Diego y que, por entonces, era propietario de un *saloon*, The Headquarters, donde Roy fue camarero. Se cuenta que durante su estancia en California mató

El más salvaje,
heterodoxo
y a la vez pintoresco
jurista del Salvaje Oeste
fue el juez
Roy Bean (1825-1903),
todo un personaje.

a un funcionario mexicano en disputa por una chica. En represalia, unos amigos del difunto le ahorcaron, pero, antes de que morir, fue descolgado por una damisela disconforme con su muerte. A partir de entonces, debido a las secuelas del parcial ahorcamiento, Bean fue incapaz para siempre de girar la cabeza. Eso, al menos, contó él. Lo único seguro es que el 24 de febrero de 1852 fue arrestado en California tras herir en un duelo a un hombre llamado Collins. Se fugó de la cárcel el 17 de abril y, al ser asesinado su hermano unos meses más tarde por un rival en un triángulo amoroso, Roy volvió a Nuevo México, esta vez a la localidad de Mesilla.

En ella, su otro hermano, Sam, había sido nombrado *sheriff* y era dueño de otro *saloon*. Roy atendió el local durante varios años e incrementó sus ingresos mediante el contrabando de armas mexicanas destinadas al Ejército de la Unión durante la Guerra de Secesión. Además dirigió una guerrilla, a la que llamó The Free Rovers (Los Trotamundos Libres), ocupada en robar a los terratenientes para entregar sus botines, teóricamente, a la causa sudista. El 28 de octubre de 1866, se estableció en San Antonio y se casó con una mujer mexicana, María Anastasia Virginia Chávez, con la que tuvo cinco hijos y a la que acabaría abandonando. Durante la década de 1870, Roy mantuvo su familia vendiendo de puerta en puerta leña y leche aguada, además de desempeñar una multitud de oficios diversos y de emprender numerosos negocios, a cual más ruinoso. Sus dudosos métodos empresariales le llevaban de continuo a los juzgados, donde se iría impregnando de unas nociones jurídicas que tanto le ayudarían en su futuro.

En 1882, la línea de ferrocarril de Galveston-Harrisburg-San Antonio contrataba personal para sus obras de enlace entre San Antonio y El Paso. Abandonando su matrimonio y sus negocios siempre al borde de la ley, Roy marchó a Vinegaroon, una ciudad-dormitorio del trayecto, para trabajar una vez más de camarero sirviendo whisky a los obreros del ferrocarril. Cuando finalizaron las obras, Bean se instaló por las inmediaciones abriendo una cantina aislada en un árido chaparral. Por entonces, su edad y su aspecto barbado y digno, así como su hablar sentencioso, hicieron que la gente comenzara a recurrir espontáneamente a él para que mediara en cualquier pleito. El hecho de que el tribunal más cercano estuviera a más de 400 kilómetros hizo que la autoridad de Bean se fuera asentando paulatinamente, hasta el punto de que hasta los rangers le llevaban sus detenidos y aceptaban sus fallos, que normalmente lo eran en el pleno sentido de la palabra.

Las autoridades del condado, ansiosas de establecer algún tipo de defensa de las leyes locales, lo nombraron juez de paz del condado de Pecos. Roy se mudó a otra aldea situada más al norte, sobre un peñasco sobre el río Grande, llamada Langtry en honor de George Langtry, jefe de ferrocarril que había conseguido que las vías de la Southern Pacific llegaran hasta allí. Sucedía que el nombre también se correspondía con el de una bella actriz británica, Lillie Langtry, sobre la que Roy había leído y de la que había quedado prendado. Roy construyó un modesto

La actriz de origen inglés Lillie Langtry, con la que se carteó en varias ocasiones, fue la gran obsesión erótica del juez Bean. Por desgracia para él, miss Langtry no visitó la ciudad hasta diez meses después de la muerte del juez.

saloon, que también le servía de vivienda y juzgado, al que llamó Jersey Lily (nombre artístico de la actriz). Colgó un cartel desvencijado de miss Langtry detrás de la barra y, en la fachada, dos letreros en los que se leía "Cerveza helada" y "La Ley al Oeste del Pecos". Allí, comenzó a despachar indistintamente licor y justicia, amenizando las veladas con mil y una historias inventadas, como la de que era él quien había puesto nombre a la ciudad en homenaje a la actriz. Posesionado de su papel de juez de paz, Bean se proveyó de un grueso cuaderno en el que empezó a redactar sus *leyes,* alternándolas con anotaciones sobre sus partidas de póquer.

Fue elegido por primera vez en 1884 y reelegido muchas veces; de hecho, afrontó elecciones a juez de paz cada dos años y ganó siempre, excepto en 1886 y 1896. En 1898, para asegurarse la elección, permaneció a la puerta del centro de votación con una escopeta cargada, haciendo un *sondeo informal* previo.

Administraba la justicia desde el porche del *saloon.* Se sentaba sobre una barrica de cerveza y así hacía comparecer a las partes. Los juicios se abrían y se cerraban haciendo copiosas consumiciones en la barra del bar y su actitud hacia los procesados dependía mucho del gasto que ellos y sus acompañantes hicieran en su establecimiento. El escaso equipamiento de su *juzgado* consistía en un revólver, el referido libro de leyes y un oso vivo como mascota, probablemente inofensivo, pues, al parecer, al plantígrado también le encantaba la cerveza. Sus métodos para impartir justicia eran arbitrarios y cómicos e inspiraron muchas anécdotas e historias extravagantes. Se cuenta que una vez encontró muerto a un hombre que llevaba una pistola y 40 dólares en el bolsillo... y decidió requisarle el arma e imponerle al cadáver una multa de 40 dólares por llevar un arma oculta.

Su *saloon* estaba situado cerca del ferrocarril, donde los trenes paraban diez minutos para repostar, tiempo que los viajeros aprovechaban para hacer lo mismo, atraídos por el cartel de "cerveza fría". Un día, apremiado por la marcha del tren, un viajero pagó su cerveza de 30 centavos con un billete de 20 dólares. Viendo que no le devolvían el cambio, se impacientó y tachó a Bean de ladrón. El tabernero se revistió rápidamente de su judicatura e igualó las cuentas imponiéndole al *insolente* una multa de 19,70 dólares por insultos a la autoridad.

Este, como todo los demás importes de las multas que imponía, iba a parar a su bolsillo. Un día un alto cargo que le visitó le pidió explicaciones por tal proceder y Bean le respondió: "Es que mi tribunal se autofinancia". También hubo de responder a un juez federal que le recordó que no estaba facultado para sancionar divorcios; Bean, sin perder la compostura, le respondió: "Bueno, yo los casé, así que me figuro que tengo el derecho de rectificar mis errores".

Sabía tan poco de Derecho que siempre pensó que el *habeas corpus* era una blasfemia; una blasfemia, claro está, sancionable. Al celebrar ceremonias de boda, siempre terminaba diciendo "Y que Dios se apiade de vuestra alma". Uno de sus fallos más extravagantes ocurrió en septiembre de 1870, cuando un irlandés fue acusado de asesinar a un obrero chino. Los amigos del acusado amenazaron con destruir el Jersey Lily si lo declaraba culpable. Iniciada la sesión, Bean comenzó a pasar las páginas de su personal libro de leyes buscando y rebuscando un precedente legal aplicable al caso. Por fin, mientras se hacía con su rifle, proclamó: "Caballeros, la ley es muy explícita por lo que se refiere al asesinato de vuestros compañeros, pero aquí no se dice nada sobre el asesinato de un chino. Caso cerrado".

En 1896, ampliando sus actividades, Bean organizó un combate valedero por el campeonato mundial de boxeo entre Bob Fitzsimmons y Peter Maher, que se celebró en una isla del río Grande ya que el boxeo era ilegal en Texas. Las crónicas deportivas que siguieron difundieron la fama de Bean por todo Estados Unidos.

Por lo que respecta a Lillie Langtry, su gran obsesión, el juez Bean nunca llegó a conocerla, aunque él afirmaba lo contrario. Nadie podía mencionar su nombre en su bar sin verse obligado, a punta de escopeta si era necesario, a pagar una ronda y brindar por ella. Bean escribió a la actriz en muchas ocasiones y, de hecho, recibió alguna respuesta. Incluso, aprovechando una *tournée* que la actriz inglesa realizaba por los Estados Unidos, Bean se desplazó a la ciudad de San Antonio para asistir a una de sus actuaciones, vestido para la ocasión con sus mejores galas. Sin embargo, acabada la función, no tuvo agallas para visitarla en su camerino. Por desgracia para él, miss Langtry no visitó la ciudad hasta diez meses después de la muerte del juez.

El juez Bean murió pacíficamente en su cama tras una borrachera el 16 de marzo de 1903. A veces la leyenda se confunde y le retrata como un justiciero sin piedad, aplicándole el calificativo de "el Juez de la Horca". Pero este título correspondió en realidad al juez (este sí formal) Isaac Parker, quien entre 1875 y 1896 sentenció a la horca a 160 personas (156 hombres y 4 mujeres). Roy Bean, aunque amenazó con ahorcar a cientos, no parece que llegara a ahorcar a nadie. En realidad, él prefería multarlos.

Isaac Parker, "el Juez de la Horca"

Si Roy Bean fue la encarnación más pintoresca de la improvisada justicia que se impartía en el Oeste, el juez Isaac Parker (1838-1896) representó la versión más rigurosa y dura de la judicatura.

Isaac Charles Parker nació el 15 de octubre de 1838 en Barnesville, un pueblo agrícola del condado de Belmont, Ohio. Su madre era sobrina del gobernador y esto le permitió tener acceso a una buena educación. A los diecisiete años decidió estudiar leyes y en 1859 logró pasar el examen en un bufete de abogados, que lo acreditó. Para 1861 ya actuaba como letrado independiente en las cortes criminales y municipales del Oeste urbano de los Estados Unidos. En abril de ese mismo año ganó las elecciones y obtuvo un puesto como abogado de la ciudad, pero cuatro días después de tomar posesión del cargo estalló la Guerra de Secesión y se alistó en el 61º Regimiento Provisional de Missouri.

En 1868 volvió a su puesto, pero su verdadera popularidad comenzó en 1875, cuando, a los treinta y cinco años presentó su candidatura voluntaria y fue designado por el presidente Grant juez del distrito occidental de Arkansas, en Fort Smith, territorio que por entonces sufría el azote de una delincuencia protagonizada tanto por indios como por mestizos y blancos, que tenían aterrorizados a los habitantes, principalmente granjeros, que poblaban en número creciente la región.

Como Parker era un convencido metodista, para él era inexcusable castigar el mal como imperativo de la justicia divina. Además, estaba muy interesado por el problema indio y su obsesión era dar un trato justo, por fin, a los indígenas. Por eso, sacrificando lo que todos vati-

Si Roy Bean fue la encarnación más pintoresca de la improvisada
justicia que se impartía en el Oeste, el juez Isaac Parker (1838-1896),
el famoso "Juez de la Horca", representó la versión
más rigurosa y dura de la judicatura.

cinaban como una brillante carrera política, solicitó aquel empleo, desde el que gozaría de interminables posibilidades de castigar el mal y también de hacer justicia en todo lo concerniente a los indios. El puesto, desde ese punto de vista, le iba que ni anillo al dedo. Por eso, el Congreso ratificó su nombramiento con una celeridad inusual, no fuera que el candidato cambiase a última hora de opinión.

Parker llegó a Arkansas el 4 de mayo de 1875 y, de inmediato, se hizo cargo de los requerimientos de su nueva jurisdicción. Tras causar una inmejorable impresión en sus nuevos conciudadanos bienpensantes a causa de su imponente aspecto de hombre recto, en sus primeras ocho semanas de ejercicio, procesó a 91 abogados por deslealtad profesional para con sus clientes. En su primer mandato, condenó a un centenar de criminales, de ellos 17 a la última pena, que fueron colgados públicamente. Sostenía que "la certidumbre del castigo es la única prevención segura del delito".

Pero el hecho determinante para que comenzara a ser conocido en todo el país como "Juez de la Horca" ocurrió el 10 de mayo de 1875 cuando impuso simultáneamente la pena capital a ocho hombres convictos de asesinato. Hasta entonces su récord era de una triple ejecución. Finalmente, uno murió al intentar fugarse y a otro le trocó la sentencia de muerte por la de cadena perpetua, debido a su juventud. Así que, finalmente los colgados fueron seis. Daniel Evans había asesinado a un chico de diecinueve años y, aunque no había testigos ni pruebas concluyentes, el acusado cometió el grave error de llegar al juicio calzando las botas de la víctima. El padre de esta las reconoció y el juez Parker no dudó en enviar a Evans a la horca. Por su parte, Samuel Fuilt había asesinado a un maestro de escuela, cuyo esqueleto fue hallado dos años después junto con pruebas que incriminaban al acusado. Smoker Man Killer era un indio cheroqui que no hablaba inglés y que, por señas, pidió prestado un rifle a un vecino; cuando lo tuvo en sus manos, apuntó y mató al vecino en el acto: aunque no se logró averiguar el motivo, el juez Parker lo condenó a la horca. John Wittington se emborrachó y mató a un amigo para robarle, golpeándolo con un garrote y cortándole el cuello; también fue sentenciado al patíbulo. James Moore era el siguiente: durante un arresto, había asesinado a un comisario. En sus declaraciones, Moore confesó que el comisario era la octava persona que asesinaba, pues, según dijo, "los negros y los indios no cuentan". Edmund Campbell era el último: había asesinado a un hombre y a su esposa sin motivo aparente.

Llegada la fecha de la séxtuple ejecución, 3 de septiembre de 1875, la gente acudió por millares cual si se tratase de las fiestas del condado. Al parecer, el espectáculo de ver seis hombres a la vez en la horca era el no va más. Además de muchos periodistas, había vendedores de comida y golosinas, charlatanes de feria y todo lo típico en cualquier festejo popular de la época, aunque, a medida que se acercaba la hora, el ambiente se tornó lúgubre y sombrío. Por fin, los seis hombres subieron los doce escalones que conducían a la plataforma del patíbulo, escucharon la lectura por el alguacil de sus sentencias y dijeron sus últimas palabras. George Maledon, verdugo encargado de hacer cumplir las decisiones del juez Parker (al que nunca se vio en una ejecución), cumplió eficazmente con su deber y el *festejo* acabó sin mayores novedades.

La estancia de Isaac Parker como juez en Fort Smith se prolongó durante veintiún años, periodo en el que perdió a 65 marshals, asesinados en el cumplimiento de su deber. Él, por su parte, instruyó cerca de 13.490 procesos en maratonianas jornadas de más de doce horas diarias, seis días a la semana, pues el domingo lo reservaba por entero a los oficios religiosos y a su familia. De ellos resultaron 344 condenas a muerte, que se cumplieron al menos en 160 casos, en tanto los restantes se beneficiaron de una conmutación de pena. Las ejecuciones siempre eran públicas, ya que el juez sostenía que "el escarmiento en cabeza ajena, contra lo que pudiera parecer, produce

UN SIEMPRE ATAREADO VIRTUOSO DE LA HORCA

Las madres se estremecían y alejaban con toda urgencia a sus hijos en cuanto veían aparecer la figura de George Maledon (1830-1911) por las calles de Fort Smith, Arkansas. Ese comportamiento no dejó nunca de sorprender a este inmigrante llegado de la Baviera alemana, que no veía nada extraño ni mucho menos macabro en su profesión.

Maledon era el verdugo oficial al servicio del juez Parker. En calidad de tal, nunca le faltó trabajo, más bien, al contrario, siempre estuvo sobrado de víctimas que pusieran a prueba su siempre bien engrasado cadalso. En sus más de veinte años como verdugo jefe del distrito occidental de Arkansas, se encargó personalmente de aplicar, al menos, 60 sentencias de muerte, así como de abatir a tiros a otros cinco condenados que intentaron huir, a razón de 100 dólares por víctima. Pero a pesar de su escalofriante reputación, este "príncipe de los ahorcados", como le apodó la prensa local, siempre fue una persona de carácter afable e, incluso, entrañable. En cierta ocasión le preguntaron si le obsesionaban los fantasmas de sus víctimas y él respondió con toda jovialidad: "¡Qué va! Siempre pienso que también los he colgado a ellos".

En 1895, la hija de dieciocho años de Maledon, Annie, fue asesinada por Frank Carver, que fue condenado a muerte por Parker. Sin embargo, el reo apeló y consiguió un indulto. Indignado con el fallo, Maledon renunció a su cargo y marchó de Fort Smith para siempre.

sanos efectos disuasorios". Cierto día le preguntaron por qué ahorcaba a tantos hombres, a lo que respondió: "Yo nunca he colgado a un hombre. Es la ley la que lo ha hecho", para remachar: "Lo mío no es severidad, sino certeza de haber hallado a los culpables". En otra ocasión explicó: "El lazo es el fin del camino y servirá para erradicar la violencia de las calles y castigar a los forajidos de un modo acorde con sus crímenes".

Al cesar la jurisdicción federal el 1 de septiembre de 1896, se retiró, cansado y enfermo por el exceso de trabajo, muriendo el 17 de noviembre de ese mismo año con la conciencia en paz tras haber hecho, según él, más habitable un extenso territorio del Oeste de los Estados Unidos.

TEMPLE HOUSTON, UN ABOGADO FUERA DE LO COMÚN

Los abogados fueron un eslabón esencial en la cadena de la justicia del Oeste. Entre ellos no hubo, quizás, nadie más capaz, ni más excéntrico, que Temple Houston (1860-1905), hijo del héroe de la independencia de Texas, Samuel Houston. Alto y de largos cabellos, cultivaba su aspecto de dandi, mostrándose partidario de los abrigos largos estilo príncipe Alberto, de los borceguíes con bordados y de los sombreros blancos de estilo mexicano. Pero su apariencia de lechuguino convivía con su condición de tirador de excepción. Tampoco desmerecían sus habilidades como abogado defensor, que demostró en todo el Sudoeste, destacando por su facilidad oratoria, que a menudo conseguía hipnotizar al jurado. Además hablaba español y francés, y siete lenguas indias.

Aunque fue el primer niño nacido en la mansión del gobernador de Texas, Temple se encontró al llegar a su edad adulta con que no podía vivir de los recuerdos de cuna, que fue lo único que le dejó su famoso y arruinado padre. Vivió con su hermana mayor tras la muerte de sus

Los abogados fueron un eslabón esencial en la cadena de la justicia del Oeste. Entre ellos no hubo, quizás, nadie más capaz, ni más excéntrico, que Temple Houston (1860-1905), hijo del héroe de la independencia de Texas, Samuel Houston.

padres y, al cumplir los trece años, se enroló en una expedición vaquera. Después trabajó en un vapor del Mississippi como botones de noche. Finalmente, el senador Winwright, amigo de su padre, le consiguió un puesto como recadero del Congreso en Washington. Fue allí donde empezó a relacionarse con abogados y donde decidió adoptar su futura profesión. Regresó a Texas y estudió leyes, graduándose con honores en 1880 y aprobando su examen de ingreso para convertirse en el abogado más joven del estado.

Era fiscal del condado de Brazoria en 1881 cuando el gobernador le ofreció el puesto de fiscal del distrito 35º de Texas. Allá fue, no sin antes casarse el Día de San Valentín de 1883 con Laura Cross. Se establecieron en la ciudad de Mobeetie, donde no permanecieron mucho, pues enseguida fue elegido senador estatal, pasando a residir a Austin, donde hizo muchos amigos y algunos enemigos. Luego presentó su candidatura a fiscal general de Texas, pero perdió, y pasó a trabajar en la asesoría jurídica de las compañías ferroviarias.

Posteriormente se mudó a Oklahoma, donde comenzó a ganar fama como abogado defensor en casos muy controvertidos, en los que la gran mayoría de las veces se salía con la suya. En 1899, defendiendo a una tal Millie Stacey de un cargo de prostitución, tras haber dispuesto solo de diez minutos para estudiar el caso, fundamentó su defensa sobre la *culpabilidad* de los hombres por hacer que existieran mujeres *así*. Para terminar de decantar las lágrimas que se habían ido acumulando en los ojos del jurado, concluyó: "En esta frente infantil donde la estrella de la pureza una vez brilló, la ardiente vergüenza ha dejado su huella para siempre". Tras permitir que todos los presentes se enjugaran el llanto, pidió al jurado, formado todo él por hombres, que la dejara "ir en paz". Lo hicieron.

En otro juicio, Houston, mientras trataba de convencer al jurado de que su defendido había disparado primero en defensa propia, alzó en el aire un par de revólveres de calibre 45, los apuntó hacia el estrado del jurado y disparó, olvidándose de informar, eso sí, de que las pistolas estaban cargadas con balas de fogueo. "Solo quería demostrar la velocidad para desenfundar de que estaba dotado el fallecido", aclaró Houston disculpándose ante la sala. Sin embargo, la treta falló y el acusado fue declarado culpable. Impertérrito, Houston solicitó la anulación del juicio basándose en que el jurado, al dispersarse ante su simulacro de tiroteo, se había "separado y mezclado con el público" y, por tanto, no había permanecido aislado, como era preceptivo. Ganó su demanda y, finalmente, el caso.

En otra ocasión le tocó defender a un conocido ladrón de caballos y prometió darle al infortunado caballero la mejor defensa que pudiera. A tal fin, pidió reunirse con él en una sala vacía. Bastante rato después, un funcionario del juzgado fue a avisarles de que el tiempo había terminado y se encontró a Houston sentado a solas en la sala, con la ventana abierta. El abogado, ensayando su mejor sonrisa, se excusó: "Le he dado el mejor consejo que he podido".

Argucias aparte, Houston también podía ser mortalmente serio con una pistola. Tras discutir en la sala de
juicios con un docto colega (al que acusó de ser "el primer
hombre que he conocido que es capaz de pavonearse
estando sentado en su silla"), los dos se encontraron en un
saloon. Tras una fuerte discusión, Houston mató a su
adversario y afrontó con éxito un alegato de inocencia,
basado, como casi siempre, en el eximente de la legítima
defensa. Tiempo después, Temple sobrevivió a un intento
de asesinato pues su agresor se las ingenió para incrustar la
bala supuestamente asesina en el grueso libro de leyes que
el abogado llevaba entre los brazos.

Tras fracasar en su intento de ser proclamado gobernador de Oklahoma, Temple Houston murió de una hemo-
rragia cerebral en 1905. En su obituario, un diario le
describió, con retórica certera pero también dudosa, como
"un híbrido de ortiga y flor", añadiendo que el Sudoeste
"probablemente nunca conocerá a nadie igual a él". Probablemente.

6

LA VIDA COTIDIANA
EN EL OESTE

Tombstone tiene dos salones de baile, una docena de casas de juego y más de veinte saloons. Pero hay alguna esperanza. He sabido que hay dos biblias en la ciudad.

Wells Spicer, juez, en 1881.

EL NACIMIENTO DE LAS PRIMERAS COMUNIDADES

A lo largo de todo el proceso de expansión hacia el Oeste, la fundación y el crecimiento de ciudades en la cambiante región fronteriza se fue produciendo al compás del descubrimiento de yacimientos mineros, de la construcción de estaciones de tren, del emplazamiento de puntos de embarque de ganado o del acantonamiento de tropas. Después, a medida que las cifras demográficas lo justificaban, también fueron surgiendo pueblos donde los colonos, fueran del tipo que fueran (granjeros, rancheros, mineros...), pudieran comprar suministros, atender los asuntos legales ocasionales y crear lazos sociales.

Los ávidos buscadores de metales preciosos fueron erigiendo turbulentas ciudades en California, Colorado, Montana y Nevada, al igual que los leñadores de Oregón, los cazadores de búfalos y rancheros de Kansas y los comerciantes de los territorios mencionados y de otros como Nebraska y Dakota. Inmigrantes de muchos países, esclavos libertos, prohibicionistas, vegetarianos, sectas y confesiones religiosas y otros muchos colectivos también fundaron ciudades que florecieron a lo largo de las numerosas sendas de caravanas de carretas, de las rutas de los vapores fluviales y de los trazados de los ferrocarriles simplemente a causa de que los lugares parecían ser puntos de parada adecuados para los viajeros en dirección al Oeste.

Además, cómo no, también los especuladores crearon ciudades, las parcelaron y las vendieron en todo el Oeste. El Congreso desencadenó este boom constructor al hacer relativamente fácil y rentable su fundación. Amparado por la Ley de Emplazamientos de Ciudades de 1867, un grupo de 100 o más colonos podía fundar un municipio solo con obtener un fuero de un parlamento territorial o estatal. Luego, a 1,25 dólares cada uno, podían acotar hasta 320 acres de terrenos federales y tomar posesión de ellos. Tras unos pocos requisitos legales más y el registro de un nombre, enseguida se trazaba el plano de la ciudad, se dividía en parcelas a la venta, se creaba una cuidadosa rejilla de calles y manzanas e, inmediatamente, se representaba en todo tipo de material promocional. Así actuaron no pocos empresarios que fundaron ciudades estrictamente como aventuras especulativas.

Su empeño era difícil: tenían que convencer a los colonos de comprar parcelas en una ciudad de la Frontera, incluso aunque solo existiera sobre el papel y en los sueños de sus fundadores. Para llevar a cabo una venta, los empresarios salpicaban rutinariamente sus peroratas con superlativos y puntualizaban sus reclamos publicitarios con puntos de exclamación que aseguraban que aquel villorrio pronto se convertiría en una gran ciudad. Y lo cierto es que muchos, con el tiempo, lo consiguieron. Pero, por supuesto, no pocas decepcionaban las maravillosas expectativas de sus folletos comerciales. Cuando los colonos llegaban se encontraban con una única calle embarrada, alguna tienda y unas pocas viviendas destartaladas techadas con lonas o pajizos.

A pesar de todo, muchos de aquellos colonos empaquetaban su decepción junto con sus escasas pertenencias y trasladaban su sueño y sus expectativas a otra prometedora ciudad de cualquier otro rincón de las nuevas tierras. Lejos de ser una virtud emprendedora, esto era más bien una huida hacia delante, un síntoma de su desesperación, que no solo se alimentaba de la decepción, sino también a menudo de la mala fortuna, en forma de incendio o cualquier otro accidente que destruía una de estas nuevas ciudades y, con ella, las pertenencias y propiedades del colono urbano.

Otras desgracias eran las epidemias (cólera, tifus, difteria...) que multiplicaban sus efectos devastadores por la ausencia de doctores y casi de toda sanidad pública. En este último apartado se englobaban los efectos de las aguas de consumo insanas, la falta de alcantarillado, que hacía que las aguas fecales fluyesen por la misma calle principal, mezclándose con las deposiciones de los caballos y los demás animales. En aquellos primeros tiempos, a pesar de que lo era, nadie tomaba aquello como un asunto de vida o muerte.

El resultado, en definitiva, fue una red de comunidades tan diversa como lo era por entonces Norteamérica. Todas ellas, en general, eran ciudades casi enteramente de madera, puesto que los materiales de construcción tenían que ser traídos de muy lejos en convoyes de bueyes y eran, por tanto, muy caros. Poco a poco, la tosquedad de los troncos fue sustituida por la madera aserrada en la que la buena voluntad de algunos artesanos intercalaba en la fachada algunos motivos decorativos. La urbanización de aquellas ciudades prototípicas, muy elemental, tenía por eje la *Main street* o calle Mayor, donde se situaba el hotel, la parada de la diligencia, la tienda, el bazar y la cantina o *saloon*.

A pesar de las carencias, hasta las comunidades fronterizas más dejadas de la mano de Dios y con más ligeras posibilidades de prosperar contaban con sus propias fuerzas vivas. Entre ellas, además del herrero, solían estar el director del periódico (cuya principal labor, al menos al principio, no era reunir noticias, sino animar a los posibles nuevos ciudadanos), el hotelero y el dueño del *saloon*. Sin embargo, casi siempre la figura si no más poderosa, sí más popular de la nueva ciudad era el propietario de la tienda o almacén, que vendía (no pocas veces a crédito) no solo comida y semillas, pistolas y zahones, descalzadores y carritos de niño, aperos de labranza y harina, sino también, entre otros muchos artículos, Biblias para los devotos y whisky para los pecadores.

A medida que las familias de granjeros se fueron haciendo más numerosas, las ciudades fueron creciendo para cubrir sus necesidades de acceso a los servicios y productos del mercado, las moliendas, las manufacturas del Este, los cuidados médicos y religiosos y, por supuesto, la escuela.

La educación era siempre una de las prioridades para la mayoría de los colonos. Los pioneros, ya que sus casas estaban diseminadas por una pradera escasamente poblada, tuvieron que enseñar a sus retoños lo básico en casa, si es que estaban en disposición y capacidad de hacerlo, claro. Pero, tan pronto como una comunidad podía reunir el suficiente dinero, abría una escuela, por lo común de una sola habitación, y contrataba a un maestro o maestra, a ser posible venido del Este. No obstante, la asistencia a la escuela de los hijos de los granjeros era muy discontinua, pues tenían que echar una mano, y más, en casa. Donde había una escuela, pronto habría una iglesia, seguida por una casa solariega, una tienda de maquinaria agrícola, un teatro y otros servicios propios de la civilización.

LAS CIUDADES MINERAS

De esta forma gradual, las Grandes Llanuras se fueron salpicando de ciudades de nueva planta. La existencia de villorrio al servicio de las comunidades de colonos desperdigados por las cercanías podía verse revolucionada hasta los cimientos ante la noticia del descubrimiento en la comarca de algún yacimiento minero (oro, plata o cobre). Y es que la minería jugó un papel esencial en el desarrollo urbano del Oeste.

Pero muchas de estas ciudades surgidas al hilo de los descubrimientos mineros se vaciaban en cuanto las vetas comenzaban a agotarse o su explotación se hacía poco rentable. Muchas de ellas, pasado el boom, dieron lugar a ciudades fantasmas, meros ecos de su fulgurante y efímero esplendor. Ese fue el caso, por ejemplo, de Virginia City, ciudad de Nevada situada a 27 kilómetros al sudeste de la actual Reno. En 1859, dos mineros, Peter O'Riley y Pat McLaughlin, descubrieron un increíble depósito de oro y plata en los Lodos de Comstock, cercanos a la ciudad. El descubrimiento provocó la llegada de una marabunta de buscadores y, tras ellos, de la habitual cohorte de comerciantes, vividores y buscavidas que solían acompañarles. Solo un año después, 10.000 personas, en su mayoría hombres, acampaban alrededor de la ya bulliciosa y cada vez más cosmopolita ciudad.

A medida que fue aumentando la población, iba sucediendo lo mismo respecto a los típicos establecimientos destinados a aprovecharse de la riqueza que brotaba de la tierra: casas de juego, cantinas y burdeles de todas las categorías. En 1876, diecisiete años después de ser fundada, Virginia City tenía 40.000 habitantes y contaba con cuatro entidades bancarias, 110 establecimientos de bebidas, dos docenas de lavanderías, unas 50 tiendas de moda, una estación de ferrocarril y hasta cinco periódicos. Los potentados del lugar se hicieron construir mansiones en las que organizaban elegantes bailes de sociedad, en los que era obligada la etiqueta para la cena, servida por una legión de criados negros que mostraban la opulencia en que vivía el anfitrión.

Al poco, un consorcio de millonarios se empeñó en construir en aquella ciudad tan alejada de todo un gran teatro de la ópera, el Piper's Opera House, que, sin duda

alguna, fue la plaza más avanzada y a la vez más despla-
zada del arte lírico en el Oeste. A su alrededor surgieron
hoteles de lujo, bancos e iglesias.

En veinte años, los yacimientos de Comstock dieron,
según distintos cálculos, entre 500.000.000 y 1.000.000.000
de dólares en oro y plata, y generaron docenas de millonarios. Cuando la explotación llegó a su fin, Virginia City,
abandonada, se convirtió en una ciudad fantasma, puras
ruinas de su pasado esplendor. A diferencia de ella, otras
muchas ciudades mineras sobrevivieron al convertirse sin
transición en ciudades industriales. Pero, en su momento de
esplendor, todas fueron un foco de atracción para todo tipo
de personajes en busca de aprovecharse de los esfuerzos
ajenos. Todas pasaron una fase de desorganización que las
hacía ciudades peligrosas, ciudades sin ley. Sus nombres
aún resuenan: Tombstone, Deadwood, Cheyenne...

Para proteger a los pioneros que cruzaban el territorio apache, el ejército estableció un puesto militar en las
faldas de las montañas Huachuca que debía asegurar el
valle de San Pedro, en Arizona, algo más fácil de decir que
de hacer. A ese campamento llegó un comando de exploradores indios del norte y, con ellos, un buscador de oro
llamado Ed Schieffelin (1847-1897), que llevaba años
rastreando infructuosamente su fortuna. El desafortunado
minero continuó su infructuosa labor en aquellas peligrosas tierras. Al asistir a sus vanos y obstinados intentos, los
soldados del fuerte tomaron la costumbre de mofarse de
aquel loco, diciéndole: "Lo más que vas a encontrar en
este valle es tu lápida". Pero la suerte del prospector
cambió de repente en el verano de 1877: removiendo la
tierra de un saliente rocoso del talud de una colina, cerca
de una cascada rodeada de flores, Schieffelin descubrió
una rica veta de plata. Inmediatamente, registró aquella
tierra a su nombre y, como no le faltaban arranques de
buen humor, la llamó The Tombstone (La Lápida), en
irónica referencia a la profecía malintencionada de los
soldados.

En 1879, una nueva ciudad floreció rápidamente en las cercanías, en una pequeña y reseca llanura conocida hasta entonces como Goose Flats (Los Llanos del Ganso). A medida que se fueron alzando los edificios y que comenzaron a agolparse los nuevos habitantes de esta aldea, surgió entre ellos la certidumbre de que aquel viejo nombre no era el adecuado para una ciudad con tanto futuro. Entre todos decidieron que era mucho mejor el del primer yacimiento de plata que dio lugar a todo. Así que decidieron llamarla Tombstone, topónimo que, a la larga, resultaría de lo más apropiado, pues las lápidas de tumbas serían, sin duda, uno de los productos locales de mayor éxito, como pronto atestiguaría uno de sus cementerios, la mítica Colina de las Botas.

En junio de 1881, al poco de comenzar el boom de la ciudad, se produjo el primer desastre de los muchos que la darían terrible fama. Dos camareros arrastraban a duras penas un barril de whisky fuera del *saloon* Arcade cuando, repentinamente, a uno de ellos se la cayó dentro del barril el cigarrillo que llevaba entre los labios. El whisky se incendió inmediatamente y una bola de fuego se extendió por el local, que se convirtió en unos segundos en una masa de llamas. El incendio se propagó imparablemente a los edificios contiguos y en pocos minutos atrapó a dos manzanas completas, que se convirtieron rápidamente en cenizas. En menos de una hora, 66 tiendas, restaurantes, bares y oficinas de todo tipo pasaron al recuerdo.

Pero esta desgracia no acabó con la ciudad de Tombstone, que se rehizo con la misma rapidez que se había quemado. Un año después, en mayo de 1882, un segundo incendio arrasó de nuevo buena parte de la zona comercial. Con resignación y casi por rutina, los optimistas comerciantes ordenaron los restos mientras se enfriaban las cenizas, volvieron a contratar a una legión de carpinteros y albañiles y comenzaron de nuevo. La vida era allí demasiado próspera, aunque precaria, como para dejar que Tombstone muriese.

Fotografía que muestra cómo era Tombstone en 1881.

Desastres más o menos naturales aparte, la fama de la ciudad ya era por entonces tan mala que el presidente estadounidense de la época, Chester Arthur, amenazó con decretar en ella la ley marcial. Pero la amenaza no surtió efecto alguno. Los asesinatos, tiroteos, peleas y demás delitos estaban a la orden del día y de la noche. Ni siquiera los esfuerzos de una sucesión de marshals consiguieron pacificarla. Incluso, en algún caso, su labor fue contraproducente, como en la época en que los hermanos Earp impusieron su dominio que alcanzó su punto culminante de violencia con el célebre tiroteo de O.K. Corral (1881).

Tombstone era la ciudad de la violencia, pero también, e incluso sobre todo, de las salas de diversión y ocio y de la prostitución. Una ciudad pensada para alegrar la vida, en la que no era raro perderla. En el mejor momento de la ciudad llegó a haber hasta 110 establecimientos en que se vendían licores, y ello para una población media de unos 12.000 habitantes, lo que quiere decir que había un bar por cada 110 personas.

En total, Tombstone vivió veinte años de auge y relajación. Cuando las minas se agotaron, se convirtió en una ciudad fantasma, que es ahora atracción turística, con edificios restaurados y con una visita obligada para el forastero: la del cementerio de Boots Hill, la famosa Colina de las Botas, en el que están enterrados más bandidos por metro cuadrado de todo el Salvaje Oeste.

LA COLINA DE LAS BOTAS

Boots Hill (Colina de las Botas) es el nombre genérico que se dio a una serie de cementerios del Viejo Oeste en que reposaban los restos de muchos pistoleros o de todos los que, como decía el tópico, murieron con las botas puestas, es decir, violentamente. También se reservaban para la gente que moría en una ciudad extraña sin dinero para ser enterrada.

El primero y más famoso de todos fue el Boothill's Cemetery de Tombstone. El recinto alberga las tumbas de Bill Clanton, Frank McLaury y Tom McLaury, los tres hombres muertos durante el famoso Tiroteo de O.K. Corral. Fundado en 1878 efectivamente sobre una colina localizada al norte de la ciudad, cerró sus puertas solo seis años después, en 1884. En ese tiempo reunió unas 300 tumbas, 205 de las cuales se sabe a quiénes dan sepultura, mientras que las demás contienen los restos de personajes anónimos, en su mayoría chinos e inmigrantes judíos.

Caso parecido es el de la ciudad de Deadwood. En 1874, el coronel Custer dirigió una expedición exploratoria del Séptimo de Caballería a las Colinas Negras de Dakota del Sur para tratar de averiguar si, tal como los rumores apuntaban, había allí ricos yacimientos de oro. Marchando sobre el sagrado y legalmente protegido territorio de los siux, la expedición no encontró mucho de ese precioso mineral, pero, fiel a su estilo personal, Custer, dispuesto a medrar como fuera, envió informes a Washington de que había oro hasta "entre las raíces de la hierba". Nada más conocerse públicamente su informe, oleadas de buscadores irrumpieron en el área, saltándose a la torera todos los tratados y mancillando el suelo sagrado de los indios. El interesado anuncio de Custer de que las sagradas Colinas Negras de los sioux contenían ricos yacimientos de metales preciosos desencadenó una fiebre del oro más y provocó el surgimiento de otra ciudad minera: Deadwood, que rápidamente alcanzó una población de 5.000 habitantes.

A comienzos de 1876, los hermanos Charlie y Steve Utter condujeron hasta ella una caravana de carretas que contenía todo lo que se consideraba necesario para impulsar el progreso de esa ciudad, incluyendo jugadores y prostitutas. Fue un rápido éxito comercial: la demanda de mujeres en el Oeste era alta y el negocio de la prostitución, como el del juego, tenían mucho mercado. A finales de año, Deadwood sufría una media de un asesinato al día y se estimó que el 90% de las mujeres que vivían en la ciudad eran prostitutas. Pero el oro corría increíblemente por sus calles.

Siempre se ha contado que allí surgió la costumbre de rociar el suelo de sus locales públicos con serrín que permitía disimular el polvo de oro que caía y que era barrido y recuperado al final de la noche por los propietarios de los locales, lo que, desde luego, constituía una propina muy lucrativa. Deadwood fue también la primera ciudad estadounidense que dispuso de teléfono, inventado en 1876 y cuyo prototipo se había instalado en la Casa Blanca.

Madame Dora DuFran se convertiría pronto en la más próspera propietaria de burdeles de Deadwood, en dura competencia con su colega Mollie Johnson. El empresario Tom Miller abrió The Bella Union Saloon en septiembre de ese mismo 1876. Enseguida, en abril de 1877, le siguió el Gem Valley Theather, impulsado por Al Swearengen (1845-1904), un proxeneta de métodos brutales que también controlaba en la ciudad el floreciente negocio del opio.

CHEYENNE Y OTRAS CIUDADES FERROVIARIAS

Un proceso similar al de Deadwood, aunque basado no en la minería sino en los ferrocarriles, fue el sufrido por ciudades ferroviarias como Cheyenne.

A comienzos de 1867, Grenville Dodge, ingeniero jefe del Union Pacific, dirigió un pequeño grupo de topógrafos a las faldas de las Rocosas, en la esquina sudeste de lo que se convertiría después en el estado de Wyoming. Quería encontrar un sitio adecuado donde construir una nueva ciudad que sirviera como centro de reparaciones del material rodante y como campamento base de la multitud de trabajadores que tendían por entonces las vías férreas hacia el noroeste desde Jules- burg, Colorado, a unos 225 kilómetros de allí. Dodge y sus hombres pasaron muchas horas a caballo inspeccio- nando posibles localizaciones, pero no terminaban de encontrar la más adecuada. Finalmente, al final de un arduo día, el ingeniero decidió que ya había buscado bastante, desmontó y, cogiendo un pico de su mochila, lo clavó en el suelo y dijo: "¡No hay duda, Cheyenne estará aquí!".

El caprichoso nacimiento de Cheyenne no difirió mucho del incontable número de otras ciudades impul- sadas por los ferrocarriles en la segunda mitad del siglo XIX. Equipos de topógrafos adelantados a la masa de trabajadores localizaban un poco al azar un lugar donde construir una nueva ciudad en los millones de acres de terreno que el gobierno federal había concedido a las compañías ferroviarias. Las localizaciones eran rápida- mente demarcadas y vendidas para sufragar los enormes costes del tren transcontinental. Enseguida aparecían revoloteando por allí los especuladores, que esperaban comprar mientras los raíles estaban todavía lejos del lugar para vender en cuanto el tendido del ferrocarril llegara y los precios se dispararan.

Antigua foto que muestra la apariencia que tenían
los establos de Cheyenne.

Los ferrocarriles, ansiosos de acelerar el desarrollo
que pudiese llenar sus arcas siempre vacías, organizaron
una convincente campaña de animación de la colonización del Oeste, a la que se sumó el gobierno federal,
cuyos agentes se repartieron por toda Europa para atraer
a posibles colonos. El territorio hasta hacía poco defi-
nido como desierto, pasó a ser descrito como un paraíso,
una tierra de suelo inmejorable, de paisajes maravillosos
y de incomparable riqueza. Los periódicos también jugaron su papel al publicar continuamente artículos laudato-
rios, escritos por redactores contratados por los ferrocarriles para que hicieran el viaje y contaran todo lo
(bueno) que vieran.

Poco después de que Grenville Dodge clavara su
pico en Cheyenne, un agente inmobiliario del Union
Pacific comenzó a vender parcelas de 66 por 132 pies a
150 dólares cada una. Un mes después, las parcelas
eran revendidas a 1.000 dólares, y poco después a
2.500.

FULGOR DE LAS CIUDADES GANADERAS

Parecida suerte a las ciudades mineras o ferroviarias tuvieron, en general, las surgidas al calor del pujante negocio ganadero, las llamadas ciudades ganaderas o pueblos vaqueros. Su inusitada agitación proporcionó el telón de fondo sobre el que se representó un drama romántico que, mucho después de convertirse en parte de la historia, continúa atrayendo a muchísima gente. Fueron, en el fondo, el escenario donde se representaron buena parte de las escenas más reconocibles del Viejo y Salvaje Oeste.

A principios de 1867, el inquieto y audaz empresario ganadero Joseph G. McCoy (1837-1915) buscó en Kansas un pueblo que tuviera acceso al ferrocarril en el que poder centrar el transporte ganadero. Con ese fin, habló con varias compañías ferroviarias, pero tuvo poco éxito hasta que llegó al pequeño villorrio de Abilene, situado en la ruta del entonces en construcción Union Pacific. Rápidamente, levantó allí unos enormes corrales y se dispuso a persuadir a los tejanos para que dirigieran sus manadas hacia el norte. El 5 de septiembre de 1867 embarcó el primer cargamento de reses enviadas al Este.

Abilene había sido fundada en 1857 como una aldea de cabañas de troncos alrededor de una parada de diligencias. Cuando comenzó a prestar servicios como cabecera de embarque del ganado no pasaba de los 300 habitantes, pero creció de la noche a la mañana hasta los 3.000, a la vez que se abrían varios hoteles, más de una docena de saloons, varios *night clubs* de mayor o menor glamour, casas de juego y prósperos negocios mercantiles. En poco tiempo, su famosa calle Texas fue calificada de "Broadway de las Llanuras". En solo cinco años, desde 1867 a 1871, cerca de 3.000.000 de reses llegaron a esta ciudad ganadera y fueron embarcadas hacia los mercados del Este.

Abilene fue el primero de los llamados pueblos vaqueros hechos con ese propósito; después, todas sus ciudades vecinas, y rivales, siguieron poco más o menos su modelo general de distribución, organización y desarrollo. El ferrocarril pasaba por el centro del pueblo, las zonas residenciales y comerciales estaban al norte y los establecimientos de mala fama, al sur. Los corrales del ganado estaban situados a cierta distancia de las calles principales. Se tenía mucho cuidado en mantener bajo control a los animales cuando los trasladaban de los corrales al tren, para que no ocurriese como en 1871, cuando un novillo se asustó y salió de estampida por la calle Texas provocando un pánico general hasta que el comisario Wild Bill Hickok lo mató de un tiro.

Enseguida, los *cowboys* fueron dando vigor a la economía de la complaciente ciudad al abarrotar todo su derroche de ofertas de ocio y placer. Mientras algunos comerciantes atraían a los bravucones visitantes a malgastar sus pagas en las atracciones locales, la ciudad en general pasó unos primeros años de terror generado por los vociferantes rufianes de gatillo fácil que la invadieron. Exhibiendo su desafiante desparpajo, los vaqueros foráneos provocaban abiertamente a las autoridades locales. Durante una temporada, las armas fueron la única ley. Se extendió la reputación de Abilene como la más ciudad más peligrosa, más dura y más salvaje de todo el Oeste.

No obstante, eran tantos los que cantaban las excelentes diversiones de la ciudad que, cuando alguien llegaba a ella por primera vez, se quedaba sorprendido de su aparente escaso esplendor. Se contaba la anécdota del *cowboy* que llegó a la ciudad y, ansioso, preguntó a unos lugareños a cuántas millas estaba Abilene. Cuando le aclararon que estaba en el mismo centro de la ciudad, solo pudo exclamar: "Nunca he visto una ciudad tan pequeña que tenga una fama tan grande".

Era comprensible que el ruido y el olor del ganado fueran una causa constante de irritación para los residentes, como también las actividades y el comportamiento de los jugadores y las prostitutas. En julio de 1871, las damas *respetables* de Abilene pidieron al alcalde que expulsara al "demonio de entre nosotras" y las prostitutas fueron trasladadas a otra parte de la ciudad. Pero era tal la demanda de sus servicios que los propietarios de las casas de juego y de los prostíbulos organizaron un servicio de omnibuses para sus clientes.

En otras ciudades del contorno, como Newton, se repitió esa misma situación y, para evitar conflictos con los ciudadanos más pudibundos, se alojó a las *damas de la noche* en una zona que empezó a ser conocida como Hyde Park.

Abilene accedió a un estatus urbano legal cuando fue incorporada como una ciudad de tercera clase en 1869. Hasta entonces dependía para su seguridad de un par de policías y un *sheriff*. Pero dos años de violencia condujeron a una solicitud de *incorporación* y, cuando le fue concedida, celebró elecciones y eligió sus propias fuerzas de policía. Tom Bear River Smith fue el primer comisario o jefe de policía, elegido en mayo de 1870. Smith había viajado desde Colorado para presentar su candidatura, pero el alcalde no quedó suficientemente impresionado con este candidato pelirrojo de cuarenta años de origen irlandés y escasa presencia física. El alcalde lo intentó con varios locales, que enseguida se dieron cuenta de que el reto les superaba. También se probó a dos policías de Saint Louis, que no duraron ni un día. Como no le quedó más remedio, el alcalde se decidió finalmente por Smith y le contrató inmediatamente por 150 dólares al mes.

Smith hizo un trabajo excelente, pero su asesinato el 2 de noviembre dejó a la ciudad nuevamente sin mando. Se contrataron varios hombres como policías temporales hasta que el pueblo celebró sus primeras elecciones a primeros de 1871. McCoy fue elegido alcalde y lo primero que hizo fue contratar, con la aprobación del resto del ayuntamiento, a Wild Bill Hickok, quien a su vez eligió a sus propios ayudantes. Problema solucionado.

Se dieron situaciones similares en otros sitios. En algunas ciudades, como Ellsworth, los agentes de la ley fueron incorporados antes de la llegada del comercio del ganado, pero en cada pueblo las ordenanzas locales y las fuerzas policiales, junto con las grandes multas y costes de las licencias, mantenían a los *cowboys* tejanos, los jugadores y las prostitutas bajo relativo control.

A medida que los ferrocarriles seguían avanzando hacia el Oeste por las Llanuras, fueron apareciendo más pueblos vaqueros: Wichita, Dodge City, Caldwell, Hays City, Ellsworth, Ogallala... Todos y cada uno se llenaron enseguida de jugadores, vividores, mujeres de la vida y parásitos de todo tipo, cuya único objetivo era esquilmar a los obreros que trabajaban en la construcción de los ferrocarriles y a los *cowboys* que llegaban a la ciudad, tras arrear sus manadas, con la paga recién cobrada. Como en el caso de Abilene, la gran mayoría de los pueblos vaqueros pasaron por un periodo de ausencia de toda ley y de depravación que indignaba a sus residentes. Las multas y el precio elevado de las licencias no servían de mucho para desanimar a jugadores y prostitutas. De hecho, pocos ayuntamientos se hubieran atrevido a eliminar completamente esos negocios porque las multas que les imponían valían para pagar a las fuerzas de la policía y atender a otras necesidades sociales que, si no, habrían tenido que salir de los bolsillos de los ciudadanos corrientes. Resulta irónico que los ciudadanos apreciaran la importancia económica del comercio del ganado solo cuando se acabó. Hasta entonces se habían preocupado únicamente por la violencia y la "corrupción social y moral".

La prosperidad de todas estas ciudades solo se mantuvo en tanto en cuanto el ferrocarril situó en ellas una cabecera de línea. Al irse ampliando las líneas hacia el oeste, una tras otra, las ciudades se fueron apagando, mientras otro nuevo enclave tomaba su lugar. Algunas, como Newton, solo tuvieron un año de fulgor. Dodge City duró mucho más, pero cuando los ferrocarriles llevaron sus vías hasta Texas y más cerca de los pastos, los días de Dodge como pueblo vaquero también se acabaron, aunque supo evolucionar.

Tras tomar su nombre de un cercano fuerte militar, Dodge City se dio a conocer como la más salvaje de las ciudades del Salvaje Oeste durante su apogeo, que duró desde 1872 a 1885, arrebatando tan dudosa calificación a Abilene. Llamada en los periódicos la "Beoda Babilonia de las Llanuras", se decía que en ella el licor corría tanto como el agua, la música atronaba desde el anochecer a la madrugada y las disputas se solucionaban sobre la marcha, generalmente mediante unas balas. Gran parte de todo esto era más fama infundada que realidad. Los *saloons*, por ejemplo, nunca pasaron de 16, cifra importante, pero no muy distinta a la de otras ciudades de la misma época y del mismo contexto. Las peleas se dirimían por lo común con los puños, no con los revólveres, y raramente era mortales: la tasa de homicidios en Dodge, que rondaba las 1,5 muertes al año, no era superior a las de otras ciudades ganaderas. Y nadie fue ahorcado en la ciudad, ni legal ni ilegalmente.

El nuevo *boom* del búfalo (curtidores alemanes habían encontrado en 1871 una forma de convertir su piel en un material lo suficientemente duradero como para usarse en la confección de zapatos, arreos y otros artículos), combinado con la llegada del tren de Santa Fe en septiembre de 1872, estimularon el crecimiento inusitadamente rápido de la ciudad, que había sido creada solo dos meses antes. De la noche a la mañana, la piel completa de búfalo pasó a pagarse a 3,50 dólares y hordas de cazadores salieron en busca de fortuna. La ciudad también prosperó gracias a la fabricación y el comercio de whisky. Ambos productos dominaron la economía local, así como su política. Pisando los talones a los trabajadores ferroviarios y a los cazadores llegaron los comerciantes y los especuladores inmobiliarios. Enseguida se abrió una tienda de arneses, así como un hotel, una herrería, un restaurante, una tienda de moda y un almacén de ferretería. En las calles de Dodge se alineaban de la mañana a la noche carretas, cargando y descargando pieles y carne de búfalo y todo tipo de suministros. Pero aquella primera prosperidad duró poco: hacia

1875, comenzaron a exportarse más pieles de las que la demanda justificaba. Los precios se desplomaron. Solo tres años después, Dodge necesitó una nueva fuente de ingresos; una que los rancheros de Texas estaban a punto de proporcionar.

Los habitantes de Dodge, preocupados por su decadencia tras el hundimiento del negocio de los búfalos, hicieron saber a los tejanos que sus animales serían bienvenidos a la ciudad con o sin las temidas garrapatas que transmitían una fatal enfermedad a los demás animales. Asimismo, dieron publicidad a la reciente apertura de hoteles, restaurantes y saloons, y a los descuentos que se harían a todos los *cowboys*. La estrategia comercial dio inmediatamente frutos. En 1877, casi 23.000 cabezas de ganado mugieron en Dodge, más de un cuarto del total acarreado hacia el Este por el ferrocarril de Santa Fe ese año, y más que vendría a continuación. Durante diez años, más de cinco millones de reses llegaron a Dodge City. Así que, pronto, el cazador de búfalos fue reemplazado por el *cowboy*. Incluso, muchos de aquéllos se establecieron y cambiaron de trabajo, reapareciendo como propietarios y empleados de cantinas, jugadores o agentes de la ley, o, por qué no, como todo ello a la vez.

Junto a las vacas, comenzó a llegar una riada de vaqueros tejanos, con los bolsillos llenos de dinero que gastar y nada que hacer sino pasárselo bien tras meses de aburrido trabajo en el campo. Cubiertas las necesidades de primera instancia, deseban por ejemplo ver un show humorístico en el Teatro Cómico, un local que combinaba, para su satisfacción, los servicios de bar, casino y sala de espectáculos. Ahora bien, no era raro que el vaquero despreciase, de momento, esos alicientes y prefiriese invertir 25 dólares para pasar un buen rato a solas con una bailarina. Teniendo en cuenta que muchas de estas chicas eran decentes, eso no siempre significaba lo que significaba. Algunas de ellas no estaban pluriempleadas, salvo que terciase el capricho o el flechazo.

Pero para la mayor parte de los *cowboys* la idea de pasárselo bien no contenía ningún sueño romántico, sino que consistía en trasegar todo el whisky de garrafón posible, jugar a las cartas y pasar un buen rato con alguna chica de alquiler. Todo eso y más se podía conseguir en Dodge, si se tenía dinero para ello.

Por el día, Dodge era tan tranquila como cualquier ciudad provinciana estadounidense. Casi todos los vecinos estables practicaban con fe religiosa el "vive y deja vivir". Además, los ingresos municipales por tasas e impuestos pronto permitieron sustituir la escuela de tablones por una alojada en un edifico de dos plantas. Y las donaciones voluntarias de los muchos pecadores de la comunidad *(cowboys,* jugadores y *chicas)* permitieron levantar una iglesia en 1880.

Sin embargo, los días de Dodge City como próspera ciudad ganadera, al igual que los vividos como centro del negocio de los búfalos, estaban contados. En 1885, presionada por los granjeros, la asamblea de Kansas extendió la cuarentena a las reses tejanas hasta la frontera occidental del estado. Esto privó a Dodge de su vida económica y social. Los negocios quebraron, los terrenos de pasto y el resto de propiedades se vendieron a precios de saldo y el *cowboy* desapareció de escena. Pero Dodge City sobrevivió. Y, al sobrevivir, se convirtió en un icono del Salvaje Oeste y en un símbolo imperecedero del espíritu de la gente que lo domó.

MUCHO TRABAJO Y POCO OCIO

Los Estados Unidos comenzaron siendo una nación rural. En 1800, aproximadamente el 75% de la población se ganaba la vida con labores agropecuarias. Hacia 1850, ya eran menos del 60% los dedicados al campo. Aun así, por entonces la granja familiar era todavía uno de los principales escenarios de la vida de muchos estadounidenses.

Sin embargo en el último tercio del siglo XIX se produjo un cambio drástico, al aumentar la población urbana a un mayor ritmo que la rural debido al creciente abandono de la vida agrícola y al influjo de los inmigrantes europeos.

La vida del colono suponía trabajar desde la salida a la puesta del sol ordeñando las vacas y sembrando, cuidando y cosechando los campos. Cuando completaba las tareas cotidianas, aún tenía que atender otras muchas relativas a la casa, tales como cortar leña para el fogón, arreglar las vallas y cazar para alimentar a la familia. Incluso aunque no viviese en una granja, la mayor parte de la gente criaba gallinas para tener huevos y vacas para tener leche. Y ambos animales necesitan cuidados diarios.

Con sus granjas separadas a menudo docenas de kilómetros, los colonos tenían que combatir la soledad y el aislamiento buscando cualquier excusa para reunirse. A veces era seria, como cuando un vecino necesitaba reconstruir una casa o un granero que se habían quemado, pero a menudo las reuniones era estrictamente sociales. Los bailes daban a los chicos la oportunidad de mezclarse con el sexo opuesto y las sesiones de costura ofrecían a las mujeres una oportunidad de sentarse y charlar.

Éstas, las mujeres, eran, precisamente, las que más sufrían la ausencia de compañía, pues la esposa y madre era a menudo la única adulta de sexo femenino de la granja. El hombre podía ampliar sus contactos humanos trabajando con los temporeros en su propiedad o en alguna cercana, o saliendo a hacer algún trabajo para un vecino, o yendo a la ciudad a por suministros, ocasiones que le daban la oportunidad de contrastar sus conocimientos sobre los asuntos de la granja y, sobre todo, de enterarse de todo tipo de noticias, rumores y chismorreos. Así que, especialmente para ellas, la trilla comunitaria, la confección de una colcha, una boda, la edificación de la casa de un nuevo vecino o, por supuesto, la celebración de la fiesta nacional del 4 de julio eran razones suficientes como para disfrutar de una reunión festiva, que se aprovechaba al máximo. Quizás el momento más excitante de todo el año era la largamente esperada feria del condado o del estado o cualquier exposición agrícola comarcal.

En las temporadas en que no surgía una excusa para reunirse con los vecinos, los colonos agradecían y daban la bienvenida a cualquier visita con cualquier pretexto o justificación, incluidas las de extraños de paso, a los que, por lo común, si es que su aspecto no les infundía una sospecha o desconfianza claras, ofrecían una noche de hospitalidad, pues su llegada siempre suponía un alivio de la soledad y un aporte de novedades. Tal vez, incluso, por qué no, una oportunidad romántica para alguna de las hijas casaderas.

A medida que las comunidades remotas fueron creciendo de tamaño, la vida social se fue incrementando; todos comenzaron a compartir unos mismos valores y fueron apareciendo una serie de instituciones permanentes como escuelas e iglesias. También se fueron unificando las costumbres.

Poco a poco, todos los pueblos y ciudades iban cubriendo todas las necesidades de sus habitantes y de los colonos de las inmediaciones. Primero fueron los *general stores,* aquellos bazares en los que, literalmente, se podía conseguir de todo, fuera en las estanterías y anaqueles, o bien gracias a la venta por catálogo. Enseguida fueron surgiendo bancos, barberías, sastrerías y, en las comunidades más prósperas, hasta estudios fotográficos o lavanderías, éstas, por lo común, servidas por inmigrantes chinos o por antiguos esclavos negros. También se fueron multiplicando los restaurantes y los hoteles, alguno con un solo cuarto de baño, utilizado sobre todo por la clientela femenina y no tanto por la masculina.

En general, los establecimientos de comercio normal (tiendas, bazares y almacenes de *hardware* o ferreterías) constituían la mitad de la vida laboral de las ciudades de frontera. La otra mitad estaba formada por garitos de juego, salas de baile, teatrillos de variedades, casas de tolerancia y, por supuesto, una desproporcionada cantidad de establecimientos que expendían bebidas. Sin duda, la principal diversión de los hombres del Oeste era la bebida, pero como a casi nadie le gustaba beber solo ni beber en casa, de ahí la gran proliferación de todo tipo de cantinas, bares, cafeterías, *night-clubs, honky-tonks* y *saloons*.

EL *SALOON*, UN UNIVERSO PROPIO

Beber, visitar a las prostitutas y jugar arruinaron a más de un hombre y a no pocas mujeres, pero se constituyeron en el elemento dinamizador de la economía de muchas comunidades de la Frontera, incluso de aquéllas que contaban con ciudadanos temerosos de Dios.

Hoy, la sola mención de la palabra *saloon* nos trae a la mente un icono del Viejo Oeste: una falsa fachada de madera, una ancha acera entarimada flanqueando la polvorienta o embarrada calle, un tronco en el que atar caballos y carretas y las sempiternas puertas batientes golpeando contra el *cowboy* según pasaba al interior del bar en dirección a la pulida barra en busca de un whisky con que humedecer su reseca garganta, ahogar sus penas o encharcar su soledad.

El primer *saloon* que se recuerda fue abierto en 1822 en Brown's Hole, Wyoming, entonces un punto de encuentro de tramperos y luego una guarida de forajidos de remoto acceso. Después, ya en la época del Salvaje Oeste, se harían enormemente famosos, por una razón u otra, el First Chance de Miles City, Montana; el Bull's Head de Abilene, Kansas; el Arcade de El Dorado, Colorado; el Holy Moses de Creede, Colorado; el Long Branch de Dodge City, Kansas y, entre otros muchos, el Bird Cage Theater de Tombstone, Arizona.

Muchos de ellos permanecían abiertos las veinticuatro horas, siete días a la semana y eran el verdadero eje de la vida en las ciudades del Oeste. Sus clientes variaban mucho, yendo desde mineros a forajidos, pasando por *cowboys*, *sheriffs*, jugadores, tahúres y trabajadores. Allí iba el forastero en busca de oportunidades. Allí se presentaba el viajante de armas dispuesto a ofrecer el último modelo de revólver. Eran lugares de reunión de ganaderos y punto de tertulia donde el juez, el boticario y el banquero departían sobre la vida de la ciudad. Eran lugares donde la aparición de una partida de sujetos malcarados revelaba la cercanía de problemas. De ellos, dicen la leyenda y el cine, era más o menos frecuente ver salir a dos hombres armados con aire de desafío dispuestos a arreglar cuentas a tiro limpio en plena calle.

Lo que no había, desde luego, eran clientes pertenecientes a algunas de las diversas minorías presentes en el Oeste. Los bares no estaban abiertos a otras *razas*. Los indios estaban excluidos por ley. Puede que esporádicamente se aceptase a un negro, aunque a regañadientes, o al menos ignorándolo, y eso solo si se trataba de un pistolero o un forajido conocido. Si se aventuraba a entrar un chino, ponía en riesgo cierto su vida. También había un tipo especial de hombre blanco que tampoco era bienvenido: el soldado, y eso por varias razones. En primer lugar, dados los dudosos antecedentes de muchos de los presentes (aventureros, malhechores, gente con alguna cuenta pendiente en el Este, desertores de la Guerra de Secesión, sudistas acérrimos...), no existía demasiado respeto por los hombres de azul que patrullaban el Oeste. Aquellos hombres refractarios a toda jerarquía despreciaban a las personas acostumbradas a ponerse firmes y obedecer sin más. Además, los soldados tenían fama de ser portadores de enfermedades con las que contagiaban a las "chicas", lo cual podía ser cierto, pero no en mayor medida que en el caso de los vaqueros o mineros.

Tampoco se veía en los saloons a muchas mujeres "respetables". A menos que se tratase de un *saloon* reservado a ellas o de una dama "bajo sospecha", las mujeres no entraban, estuviese o no prohibido expresamente, tradición que se mantuvo hasta bien entrado el siglo XX.

Aunque la mayoría de los propietarios de estos establecimientos acababan arruinados y muchas prostitutas, en su desesperación, se hacían adictas al alcohol o las drogas (sobre todo opio y láudano), las fuerzas vivas de la ciudad estaban dispuestas a mirar hacia otra parte mientras su ciudad creciese, tratando, eso sí, de situar ese tipo de establecimientos "pecaminosos" a las afueras de la ciudad, en los llamados comúnmente "distritos rojos".

Entre los parroquianos, la costumbre era mantener las distancias y, por ejemplo, preguntarse solo el nombre de pila. La curiosidad era muy mal vista. Había demasiado que olvidar o que ocultar. El pasado de todo el mundo se respetaba y no se hablaba de él. En caso contrario, peligraba la salud del preguntón. Tampoco se podían inquirir demasiadas cosas sobre el presente; por ejemplo, nunca se indagaba sobre el tamaño, la cuantía y la localización de las propiedades de nadie.

Otra costumbre muy común era la de esperar que la persona de al lado invitase a un trago. Si llegaba un extraño y no hacía el ofrecimiento, solían pedírsele explicaciones de su descortesía. Y no siempre esa petición era solo verbal. Incluso peor aun era rehusar una invitación, lo que se consideraba un terrible insulto, sea cual fuese el brebaje al que se estuviera convidando. Sin embargo, si un hombre llegaba y confesaba que no tenía dinero pero que necesitaba una copa, pocos se la negaban. Caso distinto era el de los gorrones que, teniendo dinero, aducían no tenerlo. Tal vez fuera la última vez que lo hiciesen. Que pudiesen hacerlo.

Pero el denominador común de todo este tipo de establecimientos del Oeste fue, sin duda, el clima de violencia que los dominaba. Si se unía la gran afluencia de público, la ingesta de whisky bueno y no tan bueno y la agresividad que dominaba toda la sociedad, no era raro que casi todos los bares fueran auténticos polvorines a

228

punto de estallar y que, de hecho, lo hicieron bastante a menudo, convirtiéndose habitualmente en el escenario de numerosas peleas y no pocos homicidios. De hecho, no solo eran habituales en ellos los sucesos violentos, sino que también eran el lugar preferido para instigar o preparar otros (tiroteos, emboscadas, linchamientos...) que se producían en otros diversos lugares.

Casi tan mortales como los tiroteos eran, por regla general, las bebidas que allí se expendían, auténticos matarratas, sin perjuicio de que algunos locales, para distinguirse, se especializaran en ofrecer los más finos licores y vinos, e incluso los cócteles y mezclas más exóticas.

Pero, pese a todo, el *saloon* también era una especie de club social, un remanso de relajación y charla. Por otra parte, dado que solía ser el edificio de mayor capacidad de muchos pueblos, no era raro que se utilizara como lugar de encuentro público. El caso del *saloon*-juzgado de Roy Bean no era único. Hubo casos aun más sorprendentes, como el de Hays City, Kansas, donde los primeros servicios religiosos se celebraron en el *saloon* de Tommy Drum.

Los primeros bares no consistían más que en tiendas de campaña o chozas en cuyo interior se servía whisky artesanal, elaborado con ingredientes tales como alcohol sin refinar, azúcar quemado y tabaco de mascar. Otros ofrecían cócteles entre los que se incluían el vino de cactus, hecho con una mezcla de tequila y té de peyote, y el *mule skinner,* de whisky y licor de arándanos. Superada aquella precariedad inicial, el *saloon* típico pasó a consistir, por lo común, en un solo espacio situado tras unas puertas batientes que daban paso a una sala entarimada que corría paralela a la polvorienta o embarrada calle. A un lado, se extendía una larga y pulimentada barra, recubierta de paneles de madera, generalmente roble o caoba, muy bien pulimentados, tras la cual atendía un camarero con delantal al que no se exigía que dominase el arte de la coctelería, pero sí saber reducir a los alborotadores. Recorriendo la base externa de la barra solía haber un reluciente apoyapiés de cobre o latón con una serie de escupideras espaciadas por el suelo. A todo lo largo del saliente de la barra, se solían colgar varias toallas para que los clientes se limpiaran los bigotes de la espuma de la cerveza. El resto del espacio de la sala estaba ocupado por mesas en las que los clientes hacían sus consumiciones, comían si se daba este servicio o jugaban a las cartas. Algo muy parecido a los ambientes diseñados en Hollywood.

Aun después de que el Oeste fuera colonizado casi en su totalidad, los *saloons* eran a menudo muy austeros en mobiliario. Sus decoraciones variaban según los lugares. En las ciudades vaqueras se podían ver cornamentas de bueyes, espuelas y sillas de montar adornando las paredes, mientras que en las montañas abundaban más los acechantes ojos de ciervos y alces disecados. A menudo, tras la barra se veían pinturas de desnudos femeninos. Una simple estufa de leña los calentaba durante el invierno. Sin embargo, todo cambiaba una vez que la ciudad prosperaba y el dinero corría de mano en mano. Algunos locales, más selectos, pasaban a tener una decoración muy elaborada, a utilizar cristalerías de Bohemia y a colgar en sus paredes grandes pinturas al óleo. En tales locales *finos,* el whisky se importaba del Este o de Europa, y se servían otras bebidas más elaboradas: sangrías, licores de champán y cócteles. La muy popular cerveza se sirvió a temperatura ambiente hasta que, en 1880, Adolphus Busch popularizara la refrigeración artificial y la pasteurización de las cervezas de su marca Budweiser.

En fechas señaladas, como la llegada de vaqueros y los fines de semana, los establecimientos de bebidas no daban abasto a despachar cerveza. En una taberna de Virginia City, el patrón instaló unos enormes depósitos a los que bombeaba los barriles de manera que siempre hubiera líquido para saciar la sed de la clientela. La pugna entre los taberneros para atraerse clientela llegaba a extremos exagerados. En Dodge City, uno instaló una descomunal barrica de whisky, que manaba sin parar y ofrecía una consumición gratuita. Otro organizaba concursos de bebedores y aquel que trasegaba más alcohol sin derrumbarse tenía todo el gasto pagado.

A medida que las ciudades crecían, muchos hoteles comenzaron a contar con su propio *saloon.* Y, con el tiempo, hubo todo tipo de establecimientos que se pudiera imaginar: bares-casinos, bares-restaurantes, bares-billares, salones con espectáculo de baile, bares-bolera y, por supuesto, bares donde únicamente se bebía.

Unas veces integrada y otras aneja, estaba la sala de juegos, donde sobre el tapete verde podían perderse ganaderías enteras y ahorros de toda una vida de soledad y riesgo. Durante la Fiebre del Oro de 1849, las casas de juego brotaron a docenas por todo el norte de California, ofreciendo una amplísima variedad de todo tipo de juegos de cartas o dados, además de bandas de música y muchachas que entretenían a los jugadores. Con el tiempo se fueron añadiendo otros juegos: billares, dardos y boleras.

Algunos establecimientos superaban su condición de *saloons* y pasaban a convertirse en *night-clubs* y *dance-halls,* contando incluso con pianistas, bailarinas de cancán y *sketches* teatrales. El tabladillo ponía la nota frívola, estimulada por las chicas de alterne para quienes cada descorche suponía un ingreso extra. Aunque casi todos ellos ofrecían también juegos de azar, el principal atractivo de estos locales era el baile. Por lo común, el cliente pagaba por un tique de baile de 75 centavos a 1 dólar, cantidad a repartir entre las bailarinas y el propietario del local. Tras el baile, la chica podía acompañar al cliente al bar, para que hiciese una consumición adicional. Las más populares bailaban por término medio unas 50 piezas por noche, consiguiendo en esa jornada una recaudación incluso superior a lo que su cliente conseguía en todo un mes de trabajo y, en todo caso, lo suficiente como para no tener que *pluriemplearse.*

Por su parte, los llamados *honky tonks* eran tugurios de mala muerte (en muchos casos, nunca mejor dicho), que servían bebidas alcohólicas para una clientela de clase

231

baja y que, a menudo, eran también prostíbulos propensos a las peleas debido a la naturaleza violenta de la mayor parte de sus clientes, por lo que se solían situar en los barrios de mala fama.

Desafiando insalubridades y pestes, los establecimientos destinados a sacar dinero de los buscadores de oro, los colonos o cualesquiera otros incautos, ya fuera por las malas artes del juego o por las más agradables pero igual de eficaces de las mujeres, proliferaron hasta límites inenarrables. Todos los llamados "barrios rojos" tenían noche tras noche una clientela fija y abundante. Los establecimientos dedicados al póquer, el monte, la ruleta, los dados o cualquier otro juego estaban rebosantes. Tahúres y jugadores de ventaja, acreditados ya en los vapores del Mississippi, fueron ganando fama en Abilene, Tombstone o Virginia City, al hacerse notorios por su habilidad para desplumar al prójimo. Después, su presencia se distribuyó por todo el Oeste y especialmente por los lugares en que las minas o el ganado proporcionaban dinero fresco, que podía llegar a sus manos, diestras en el escamoteo. Y es que, como es obvio, la historia del Viejo y Salvaje Oeste se escribió en su mayor parte en las polvorientas llanuras peladas de la zona central de Norteamérica, pero, sin duda, también, como vamos a ver, en la exigua superficie verde de los tapetes de las mesas de juego.

7

TAHÚRES Y JUGADORES
DE VENTAJA

*Es una buena lección para los hombres deshonestos ser víctimas de algún
timo, y a mí siempre me ha gustado darles esa lección.*

George Devol (1829-1903), célebre tahúr del Mississippi.

EN BUSCA DE UN GOLPE DE FORTUNA

En el Oeste, ya fuera a bordo de un vapor fluvial que
surcara el imponente Mississippi, en la penumbra cargada
de humo de la cantina de un campo minero, o bien en el
alborotado revuelo de un *saloon* de cualquier ciudad ganadera, un repentino golpe de fortuna podía convertir a un
hombre cualquiera en un ganador.

Eso era, desde luego, posible, pero, generalmente, tales golpes de fortuna casi siempre recaían en
los mismos: los profesionales del juego, los célebres
tahúres, que, apoyados en la ingenuidad y la inexpe-
riencia de los incautos perseguidores de ese sueño de
prosperidad, tendían una y otra vez con provecho sus
redes. En las pujantes nuevas ciudades del Viejo
Oeste, toda una nube de jugadores de ventaja, tramposos, estafadores y rufianes (eso sí sin olvidar casi
nunca sentarse de espaldas a la pared y poner encima
de la mesa al menos una de sus pistolas), les envolvían
con sus trucos y les arrebataban sus escasos y difíciles

ahorros mediante su dominio de una variada gama de juegos, tales como el monte de tres cartas, el brag, el keno o, sobre todo, el faro y el póquer. Algunos de los resonantes nombres de estos legendarios jugadores ya nos son conocidos en sus otras facetas más violentas (es el caso de Wild Bill Hickok, Doc Holliday, Wyatt Earp, Bat Masterson o Ben Thompson), pero otros muchos, a quienes dedicaremos este capítulo (como Canada Bill Jones, George Devol o, entre las féminas, Lottie Deno o Poker Alice) no les anduvieron a la zaga. Flemáticos, con gran autodominio, su vida pendía siempre de un hilo que cualquier noche podía cortar, por habilidad o por suerte, la desesperada furia de cualquiera de sus víctimas. Y, de hecho, así fue en muchos casos.

Hablando del destino de estos jugadores de fortuna, escribió el *sheriff* Walton en sus memorias: "Tarde o temprano un jugador muere de muerte violenta. Si no las armas, la vida disipada acaba pronto con él. Cada vez que el tahúr se sienta a la mesa de juego, la vida pende de sus manos. Con su habilidad personal y su perfecto conocimiento del juego, el tahúr se convierte en un ave de rapiña. Generalmente no actúa solo, sino que lleva un gancho y [...] entre ambos arruinan a los novatos. Una carta escondida arregla la combinación y se lleva el bote. Todo ello presidido por una calma mortal, un propósito firme y deliberado, una glacial lentitud propia de los jugadores de raza. A veces llegaba otro jugador que pillaba la trampa o un *cowboy* que la sospechaba. Salían las armas y había duelos mortales. Y solo el chino de la cocina seguía, impasible, desarrollando su milenario oficio". A cambio de ese riesgo cierto, vivieron vidas nada corrientes en un mundo que, ya de por sí, tampoco era nada común.

LA HISTORIA DEL JUEGO EN EL OESTE

A medida que las ciudades del Oeste fueron proliferando en las cercanías de puestos militares, en las riberas de los grandes ríos, en los puntos neurálgicos de las sendas migratorias, en los distritos mineros y en los nudos ferroviarios, todas ellas fueron reservando sus mejores edificios a los establecimientos dedicados a los tres grandes negocios de la industria del ocio del Oeste estadounidense: la bebida, la prostitución y el juego que, en la mayor parte de las ocasiones, solían darse juntos.

Los salones, burdeles y casinos fueron multiplicándose como hongos. En los campamentos de colonos de la primera época, esta industria del ocio y el engaño necesitaba poco, muy poco. La infraestructura inicial solía consistir solo en una tienda de campaña de suelo polvoriento, algún escaso punto de luz, una tabla sujeta entre dos barriles a modo de barra de bar, unos pocos catres en una carreta cercana a disposición de las meretrices y sus clientes, y una desvencijada y rudimentaria mesa, rodeada de alguna inestable silla, sobre la que poder extender los sobados naipes de una vieja baraja.

A medida que fueron creciendo las ciudades, aquellas instalaciones básicas fueron reemplazadas por edificios de madera de una sola planta al respaldo de una fachada falsa que los hacía parecer mayores, más atractivos. Si la comunidad se convertía en una verdadera ciudad, aparecían los primeros salones albergados en edificios de ladrillo, cada vez más imponentes, en cuyo interior se disponían barras cada vez mayores y más pulimentadas. Y, tras ellas, en las paredes, inmensos espejos e imponentes cuadros de escenas, por lo común, mitológicas de heroínas semivestidas. En los techos y las paredes, relucientes candelabros. Mientras tanto, los hasta entonces míseros burdeles se iban amueblando y decorando con la sobrecargada moda de la época hasta convertirse en elegantes salones, en los que educadas y alegres señoritas recibían la visita de los endomingados clientes, bajo la atenta tutela de respetadísimas madamas, cuya fama recorría más millas que por entonces lo hacían aún los ferrocarriles. Y en los saloons, casas de juego, casinos y garitos, un creciente y variopinto grupo de atildados y famosos caballeros del juego presidían y dirigían las mesas de juego.

El juego y especialmente las cartas llegaron a Norteamérica con los Padres Peregrinos, a bordo incluso del puritano *Mayflower* de los primeros colonos en su mayoría de origen inglés que se establecieron en la Costa Este. Después, muy popular ya en las Trece Colonias británicas originales, el juego se iría desplazando hacia el Oeste al mismo compás que lo hacía la población.

En aquella primera etapa, el juego se consideraba una profesión tan legítima como la clerecía, la medicina o la abogacía. Esta enorme popularidad se puede atribuir en gran parte al hecho de que todo el que dejaba la relativa seguridad y las comodidades del Este para buscar fama y fortuna en la Frontera era, ya de por sí, un jugador nato. Pero siempre estuvo rodeado de muchos peligros y, en general, de un ambiente insano que causó no pocos problemas. Ello hizo que fuera cayendo en desgracia a ojos de los grupos de vigilantes, que lo veían como una de las fuentes de la gran violencia y la degradación moral que imperaban.

Se hizo tópico que los jugadores profesionales fueran personas con irresistibles personalidades y cierto toque de excentricidad. A menudo vestían como dandis y alardeaban de sus entrenadas habilidades con las pistolas, los cuchillos y las cartas. Puestos en acción, hacían alarde de su *suerte,* ocultando sus trucos y sus trampas, para cebar el aliciente de "darles una lección". A la vez, también se fueron rodearon de una aureola de criminalidad que, progresivamente, les hizo sospechosos de cualquier delito que se cometiese por los alrededores, muchas veces con razones para ello. De esa forma, se fue generando un cierto rechazo social hacia los tahúres que, a menudo, estallaba en violencia. Valga el ejemplo de que en Vicksburg, Mississippi, cinco jugadores profesionales fueron linchados en 1835.

Durante los años previos a la guerra civil, el juego floreció en todas las ciudades ribereñas del Mississippi, desde Nueva Orleans a Saint Louis, y fue una atracción que no podía faltar en ningún vapor de los que recorrían el gran río. Esta primera edad dorada del juego produjo algunos de las más memorables figuras de aquel arte, profesionales tan legendarios como Charles Cora, J. J. Bryant, Jimmy Fitzgerald, John Powell, Charles Starr o Napoleon Bonaparte Poley White.

Los primeros en jugar al póquer en los Estados Unidos fueron los colonos franceses de Nueva Orleans, que a comienzos del siglo XIX practicaban un juego de cartas con faroles y apuestas al que llamaban *poque* (parecido en sus reglas al *draw poker* o póquer de descarte actual). Este juego pronto se hizo famoso entre gente del río, propietarios de plantaciones y granjeros. Otro de origen francés, el veintiuno, introducido en Estados Unidos por la comunidad de origen galo de Nueva Orleans, se transformaría con el tiempo en el hoy famoso *blackjack*. También era muy común otro de origen hispano-mexicano y con muchas variantes llamado monte, que básicamente consiste en apostar el palo o el nominal de la carta a descubrir. Pero indudablemente el más popular de todos en el Oeste fue el faro, que tomó su nombre de las efigies de faraones egipcios que solían adornar el reverso de los naipes con que se jugaba. También era un juego sencillo de apuestas sobre las cartas que saldrían.

El más destacado jugador de faro del Mississippi fue el italiano Charles Cora, criado e introducido en el juego por la madama del burdel de la ciudad de Natchez en que se crió. Tras ganar 85.000 dólares y reventar varias bancas de faro en Nueva Orleans, Vicksburg y Natchez durante una racha continua de seis meses de éxitos, se le prohibió la entrada en muchos casinos. Su colega J. J. Bryant, quizás el más famoso jugador profesional del bajo Missississippi, perdió miles de dólares a manos de Cora.

El primer casino estadounidense lo abrió en Nueva Orleans alrededor de 1822 un tal John Davis. Se trataba de un establecimiento abierto las veinticuatro horas, donde también se podía comer, beber y jugar a la ruleta, al faro, al póquer y a otros muchos juegos, además de visitar a alguna de las muchas chicas de alquiler que pululaban por los alrededores. Dado el éxito comercial de este negocio, pronto le salieron imitadores en el mismo Nueva Orleans y, luego, en otras ciudades, al principio solo ribereñas del Mississippi. En estos locales se fue configurando la nueva profesión de tahúr. De alguna manera fueron estos jugadores profesionales los responsables del inusitado boom del juego. Mirando por su negocio, reforzaron la creciente obsesión por el juego de sus compatriotas.

Aquella primera época del juego llegó pronto a reunir a casi 1.000 jugadores profesionales en el área de influencia del río Mississippi. En la gran mayoría de los casos, sus caros trajes negros y sus botas del mismo color se complementaban con camisas con chorreras blancas como la nieve y deslumbrantes chalecos brocados. Una ostentosa joyería daba cuenta de la prosperidad de jugador. Grandes anillos adornaban sus dedos. Un alfiler de corbata con una gran piedra preciosa, conocido como "faro", relampagueaba en su pecho. En un bolsillo de su floreado chaleco se acomodaba un enorme reloj de bolsillo adornado con más piedras preciosas y unido a una pesada cadena de oro que ondulaba alrededor del pecho del jugador. Un buen ejemplo de ese boato lo daba Jimmy Fitzgerald, a quien siempre acompañaban tres esclavos negros encargados de transportar sus otros tantos baúles repletos con su guardarropa.

A partir de ese foco, los jugadores profesionales se fueron desplazando por los ríos Mississippi y Ohio, y luego hacia el Oeste, vía carretas y, después, ferrocarril. Cuando tras la Guerra de Secesión comenzó la avalancha migratoria, aquel resultó ser enseguida un ambiente especialmente proclive al juego y a las apuestas, que se convirtieron en el pasatiempo favorito de los colonos pues, al fin y al cabo, su vida era en sí misma un juego de azar. Las mesas de juego comenzaron a proliferar y, alrededor de cada una de ellas, se agolpaban indistintamente mineros, agentes de la ley, *cowboys*, trabajadores del ferrocarril, soldados y forajidos.

GEORGE DEVOL, TAHÚR DEL MISSISSIPPI

George Devol (1829-1903), además de ser para muchos el mejor jugador de póquer de la historia del Oeste, y especialmente el más invencible tahúr del Mississippi de todos los tiempos, fue un artista del timo, un pendenciero luchador y un maestro de la manipulación de las personas y de su dinero. De gran corpulencia, estaba dotado de unas manos tan grandes que aseguraba que era capaz, textualmente, de "sujetar una baraja con la palma de la mano y barajar mientras tanto otra". Devol nunca rehuyó las peleas y solía ganarlas todas. Para ello contaba con un arma, además de inesperada, al parecer irrebatible: la cabeza. A menudo se servía de su cráneo extraordinariamente duro para dejar a sus adversarios sin sentido. Un matón de Kentucky dijo de él: "El primer golpe que me dio, creí que me había descoyuntado el cuello, y cuando me incrustó su cabeza, creí que era una bala de cañón". A los veinticinco años, Devol aseguraba que no había hombre vivo que le ganase en un combate a cabezazos y a los cincuenta y ocho escribía orgulloso en su autobiografía, *Forty Years a Gambler on the Mississippi*: "No sé cuan duro tengo el cráneo, pero sí sé que debe ser mucho o me lo tendrían que haber roto hace muchos años, porque me han dado con fustas, atizadores, garrotes, pedernales y piedras tan terribles sopapos en la cabeza que hubieran partido por la mitad el cráneo de cualquiera, a menos que fuera realmente duro. Los médicos me han dicho muchas veces que mi cráneo tiene casi una pulgada de grosor en la frente".

Devol disputó su más famoso choque de cabezas en el invierno de 1867, cuando el Traveling Circus de John Robinson llegó de gira a Nueva Orleans. Entre sus artistas se hallaba el famoso William Carroll, conocido como "el Hombre del Cráneo Duro", que se jactaba de que era capaz de derribar a cabezazos a cualquier hombre o bestia, "con excepción del elefante". Hasta entonces Carroll había podido con todos los que se habían atrevido a retarlo e, incluso, había dado exhibiciones en que derribaba puertas macizas a cabezazos. Una noche, acabada la función, dos de los propietarios del circo y su testaruda estrella se encontraron con Devol y otros famosos jugadores en un *saloon*. Uno de los empresarios se vanaglorió de que Carroll podía matar a cualquier adversario a cabezazos. Uno de los tahúres, Dutch Jake, dijo en voz alta que apostaba 10.000 dólares a favor de un hombre al que Carroll no podría matar.

Devol supo en seguida a quién se refería su amigo, pero no creyó que fuera conveniente mezclar los negocios con la diversión, así que dijo: "No apostéis, muchachos. El señor Carroll y yo nos enfrentaremos solo por diversión". La concurrencia les hizo rápidamente espacio en el concurrido *saloon* y alguien tiró un trapo justo en el medio señalando el punto en que ambos chocarían. Devol y Carroll tomaron posiciones a cinco pasos del trapo, se prepararon y a una señal convenida, se lanzaron uno contra el otro con la cabeza por delante... El impacto tiró a Carroll de espaldas. Devol, considerablemente más pesado que su oponente, ni siquiera había golpeado con toda la intensidad posible. Cuando Carroll volvió en sí, se acercó tambaleante a Devol, puso su mano sobre su cabeza y, divertido, dijo: "Caballeros, al fin he encontrado a papá".

Las peleas serían parte consustancial de la vida de Devol, que, por si acaso, desarrolló una gran habilidad adicional con las pistolas, que nunca dudó en desenfundar si lo veía necesario. Había nacido en 1829 en Marietta, Ohio. Dadas las continuas ausencias de su padre, carpintero naval, George, el pequeño de seis hermanos, pasó la primera infancia de pelea en pelea, siempre metido en problemas. A los diez años se fue de casa, sirviendo como grumete en un vapor fluvial llamado Wacousta. Se fue cambiando de barco en barco y, en el Cicero, aprendió a jugar al *seven-up* y, de paso, el arte del farol. Al ver el alto nivel de vida de los jugadores profesionales que proliferaban en aquellos barcos, decidió seguir sus pasos y, aun sin cumplir los veinte, ya dominaba todas las artes del juego y la manipulación de cartas.

Cuando estalló la guerra con México, Devol pensó que sería buena idea participar en ella y se puso en camino hacia la zona, para lo que se enroló como tabernero en el Corvette, un vapor que recorría el Río Grande y toda la frontera con México. En el barco conoció a un hombre que le enseñó los últimos trucos para preparar y manipular a conveniencia la baraja. Una vez alistado, se puso a practicar sus nuevas habilidades para estafar a los demás soldados.

Pero George, por entonces aún con diecisiete años, se cansó pronto de la guerra. Dos años de honesta labor calafateando vapores por el gran sueldo de cuatro dólares al día se hicieron demasiado aburridos para él. Su gran obsesión era convertirse cuanto antes en uno de aquellos jugadores que tanto admiraba. Así que, soñando con su gran destino y aun con diecisiete años, miles de dólares en los bolsillos, disfrutando de cuanto vino y buena comida quería, y de cualquier chica que pudiese pagar, tiró al río sus herramientas, le dijo a su hermano: "Ya verás como pronto nadaré en dinero", regresó a casa cargado de regalos para su familia y, convertido ya en un jugador profesional, comenzó a hacerse un hueco y a labrarse una leyenda en el duro escenario del Mississippi.

En él amasaría cientos de miles de dólares durante los años siguientes, arrebatándoselos indistintamente a algodoneros, especuladores de tierras, desfalcadores de bancos, ladrones, pagadores del ejército, colegas de profesión y, en general, a cualquiera que tuviera suficiente dinero y ganas de perderlo jugando contra él.

Enseguida sus habilidades con los naipes y en las peleas se hicieron casi míticas entre sus compañeros de profesión, que tampoco eran mancos, como Canada Bill Jones, Bill Rollins, Big Alexander y tantos otros. Devol era tan hábil y tan duro como cualquiera de ellos, pero, eso sí, mucho más extravagante.

Para atraer a los plantadores del Sur, aparentó ser uno más de ellos, alertando a los peones negros de que, allá donde le viesen, le llamasen "massa". Cada vez que el barco atracaba, representaba una gran escena al despedirse de sus esclavos. "Adiós, *massa* George", gritaba a voz en grito el más veterano de los negros para que ningún pasajero se quedara sin oírlo, "cuidaré de todo en la vieja plantación hasta que usted regrese". Los demás negros contratados llevaban las muchas maletas de "su señor" a bordo, dejándose ver todo lo posible para que el resto de los pasajeros tomara buena nota de que Devol era el propietario de una plantación de grandes recursos. Su vestimenta también iba a tono con el papel elegido: un largo abrigo de suntuosa tela, un sombrero alto, pantalones grises, camisa blanca con chorreras, ondulada corbata de seda adornada con un alfiler de diamantes y chaleco estampado con escenas de caza del zorro pintadas a mano. Tal petimetre se pavoneaba en el bar, saludando a todos, pero manteniendo un discreto distanciamiento, y todo lo pagaba extrayendo ostentosamente billetes de un fajo tan aparatoso que hacía que todos los ojos estuvieran a punto de salirse de sus órbitas. De esa forma, Devol se aseguraba de ser invitado a participar en la primera gran partida de póquer que se organizase. Todos los pasajeros querrían hacerse con un trozo del pastel del dinero de aquel *rico plantador.*

Cuando las fuerzas de la Unión tomaron Nueva Orleans en 1861, prohibieron inmediatamente el juego, pero lo restablecieron semanas después, aunque regulado y sometido a altas tasas. En aquel nuevo ambiente, Devol siguió amasando más y más ganancias no solo con las cartas, sino también regentando el hipódromo de la ciudad.

Había abonado 50.000 dólares por una cuadra de 19 caballos de carreras que le hicieron ganar enormes sumas. Durante las reuniones, se entretenía montando partidas de monte en la tribuna y, acabada la jornada, se iba a repartir cartas y disgustos a los casinos, en los que le aguardaban expectantes sus admiradores.

Dadas sus afinidades sudistas, se las arregló para caer en picado sobre los pagadores y oficiales del ejército yanqui, a los que desplumó de tal manera que las víctimas recurrieron en busca de ayuda y resarcimiento al gobernador militar de la ciudad. Devol fue juzgado y condenado a un año de cárcel y a unos, para él, míseros miles de dólares.

Sin embargo, la vida en prisión no le resultó muy dura. Durante los días sacaba más dinero de los muchos ricos e importantes sudistas encarcelados con él. Por las noches, acompañado por su carcelero, con quien se repartía las ganancias, visitaba los principales garitos de la ciudad, preferentemente en busca de una buena cama, un reconfortante baño y la mejor comida y compañía posibles. Una de esas noches, el comandante de la plaza hizo una visita sorpresa a un restaurante y se encolerizó cuando vio a Devol y a sus compañeros supuestamente encarcelados devorando suculentas aves de caza y trasegando los mas exquisitos vinos. "¡Estos malditos granujas viven mejor que he vivido yo nunca!", exclamó el general, que endureció su régimen carcelario.

Ante ese nuevo clima, Devol puso en acción sus muchas influencias y consiguió que poco después el gobernador civil le liberara, al reconsiderar sus delitos como nimios y tras pedirle que prometiera dejar en paz en las mesas de juego al personal del ejército yanqui. Pese a la promesa, una vez libre, Devol se resarció inmediatamente birlando con los naipes 19.000 dólares a un pagador de la Unión, dinero que empleó en comprarse una nueva cuadra y en reabrir la pista de carreras. Años después afirmaría: "Los pagadores del ejército han sido de los mejores primos con que me he encontrado". Tampoco hacía ascos

GREGORIO DOVAL

de los religiosos, a los que, uno tras otro, hacía caer en sus redes. Sin embargo, a estos siempre les devolvía el dinero, junto con un consejo: "Váyase, páter, y no peque más". Con los soldados, pagadores, granjeros, ladrones, hombres de negocios y el resto de sus víctimas no era igual de amable. Sin embargo, dos años después, un nuevo gobernador decidió cerrar otra vez los garitos de Nueva Orleans. Ciudades como Chicago y Natchez se convirtieron inmediatamente en las nuevas mecas del juego, así que una gran mayoría de los tahúres se dirigió inmediatamente hacia ellas. Devol prefirió mudarse a Mobile, Alabama, en 1865, y abrir allí dos salones de juego.

Cuando el gran dinero comenzó a desaparecer también de Mobile y las autoridades, a la vez, comenzaron a estrechar el acoso al juego, Devol vendió todo y volvió a los vapores del Mississippi y a los paquebotes del Missouri. Pero aquel mundo ya no era el mismo. Desde la finalización de la guerra civil, la gente había vuelto a ponerse en marcha hacia el Oeste, tanto por tierra como por medio de los pujantes ferrocarriles. Las ciudades ganaderas del oeste del Mississippi florecieron, al igual que los campamentos mineros. Muchas de estas prósperas ciudades, a menudo repletas de trabajadores ferroviarios, mineros, *cowboys*, arrieros, cazadores de búfalos y todo tipo de forajidos, proveían todo tipo de vicios, incluidos la prostitución y numerosas salas de juego. Devol vio en ellas muchas oportunidades y, a comienzos de los años setenta, siguió la expansión del ferrocarril entre Kansas City y Cheyenne. Comenzó a trabajarse esos nuevos pastos, en compañía de otros ilustres jugadores de ventaja provenientes del Mississippi, como Canada Bill, Sherman Thurston, Jew Mose y Dad Ryan, o locales, como John Bull, Ben Marks, Cowboy Tripp, Doc Baggs y Frank Tarbeaux.

Rememorando su juego ambulante en los vapores y paquebotes fluviales, Devol se hizo habitual en los ferrocarriles. En cierta ocasión, en una partida disputada a bordo de uno de esos trenes, ganó 1.200 dólares a un directivo de la compañía ferroviaria. Este, nada más regresar a Omaha, prohibió el juego en sus trenes e incluso contrató a la agencia Pinkerton para que sus agentes impidiesen actuar a los jugadores profesionales, especialmente a Devol. Este se fue a Saint Louis y aceptó regir una mesa de keno que le daba unos 200 dólares al día, minucias para él, que comenzó a añorar con fuerza los viejos tiempos del Mississippi. De nuevo vendió todo y regresó una vez más al río, que, sin embargo, ya no era el mismo.

En 1892, Devol publicó su autobiografía, *Forty Years a Gambler on the Mississippi,* que aunque a diferencia de otras era totalmente veraz, no obtuvo su mismo éxito, tal vez porque solo contaba la verdad de lo sucedido, sin añadir los toques heroicos con que otros adornaban sus relatos. Pero, para entonces, los grandes días del juego en los vapores y los trenes ya habían acabado. A insistencia de su nueva mujer, Devol se retiró del juego en 1896, se instaló en Cincinnati con ella y con su suegra y pasó sus últimos años promocionando sin mucho éxito su libro. Se ha estimado que llegó a ganar más de dos millones de dólares en sus cuarenta años de juego. Sin embargo, cuando murió en Hot Springs, Arkansas, en 1903, como tantos otros de su misma estirpe, estaba casi totalmente arruinado.

Parecido final, quizás aun más patético, fue el final de Canada Bill, la otra gran figura del juego y la picaresca propios de los grandes años de los tahúres del Mississippi.

CANADA BILL, EL TIMADOR TIMADO

William Jones, más conocido como Canada Bill, nació en los primeros años del siglo XIX en un campamento gitano de Yorkshire, Inglaterra, donde sus padres vivían de reparar ollas y cacerolas, de leer el futuro, de negociar con caballos y de cualquier trapacería que surgiera al paso. Desde muy pequeño, William aprendió, y muy bien, en esa universidad de timos callejeros clásicos.

Además, pronto se hizo un gran experto en los juegos de cartas, fuera por la vía honesta o por la fullera, tanto le daba. A los veinte años, se decidió a ampliar sus perspectivas y cruzó el charco en busca de una vida mejor y de nuevas víctimas.

A su llegada a América, se estableció en Canadá, donde empezó a trabajar bajo la tutela de su "mentor", el conocido timador Dick Cady, que le enseñó los entresijos del monte de tres cartas o trile con cartas. Pronto, el joven Bill vio que podría ganar mucho dinero con esta nueva faceta profesional, así que hizo las maletas y se encaminó al paraíso de los jugadores y ventajistas de todo tipo, el río Mississippi, donde se dedicó a ejercer de trilero en los barcos. Pero él no era como los demás en varios aspectos. Por un lado, era un jugador de cartas compulsivo, pero no muy dotado, lo que le eliminaba como aspirante a tahúr. Por otro, su presencia física y su aspecto eran muy impropios para adoptar el glamour de los grandes jugadores o los grandes estafadores de cuello blanco.

Canada Bill, como le describiría años después el propio Devol, era no más que un alfeñique de poco más de cincuenta kilos, "de tamaño medio, cabeza de gallina, pelo pincho..., con dulces ojos azules y una boca casi de oreja a oreja, que caminaba con paso renqueante y medio plañidero, y que, cuando su semblante estaba en reposo, parecía un idiota... Vestía siempre ropas de varias tallas superiores a las que hubiera necesitado. Su rostro era tan liso como el de una mujer, sin el más mínimo rastro de vello... Tenía una voz chirriante y aniñada, y maneras torpes y desgarbadas, así como una forma de hacer preguntas absurdas y una predisposición natural a adoptar una especie de sonrisa boba, que a todo el mundo le hacía creer que pertenecía a la clase superior de los primos, la especie más bisoña de gárrulo".

Canada Bill no daba, pues, el tipo de tahúr, pero, a cambio, era un extraordinario timador, el más capaz e increíble trilero de la supercompetida época, en opinión de

William Jones, conocido como Canada Bill, nació en los primeros años del siglo XIX en un campamento gitano de Yorkshire, Inglaterra, donde sus padres vivían de reparar ollas y cacerolas, de leer el futuro, de negociar con caballos y de cualquier trapacería que pudiera surgir.

todos los que le conocieron. Dada su gran inteligencia y sagacidad, su mejor medio de ganar dinero sería precisamente su habilidad innata para hacerse el tonto. Gracias a su chirriante voz y simulando ser un torpe y un simple, Bill se ganaba pronto la confianza de sus objetivos, haciéndoles pensar que era inofensivo, que nada malo se podía esperar de él. Comenzó por actuar en la calle, en las ciudades aledañas al Mississippi y luego a bordo de los propios barcos, y pronto dominaría por completo ambos escenarios.

Enseguida formó un equipo con otros tres compinches, Holly Chappell, Tom Brown y nuestro conocido Georges Devol, junto a los que arrasó en los barcos de vapor hasta entrada la guerra civil, momento en que el grupo se disolvió, sobre todo a causa de que Bill descubrió que Devol *se había llevado trabajo a casa* y estaba intentando estafarlo. Para entonces ya todos le reconocían como el mejor fullero de todos los tiempos.

Acabada la guerra, Canada Bill se alió con un nuevo socio, Dutch Charlie, y, en apenas unas semanas, ganó

200.000 dólares en Kansas City. A continuación, ambos eligieron actuar a bordo de los trenes, especialmente de la línea que unía Omaha con Kansas City, repleta de emigrantes hacia el Oeste, entre los que ellos sabían encontrar a numerosos *clientes*. Era tal su negocio, que cuando la compañía ferroviaria prohibió el juego del monte de tres cartas, la gran especialidad de Canada Bill, este llegó a hacer una oferta en firme de entre 10.000 y 25.000 dólares anuales por conseguir la exclusiva del juego en sus trenes, comprometiéndose además a no actuar contra los viajantes comerciales ni los predicadores metodistas. Los directivos rechazaron la oferta. Seguramente a ellos no les interesan las estafas *pequeñas*.

A partir de entonces Canada Bill viajó por todo el Oeste y buena parte del Este en busca de nuevos mercados en que proseguir sus actividades, hallándolos sobre todo entre los amantes de las carreras de caballos y entre las muchedumbres que asistían a innumerables ferias agropecuarias de condados y estados.

Durante décadas, Jones hizo mucho dinero timando a la gente, no solo mediante el trile, sino también como jugador de póquer y de otros juegos de cartas. Sin embargo, como buen ludópata, especialmente aficionado al faro (el más amañable de los juegos del Oeste), casi siempre perdía en ellos lo (mucho) que ganaba con el monte y sus otros timos. Cuenta la leyenda que en cierta ocasión, nada más perder sus apuestas en una partida trucada de faro, su por entonces socio George Devol le preguntó: «¿No sabes que esa partida estaba amañada?», a lo que Bill respondió: "Claro, pero es que es la única que hay en la ciudad".

En 1874, se mudó a Chicago, donde se alió con Jimmy Porter y el "coronel" Charlie Starr. En el primer año, llegó a ganar unos 150.000 dólares, pero perdió gran parte de esa fortuna participando, esta vez como primo, en numerosas partidas amañadas, principalmente de faro. Tras trasladarse a Cleveland con Porter, siguió perdiendo con facilidad con otros profesionales de los tapetes lo que él ganaba, también muy fácilmente con sus trucos.

Esta doble faceta de maravilloso timador y de ingenuo jugador fue la causa de que él, como tantos otros de su profesión, acabase su vida en 1880 en Reading, Pensilvania, en la más profunda miseria, hasta el punto de que hubo de ser enterrado a expensas del erario público. Al conocer la noticia, un grupo de Chicago formado por sus antiguos amigos y compañeros de profesión reunió algún dinero, reembolsó los gastos al ayuntamiento de Reading y dio algo más de dignidad a su sepulcro, celebrando un gran funeral público.

Cuenta la leyenda que uno de los asistentes, jugador, se apostó 1.000 dólares a que Bill no estaba en su ataúd. Nadie aceptó la apuesta, porque, como dijo otro de sus amigos, "de agujeros más pequeños le hemos visto escapar".

EL JUEGO PROFESIONALIZADO

Con el estallido bélico e, inmediatamente, la expansión hacia el Oeste a través de las diversas sendas emigratorias, los vapores fluviales perdieron un gran número de viajeros y, en consecuencia, de jugadores. Pero aunque se puede culpar en parte a la guerra del declive del juego en los vapores, también fue la causa de su inusitada expansión en todos los nuevos territorios, como medio de diversión de los colonos, los mineros y los soldados, escasos de esparcimiento. A medida que la población comenzó a reanudar su desplazamiento hacia el Oeste al acabar la guerra, los jugadores acompañaron esos movimientos demográficos. Esta vez, los jugadores se encaminaron principalmente hacia los campamentos mineros y las ciudades ganaderas.

Entre 1850 y 1880, el jugador profesional se situó entre la aristocracia de la sociedad del Oeste. En palabras de Bat Masterson, uno de ellos, "el juego era una profesión respetable, casi equiparable en rango a la medicina y muy por encima de los dentistas y los enterradores". Una profesión respetada, pero en muchos casos poco respetable, alrededor de la cual comenzó a surgir un boyante comercio de todo tipo de dispositivos y artilugios concebidos para poner en práctica trampas y estafas. De que una gran mayoría de los jugadores profesionales del Salvaje Oeste hacía trampas no cabe duda alguna. Las hacían y de muchas clases. De hecho, había toda una industria dedicada a surtirles de todo tipo de aparatos e ingenios para hacerlas. En la primera mitad de siglo, solo la empresa E.M. Grandine, de Nueva York, vendía cartas marcadas, pero hacia 1850 ya eran al menos media docena las que lo hacían: Calico, Stars, Endless Vine, Mille Fleurs, Perpetuum Mobile, Marble... Los equipos trucados se podían encontrar en los viejos catálogos de fabricantes de este periodo, que, sin grandes tapujos, ofrecían "cartas ventajosas" o "dados cargados". Por entonces, los jugadores experimentados se negaban a jugar en mesas en que se usasen barajas de diseños complejos, con reversos recargados que dificultasen el reconocimiento de las marcas, fueran las propias o las de fábrica. Incluso, cada aparato inventado teóricamente para impedirlas era modificado de tal forma que se utilizaba justamente para lo contrario.

Sin embargo, no todos los jugadores profesionales eran tramposos. Hombres como Doc Holliday, Wild Bill Hickok, Wyatt Earp, Bat Masterson y Luke Short eran famosos por conseguir grandes beneficios con el juego sin necesidad de recurrir, que se sepa, a las trampas. Había ciertamente jugadores honestos, pero una de las primeras cosas que tenían que aprender era a detectar las argucias de los que no lo eran si querían que en sus mesas de juego todo fuera limpio. Sin embargo, no se podía decir lo mismo de la gran mayoría. En los viejos tiempos de los tahúres del Mississippi, en que cerca de un millar de jugadores profesionales competían entre sí por la mayor parte posible del pastel, la inmensa mayoría de ellos recurrían constantemente a las trampas para aumentar sus beneficios que, por cierto, eran de gran cuantía. Baste una prueba: Canada Bill Jones llegó a ofrecer al capitán de uno de esos barcos 25.000 dólares anuales por la oportunidad de llevar adelante su negocio sin molestias ni preguntas inoportunas. Sorprendentemente, el capitán rechazó la suculenta oferta.

En los juegos de cartas, los tipos de trampas eran variadísimos e iban desde el momento en que se barajaban y repartían, al uso de barajas marcada, de focos que molestaban oportunamente a los rivales o de compinches estratégicamente situados y hábiles en las señas. Pero eran centenares más las posibilidades. En el juego del faro, cualquier crupier experimentado podía utilizar cartas marcadas con muescas en sus bordes para que sus dedos pudieran decirles cuál era la próxima carta a repartir. Pero también era capaz de dejar ver una marca en la carta y luego, durante el reparto, hacerla desaparecer y despistar así al adversario. O, simplemente, podía servirse de una caja dispensadora trucada para controlar el orden de reparto de los naipes. Con igual naturalidad se utilizaban los dados cargados en juegos como el *craps* o el *chuck-a-luck.* Y, de igual manera, todo tipo de ingenios (como frenos de pedal o imanes) en las ruletas y ruedas de la fortuna. El keno y los demás juegos de lotería, dados o ruleta eran controlados mediante dispositivos mecánicos, eléctricos o magnéticos que permitían decidir el orden en que saldrían las bolas.

Los hombres y mujeres de la profesión eran todos experimentados y hábiles jugadores, lo que significaba que podían hacer auténticas "maravillas" con los naipes o los dados. Muchas veces se les calificaba de *artistas,* dada las auténticas demostraciones de magia que daban cada noche. Y es que los auténticos profesionales de los tapetes no podían confiar todo su futuro y su éxito profesional en la caprichosa voluntad de la diosa fortuna. Tenían que aprender tanto o más que cualquier fullero para poder sobrevivir en aquel mundo en que mucho de lo que sucedía no era lo que parecía. Para ellos, estar familiarizados con todo tipo de trampas, por acción o por prevención, no solo les era habitual, sino totalmente necesario. Cuestión incluso de supervivencia.

LA ÉPOCA DORADA DE SAN FRANCISCO

El descubrimiento de oro en California y la consecuente Fiebre del Oro de 1849 atrajo a muchos de los jugadores de los barcos de vapor del Mississippi a San Francisco, que desplazó a Nueva Orleans como capital nacional del juego. El faro se convirtió en el juego más popular, seguido por el brag (un antecedente del actual póquer corrido), el monte de tres cartas, el keno (precursor del actual bingo) y los distintos juegos de dados.

A comienzos de la década de 1850, la plaza Portsmouth, el centro neurálgico de la ciudad, estaba acordonada por grandes casas de juegos cuyas puertas nunca cerraban y donde enormes sumas de dinero cambiaban de mano sobre las mesas de juego, mientras se derruían y se reconstruían muchos destinos humanos. Estaba, por ejemplo, el Parker House, originalmente construido como hotel por su propietario, Robert A. Parker, pero rápidamente transformado en un casino en cuanto el juego se abrió paso hacia San Francisco. Descendiendo por unas escaleras se llegaba a una gran sala abierta que daba cabida a tres mesas de faro, dos de monte, una ruleta y una séptima reservada para cualquier otro juego que se deseease practicar. Los jugadores profesiones pagaban 10.000 dólares al mes por el privilegio de dirigir una de esas mesas. Una sala más pequeña anexa al bar costaba solo 3.500 dólares mensuales. Jack Gamble, un jugador con ese apellido (Gamble significa "apuesta") que no podía resultarle más apropiado, alquiló todo el segundo piso por 60.000 dólares y equipó todas las salas con juegos de azar. Se estimó que en el momento culminante de la Fiebre del Oro californiana en una noche cualquiera se movía más de medio millón de dólares en el Parker House. A ambos lados del Parker se alzaban otros dos famosos centros de ocio, el Samuel Dennison's Exchange y el El Dorado Gambling Saloon, propiedad de los socios James McCabe y Thoms J. A. Chambers. Otros casinos situados en la plaza Portsmouth eran el Verandah, el Águila de Oro, el Bella Union, el Empire, el Arcade, el Varsouvienne, el Mazourka, el Ward House, el St. Charles, el Alhambra, La Souciedad, el Fontine House y el Rendez-vous.

Entre los antiguos jugadores de los vapores del Mississippi que se hicieron también nombre en la escena californiana estuvieron los ya mencionados Charles Cora y J. J. Bryant. En San Francisco, Cora siguió obteniendo un enorme éxito en las mesas de faro, pero su suerte desapareció de pronto por completo en noviembre de 1855, cuando el jugador resolvió por la vía rápida de los tiros un enfrentamiento mantenido en una calle de San Francisco con el *marshal* federal, William H. Richardson, quien, borracho, insultó gravemente al jugador y a su esposa. Los tiroteos y los apuñalamientos era algo habitual en la ciudad, y caso de haber cometido este homicidio solo unos meses antes, Cora seguramente se hubiera librado aduciendo el viejo argumento de la legítima defensa. Pero la violencia había alcanzado tales cotas en la ciudad que los residentes ya estaban hartos y acababan de reorganizar un comité de vigilantes, que años atrás había tenido mucho éxito durante otro racha de crímenes. Ese comité arrestó y juzgó a Cora, encontrándole culpable de asesinato y, en mayo de 1856, lo colgó públicamente, junto a otro asesino, del tejado del cuartel general de la organización.

A Bryant (un virginiano que había abandonado en la primera juventud su casa familiar para unirse a un circo, donde trabajó como comedor de sables y funambulista, antes de descubrir sus habilidades con las cartas) le fue mucho mejor en California. Nada más llegar, compró la Ward House, que reformó y llamó Bryant House, y pronto

253

se convirtió en uno de los más prósperos e influyentes hombres de negocios de San Francisco. En 1850, cuando se llevó a cabo la primera elección de *sheriff*, compitió por el puesto. Aunque se gastó unos 50.000 dólares en la campaña y apostó otros 10.000 a que ganaría, fue derrotado por el más popular Jack Hays, un famoso ex ranger de Texas. Decepcionado, Bryant vendió su casino y se fue a los campamentos mineros más alejados, donde renovó su éxito financiero. Por las mismas fechas en que él dejaba California, en 1854, consta que había enviado 110.000 dólares de sus ganancias a su mujer mientras él a su vez mantenía a un dispendioso tren de vida. Luego reanudó sus negocios en el Sur y siguió prosperando, pero al final de la Guerra de Secesión se encontró de pronto con que todo su dinero no tenía valor alguno al ser confederado. Se vio de nuevo rebajado a tratar de timar a cualquier primo que se prestara a ello en su reanudada condición de fullero de base. Uno de esos primos, que no lo era, se vengó en nombre de todos los demás y le mató a tiros en 1868.

LA EXPANSIÓN DEL JUEGO POR TODO EL OESTE

En esa misma década de los años sesenta, se produjo la efervescencia de los fabulosos Lodos de Comstock, en Nevada. Gran parte del juego se concentró en la ciudad de Virginia City y en las localidades cercanas. Como en San Francisco, las casas de juego acapararon los principales solares de las calles principales de esas florecientes ciudades. En el momento culminante del boom, un agente del gobierno federal calculó en un informe oficial que Virginia City contaba en aquel momento con 18.000 habitantes y con una casa de juego por cada 150 de ellos.

El más famoso de todos era el Gentry & Crittenden Gambling Saloon, que contaba con una mesa de faro de apuestas sin límite presidida por el famoso crupier Hamilton Baker, quien aceptaba cualquier cantidad que el jugador pudiese respaldar. La apuesta más alta de que se tiene noticia fue de 30.000 dólares por girar una simple carta. Tiempo después, Baker se fue a Saratoga Springs, Nueva York, donde le pagaron 4.500 dólares al mes por regir otra mesa de faro.

Otras salas famosas eran el Tom Peasley's Sazarac (que tomó su nombre del de un nuevo cóctel inventado por Julia Bulette, la reina del distrito rojo de la ciudad), el Delta Saloon, propiedad de Jim Orndorff y Jack Magee; y el Tom Buckner's Sawdust Corner. Entre los más conocidos jugadores de aquella época dorada de Virginia City estaban James Kettle Belly Brown, Matt Redding, Jesse Bright, Gus Botto, Billy Dormer, Tom Diamond, Miles Goodman, Joe Dixon, Ramón Montenegro, Grant Isrial y Joe Stewart.

Las ciudades de Gold Hill y Carson City también estaban bien surtidas de casas de juego. El indiscutible número uno del juego en Gold Hill era William DeWitt Clinton Gibson, que después sería elegido senador estatal por Nevada. The Headquarters, el Magnolia y el Occidental eran los casinos de primer nivel de Carson City, y los jugadores más destacados eran Vic Mueller, Tump Winston, Henry Decker, Gus Lewis, Mark Gaige y Adolph Shane. Dick Brown poseía dos establecimientos: el Silver State Saloon, a mitad de camino entre Virginia City y Gold Hill, y el Bank Exchange de Carson City.

Uno de los más importantes sucesos de finales de los años sesenta fue la finalización del Ferrocarril Transcontinental. A medida que el Union Pacific se fue extendiendo por las Grandes Llanuras para encontrarse con el Central Pacific en su histórico enlace de Promontory Summit, en el Territorio de Utah, en mayo de 1869, fue dejando un reguero de ciudades final de trayecto que, en conjunto, fueron conocidas entonces como Hell on Wheels (El Infierno sobre Ruedas). Todas ellas fueron ofreciendo consecutivamente un buen campo de acción para la escoria del mundo del juego, incluyendo a docenas de fanfarrones y fulleros. Cuando el ferrocarril prosiguió su avance, muchas de estas ciudades desaparecieron tan rápido como habían surgido. El mundo relacionado con el juego se limitó a cargar en carretas sus tiendas, sus chozas, sus toneles de whisky, sus catres, su instrumental de juego y su demás parafernalia y desplazarse a la siguiente localización del final de línea. Pero en algunos pocos lugares se quedaron algunas comunidades permanentes, y aún hoy las ciudades de North Platte, Nebraska; Julesburg, Colorado, y Cheyenne, Wyoming, pueden rastrear sus orígenes en aquellos tiempos del Infierno sobre Ruedas.

La mayor parte de la canalla que pululó por aquellos lugares tratando de sacar provecho de la multitud de trabajadores de los ferrocarriles y demás transeúntes eran pequeños granujas de poca monta, pero algunos alcanzaron gran prominencia entre los jugadores del Oeste. La mayoría, como John Bull, Canada Bill Jones, Doc Baggs y Ben Marks, que se autocalificaban de jugadores, no eran otra cosa que timadores y estafadores que desplumaban a sus víctimas con sus habilidades en el monte de tres cartas, el trile y demás juegos amañados. Cuando las vías del tren finalmente abarcaron todo el territorio, muchos de ellos siguieron poniendo en práctica sus timos con los viajeros de los trenes, usando el nudo ferroviario de Omaha como cuartel general.

La década de 1870 vivió la llegada de las grandes manadas de reses tejanas hacia las cabeceras ferroviarias de Kansas y el nacimiento de las notorias ciudades ganaderas de Abilene, Newton, Wichita, Ellsworth y Dodge City. Todos ellas se fueron convirtiendo por turno en grandes centros de juego. Muchos de los más famosos nombres de la historia del Salvaje Oeste están asociados a ese momento y lugar. Wild Bill Hickok, Wyatt Earp, Doc Holliday, Ben Thompson, Luke Short y Bat Masterson, entre otros, son recordados hoy como valerosos agentes de la ley en aquellas ciudades ganaderas, pero todos ellos fueron jugadores profesionales que pasaron muchas más horas ante mesas de póquer o de faro que patrullando las calles.

Los años setenta también asistieron a la aparición de nuevos filones de metales preciosos y al consecuente nacimiento de más distritos mineros. Nuevas ciudades surgieron rápidamente, entre las que destacaron Deadwood, en el Territorio de Dakota, Leadville, en Colorado, y Tombstone, al sur de Arizona. Las tres se convirtieron en nuevas mecas del juego y sus nombres se asociaron desde entonces a algunos de los más famosos protagonistas del Salvaje Oeste: temidos pistoleros y admirados jugadores, hombres de gran personalidad, pero también de gatillo fácil, como Wild Bill Hickok y Doc Holliday, partidarios del "dispara primero y pregunta después".

Paradigmática de ello fue la ocasión en que un jugador novato trató de demostrar a Doc Holliday que a él no le impresionaba su reputación. Para sacarle de sus casillas, el novato, llamado Ed Bailey, no dejó durante toda la partida de destapar las cartas descartadas, lo cual estaba más que prohibido por las reglas del juego y por el código del Oeste, siendo castigado con la pérdida de las apuestas. Aunque Holliday le avisó dos veces, Bailey lo hizo una vez más. Pero esta, Doc arrastró para sí todo el bote sin mostrar sus cartas ni decir ni una palabra. Bailey, inmediatamente, sacó su pistola de debajo de la mesa. Sin embargo, antes de que pudiera apretar el gatillo, el cuchillo de Doc le rajó el estómago. El cadáver del incauto novato se desplomó sobre la mesa, borboteando sangre, sin que Holliday mostrara la más mínima preocupación.

En aquellas ciudades, casi todos ellos lograron su fama, pero también encontraron su muerte, como el propio Wild Bill Hickok que fue asesinado a tiros mientras jugaba una partida de póquer en un *saloon* de Deadwood.

Leadville se convirtió casi de la noche a la mañana en una de las mayores ciudades de Colorado, hasta el punto de que durante algún tiempo amenazó con arrebatar la capitalidad estatal a Denver. En ese momento culminante, la oferta de juego y diversión en la ciudad se repartía en unos 150 establecimientos de todo tipo, desde pequeños bares a sofisticados teatros y salas de conciertos. Algunos de los más conocidos eran el Tom Kemp's Dance & Gambling Hall, el Texas House, famoso por sus muchas mesas de faro, y el Pop Wyman's Great Saloon. Muchos de los jugadores de primera fila de todo el Oeste, incluyendo a Ben Thompson, Bat Masterson, Luke Short y Doc Holliday, pasaron mucho tiempo (y ganaron mucho dinero) en las mesas de juego de Leadville. Se cuenta, por ejemplo, que cierta desafortunada noche el irascible Ben Thompson perdió 3.000 dólares al faro y, tras irse del *saloon*, volvió al rato hecho una furia, se acercó a la mesa, desenfundó su revólver y se lió a tiros con todas las luces, sembrando el pánico entre los clientes, que se escurrieron como pudieron hacia la calle. En el mismo Leadville, en otro arranque de ira, Doc Holliday disparó a otro jugador llamado Billy Allen durante una discusión por una deuda de juego de 5 dólares.

Tombstone, por su parte, se convirtió (como ya vimos) en una gran ciudad en el desierto de Arizona también de la noche a la mañana y, consecuentemente, atrajo a muchos destacados jugadores profesionales. El establecimiento más famoso de aquella primera época de Tombstone fue el Oriental Saloon. Su propietario, Mike Joyce, lo arrendó a un trío de jugadores: Dick Clark, un veterano de los campamentos mineros de Colorado; Lou Rickabaugh, jugador de San Francisco, y Bill Harris, antiguo propietario del famoso Long Branch Saloon de Dodge City. Cuando el juego se hizo tan popular en el Oriental que comenzó a afectar al negocio de los demás establecimientos de la ciudad, un grupo de competidores contrató a Johnny Tyler, un jugador con cierta fama de pistolero, para que liderase a una banda de matones que cada noche se adueñaba del Oriental, comenzaba a la mínima una pelea y, en general, intimidaba y hacía incómoda la estancia en el *saloon* a los clientes. Los arrendatarios del Oriental optaron por ofrecer al ínclito Wyatt Earp una participación en el negocio si se deshacía de Tyler y sus matones. Earp aceptó el acuerdo y llamó en su ayuda a su grupo de amigos incondicionales (entre ellos Doc Holliday, Bat Masterson y Luke Short) para que dirigiesen sendas mesas en el Oriental y, a la vez, ayudasen a espantar a los matones de Tyler. La nómina de pistoleros reunida por Wyatt causó efecto casi inmediatamente y Tyler y su grupo desaparecieron del panorama, dejando que el Oriental recuperase enseguida su éxito popular.

Lo cierto es que no era un hecho accidental que la gran mayoría de los pistoleros de primera fila del Salvaje Oeste fueran también figuras principales del mundo del juego. Aquellos jóvenes curtidos y con nervios de acero que habían adquirido sus reputaciones como pistoleros a causa de sus peripecias personales o bien actuando como defensores de la ley en esas mismas ciudades ganaderas, fueron reclamados por los propietarios de las salas de juego para que actuaran como jefes de mesa en sus establecimientos, lugares muy peligrosos en los que había que ser igualmente expertos con los naipes que con las armas si se quería no sufrir algún letal "accidente laboral".

Además, los pistoleros de renombre atraían a la clientela, formada básicamente por *cowboys* y mineros ansiosos de poner a prueba su habilidad y su ingenio, tapete por medio, con los de aquellos famosos "matadores de hombres". Y, puesto que la continua exhibición de montones de dinero constituía una constante tentación para criminales de todos los tipos, desde descuideros a atracadores, la mera presencia en las mesas de celebridades conocidas por su presteza al sacar una pistola y por su puntería al disparar desanimaría, en opinión de los empresarios, a cualquiera de esos ventajistas siempre al acecho. De esa forma, los principales pistoleros se fueron implicando en el mundo afín del juego profesional.

En 1870, Bat Masterson estaba cazando búfalos con su hermano mayor cuando conoció a un fornido joven

Wyatt Earp
y Bat Masterson,
destacaron además de
como pistoleros y agentes
de la ley, como jugadores
profesionales.

llamado Wyatt Earp, que le enseñó los pocos entresijos del viejo arte del juego que aún le quedaban por conocer. Poco después, en Dodge City, Masterson abrió su propio *saloon*, y a finales de la década de 1880, era propietario del famoso Palace Theater & Saloon de Denver, Colorado. A comienzos de 1881, Bat fue contratado por su antiguo mentor Wyatt Earp como jefe de mesa en su Oriental Saloon de Tombstone. Tampoco era este el primer local de juego que dirigía Earp, ni tampoco sería el último, pues aún regentaría, entre otros, el White Elephant de Fort Worth, Texas, el Dexter Saloon de Nome, Alaska, y el Northern Saloon de Tonopah, Nevada.

En 1871, el no menos famoso pistolero Ben Thompson abrió con su socio Phillip H. Coe el Bulls Head Saloon de Abilene. El *saloon* prosperó debido al comercio de ganado tejano que llevaba a la ciudad una incesante corriente de *cowboys* ansiosos de beber y jugar hasta agotar sus pagas. Años después, Thompson regresó a Austin, Texas, y abrió el Iron Front Saloon.

Caso similar fue el de otro gran pistolero y jugador, Luke Short (1854-1893), cuya vida estuvo casi siempre relacionada con un *saloon* y una sala de juego. Tras nacer en el estado de Mississippi y criarse en el condado tejano de Montague, sus primeros escarceos con el juego los vivió a los dieciséis años, cuando se aficionó a pasar muchos ratos en un *saloon* de Abilene, donde observó fascinado las habilidades del famoso tahúr Dick Clark y decidió hacerse jugador profesional. En el verano de 1873, Joe Bassett, hermano del famoso *sheriff* Charlie Bassett, le ofreció trabajo como jefe de mesa en el Marble Hall de Kansas City. En 1875, pasó el invierno repartiendo cartas y desplumando a incautos en Sidney, Nebraska. Al año siguiente, trabajó para Ed Chase en el Inter-Ocean Hotel de Cheyenne, Wyoming. En 1879 se convirtió en jugador profesional a tiempo completo. Para adecuarse a su nueva profesión, se compró un traje a medida de color gris perla, un bombín también gris y un reloj de bolsillo de la marca Jules Jurgensen. Ese mismo año pasó a regentar el Long Branch Saloon de Dodge City, Kansas, aunque hacia el otoño se marchó a jugar a Leadville, Colorado. Poco después se unió a Bat Masterson y juntos recorrieron todo el circuito profesional desde Denver a Cheyenne, pasando por Deadwood.

En el invierno de 1880, Short volvió a Leadville, y allí estaba cuando Wyatt Earp le telegrafió para que se le uniera en Tombstone. En aquella estancia, Short protagonizó no pocos incidentes, entre ellos el de matar a Charlie Storms, otro jugador experimentado, en un famoso tiroteo. Sin embargo, se fue de la ciudad con destino a Leadville antes de que Wyatt Earp, sus hermanos y Doc Holliday protagonizaran el más famoso tiroteo de la historia del Oeste, el del O.K. Corral, en octubre de 1881. En febrero de 1883, se convirtió en copropietario del Long Branch Saloon, junto con Bill Harris. Pronto surgieron problemas entre ambos y, a finales de 1883, Short se trasladó a Fort Worth, Texas, donde se convirtió en socio de Jake Johnson en el no menos famoso White Elephant Saloon.

En ese local se produjo en agosto de 1885 una partida memorable que trataba de establecer quiénes eran los mejores jugadores del Oeste. En la partida participaron el propio Luke Short, Bat Masterson, Wyatt Earp, Charlie Coe y el matón local Timothy Isaiah Courtright. En la mano decisiva, los cuatro reyes de Coe se impusieron al full de Short. Por fin, en diciembre de 1887, Short cortó toda relación con el White Elephant y se asoció con Vic Foster para abrir el Palais Royal Saloon de Fort Worth, su última aventura empresarial, pues murió en septiembre de 1893, en Geuda Springs, de hidropesía.

Pero el juego no fue un coto exclusivo para hombres. No fueron muchas, pero sí que hubo también bastantes jugadoras profesionales.

VIRTUOSAS DE LOS NAIPES

En el escaso muestrario de oportunidades que el Oeste ofrecía a las mujeres en el ambiente de los bares no faltaron aquellas que, a semejanza de los tahúres de sexo masculino, hicieron de los naipes su medio y su modo de vida. En general, su aparente fragilidad confundía a los jugadores varones, que, cartas en mano, se percataban de que eran mujeres de nervios de acero y rostro impenetrable, diestras en el "farol" y a quienes bastaba echar un vistazo a sus oponentes para calibrar la magnitud de su apuesta y adivinar su jugada. Grandes jugadoras fueron, por poner algunos ejemplos muy conocidos, Calamity Jane (Juanita Calamidad), Big Nose Kate (la sempiterna novia de Doc Holliday) o la tejana Kitty Le Roy (1850-1878).

Esta última fue una de las mejores jugadoras de todo el Oeste. Su carrera comenzó a los diez años y, al cumplir los veinte, ya era la admiración de todo Dallas, aun a costa de haber abandonado una prometedora carrera de bailarina para regentar una mesa de faro. La habilidad de Kitty a la hora de barajar y repartir las cartas se hizo proverbial, pero también su habilidad de pistolera. Nunca se sentó en la mesa de juego sin llevar encima varios cuchillos bowie y varios revólveres, que no dudaba en exhibir en prevención de cualquier altercado.

Pero Kitty no coleccionaba solo armas. Como dijo un periódico de la época, tenía "cinco maridos, siete revólveres y una docena de cuchillos bowie". Esta muchacha de buena estatura y de origen sueco, volvía locos a los hombres con sus atuendos agitanados y sus enormes pendientes de diamantes. Pero si su éxito con los naipes fue contundente, aunque efímero, en el amor le fue peor. En total, se casó al menos cinco veces.

A su primer marido lo seleccionó porque era el único hombre de la ciudad con los nervios suficientemente templados como para permitir que ella disparara desde caballos al galope sobre las manzanas que él se colocaba sobre su cabeza. Pese a tal muestra evidente de amor, lo abandonó para perseguir su sueño de gloria que, según ella, le aguardaba en los bares y salas de juego del Oeste. Enseguida se volvió a casar, aunque su segundo matrimonio tampoco duró mucho. El tercero se debió a un mal derivado sentimiento de culpabilidad. Tras disparar a un hombre del que pensó que le hacía requiebros demasiado ardientes, se casó con él varias horas antes de que agonizara en sus brazos. En 1876, Kitty se trasladó a Deadwood y abrió el salón de juego Mint. Allí se cruzó con su cuarta víctima matrimonial, un minero de origen alemán que acaba de tener un golpe de fortuna y con el que, dado lo interesante de la operación, se fue a vivir. Pero la veta que sustentaba la suerte del afortunado se agotó al mismo ritmo que el interés de Kitty por su nuevo marido. Finalmente acabó con él de un botellazo en la cabeza.

El marido número cinco apareció enseguida. Se casaron en junio de 1877. Al poco, estando él de viaje en Denver, le llegaron noticias de que, en su ausencia, Kitty había reanudado su relación con su marido número dos. A su vuelta, el marido número cinco buscó al marido número dos y le retó a duelo, cosa que rechazó su antecesor en el puesto. Después, el marido número cinco se fue en busca de Kitty, encontrándola en el Lone Star Saloon, en la habitación que ella solía alquilar en el piso superior del salón de baile. Tras una breve discusión, el celoso sacó la pistola y disparó primero a Kitty y luego a sí mismo. Ambos murieron en el acto. Kitty solo tenía veintiocho años de edad.

Mucho más prolongada y exitosa fue la carrera de Carlotta J. Thompkins (1844-1934), una chica de buena familia de Kentucky que derivó su vida por vocación hacia los garitos del Oeste, donde brilló con los nombres artísticos de Faro Nell, Laura Denbo, Charlotte Thurmond o, sobre todo, Lottie Deno. Ganó su primera reputación en los vapores del Mississippi antes de mudarse a Texas, donde jugó al póquer de igual a igual con buena parte de los más conocidos jugadores del Oeste, entre ellos Doc Holliday. Sus convecinos de Fort Griffin se asombraron con los modales finos y educados de una dama que, por lo demás, sabía defenderse y a la que rodeaba un halo de misterio. Era una pelirroja vivaracha con relampagueantes ojos marrones, a la que raramente se veía salvo cuando iba de tiendas o por la noche, cuando jugaba en el Bee Hive Saloon. Deseosa de ocultar su verdadera identidad, para que su familia, de profundas creencias episcopalianas, no llegara a saber cómo se ganaba la vida, utilizó muchos nombres y nunca les contó la verdad. Para su madre y sus hermanas, el dinero que regularmente les enviaba salía de su supuesto marido, un inexistente y rico *cowboy* tejano.

Tras estudiar en Detroit, Lottie se unió a un yóquei y jugador aficionado, Johnny Golden, con el que emprendió un largo viaje por los ríos Missouri y Mississippi, de tapete en tapete. En 1863, ambos se separaron, aunque quedaron en reencontrarse en San Antonio, Texas, lo antes posible. En 1865, a poco de finalizar la Guerra de Secesión, Lottie llegó a San Antonio, donde siguió practicando su profesión de tahúr, en espera de la reaparición de su novio, y siempre escoltada y defendida por su fiel, enorme y brava esclava negra, Mary Poindexter.

Por entonces, San Antonio era una especie de meca del juego y Lottie fue contratada a comisión por el Club Universitario. Pronto, los *cowboys* hacían cola, sombrero en mano, para tener el privilegio de jugar contra esta invencible bella señorita. Fina y muy bien educada, siempre vestía a la última moda y nunca permitió fumar, beber o utilizar vocabulario soez en su mesa. De que esa norma se cumpliese se ocupaba la fornida e impresionante Mary Poindexter, siempre sentada tras su ama, vigilándolo todo.

Lottie se enamoró perdidamente de su jefe, Frank Thurmond, medio cheroqui, al que siempre permanecería fiel y leal. Pero, durante una partida, Frank tiró de cuchillo para solucionar una discusión con otro jugador, al que mató. Perseguido por la familia del muerto, tuvo que abandonar la ciudad a toda urgencia. Poco después, la enamorada Lottie (a pesar de la inoportuna reaparición de su antiguo novio, Johnny) salió en su busca, rebotando de tapete en tapete por todo el oeste de Texas, hasta acabar encontrándolo en Fort Griffin, donde ambos se establecieron. Allí, ya con su alias más famoso de Lottie Deno, trabó amistad con Doc Holliday, que pronto se convirtió en uno de los mayores admiradores de sus habilidades, y al que en una ocasión fue capaz de ganar 3.000 dólares.

Tras cinco años de estancia, Lottie y Frank dejaron Texas y se marcharon a Nuevo México, donde finalmente se casaron. Pero, poco después, Frank volvió a utilizar su cuchillo con el mismo resultado de años atrás. Aunque fue absuelto por legítima defensa, aquello marcó un antes y un después en la vida de la pareja. Juraron dejar el juego y se establecieron en Deming, Nuevo México, donde Frank tuvo suerte en los negocios mineros e inmobiliarios, llegando a ser con el tiempo el vicepresidente del Deming National Bank. Mientras, Lottie se convirtió en una dama de sociedad muy respetada, olvidándose de los naipes, salvo en ocasiones especiales en que ayudó a recaudar dinero para buenas causas. Lottie y Frank vivieron juntos cuarenta años, hasta que él falleció en 1908. Ella le sobrevivió otros veintiséis años, hasta ser enterrada a su lado en 1934.

Con todo, la mujer que tuvo más éxito en el arte y la profesión de vivir de los naipes fuera Alice Ivers (1851-1930), más conocida como Poker Alice. Inglesa de nacimiento, Alice había emigrado con sus padres a Estados Unidos siendo aún niña, estableciéndose en Virginia. Nada más acabar sus estudios, se casó con el minero Frank Duffield, con el que se instaló en Leadville, Colorado, ciudad en que no había más ocio que el juego. Enseguida, Alice se destapó como una buena jugadora vocacional. Días tras día, tras pasar horas ejercitándose, esperaba la llegada del marido de vuelta de la mina y ambos practicaban incansablemente.

La temprana muerte del esposo en un accidente minero, dejó a Alice desvalida. No le quedó más remedio que buscarse un medio de subsistencia y cayó en la cuenta de que lo único que sabía hacer era jugar a las cartas, así que decidió hacer de ello su profesión. Su figura un tanto maciza, con un arma del calibre 38 al cinto para hacerse respetar y un sempiterno puro barato en la comisura de los labios, así como su proverbial cara de palo, empezaron a ser familiares en las ciudades mineras de Colorado, donde comenzó a ser conocida como Poker Alice.

Cuando ahorró sus primeros 10.000 dólares, Alice se fue a Nueva York a disfrutar de la vida. Pero al quedarse de nuevo sin un céntimo volvió al Oeste, donde siguió desvalijando legalmente a todos los osados pardillos que se sentaban a su mesa de juego. A todo lo largo de los años ochenta, Alice trabajó en garitos de todo el Oeste como banquera de faro y de póquer. Su habilidad de jugadora y su belleza aún juvenil, muy bien realzada con elegantes vestidos de la época, componían una mezcla explosiva, de excelentes resultados mercantiles. Consecutivamente, trabajó en salones de muy diversas ciudades de Colorado, Nuevo México, Dakota y Oklahoma. En Deadwood vivió un apasionado romance con Warren G. Tubbs, un pintor de brocha gorda y compañero de mesas de juego. Su relación se tiñó levemente de sangre cuando Alice disparó en un brazo a un hombre que amenazaba a su novio con un cuchillo. Finalmente se casaron y tuvieron siete hijos.

Mientras sus hijos crecían, Alice trató de mantenerse alejada de los tapetes. Tiempo después, la pareja solicitó la concesión de una tierra cercana a la población de Sturgis, tierra chica de Tubbs, quien había contraído tuberculosis. Durante varios años, Alice se dedicó exclusivamente a su familia y especialmente a cuidar a su enfermo marido, que murió en el invierno de 1910. En tal circunstancia, según la leyenda, dadas las penurias económicas por las que atravesaba, se vio obligada a empeñar su alianza para pagar el entierro y el funeral de su difunto marido. Al día siguiente, fue al *saloon* más cercano, se sentó en una mesa de póquer y consiguió suficiente dinero para desempeñar su alianza. Viendo que el juego era su única salida, contrató al peón George Huckert para que cuidase de su granja mientras ella iba a la ciudad a ganar algo de dinero.

En los meses siguientes Huckert le propuso en diversas ocasiones matrimonio y Alice acabó por aceptar, dado que, según confesó a sus biógrafos: "Le debía tantas pagas, que calculé que me iba a resultar más barato casarme con él que pagárselas. Así que lo hice". Sin embargo, el matrimonio fue corto, pues Huckert murió en 1913. Una vez más, Alice se vio obligada a seguir jugando y lo hizo con tanto éxito que llegó a ganar más de 225.000 dólares a lo largo de su carrera. Con sus propias palabras: "A nadie se le arquearon nunca las piernas por tener que acarrear el dinero que me hubiera ganado". Con el tiempo, aunque los años fueron tallando su rostro hasta darle unos rasgos duros y hombrunos, no perdió nunca su tacto finísimo a la hora de repartir y manejar las cartas. Jugó mucho obligada por las circunstancias, pero también por deseo. Como ella misma afirmó en una ocasión: "Prefiero jugar al póquer con cinco o seis expertos que comer".

En 1910, tras probar suerte en el contrabando de licores, acabó estableciéndose por su cuenta en Fort Meade,
Dakota del Sur, donde adquirió un local que proporcionaba todo tipo de entretenimiento a los soldados, hasta que
una nueva legislación declaró fuera de la ley la prostitución y el juego. Alice llegó a ser detenida, procesada y
condenada como madama, pero, dados sus setenta y cinco
años, el gobernador la concedió inmediatamente un
indulto. Alice murió en febrero de 1930, a los setenta y
nueve años.

EL ECLIPSE DEL TAHÚR CLÁSICO

A medida que las ciudades crecieron en el Oeste
durante los años ochenta, los emporios de juego lo hicieron
con ellos. San Francisco, donde el juego había florecido
desde los primeros momentos de la Fiebre del Oro, ahora
dio refugio a la conocida como "Costa de Berbería", un
centro de perversión que alcanzaría notoriedad mundial.
Denver, Kansas City, Omaha, Tucson, Hot Springs (Arkansas) y las ciudades tejanas de Austin, San Antonio, Fort
Worth y Dallas fueron reconocidas como puertos francos
del juego de todo tipo, desde el tramposo monte de tres
cartas hasta el póquer y el faro de apuestas sin límite de los
sofisticados y exclusivos casinos. Durante este periodo, el
circuito de juego se desarrolló plenamente, extendiéndose
por casi todo el país, a veces según las estaciones anuales y
otras al hilo del anuncio o el simple rumor de algún nuevo
hallazgo minero o de una reunión ganadera.

A finales de siglo, se descubrió oro en la región de
Klondike, en el Yukón canadiense, y se produjo la última
gran fiebre del siglo XIX. Por supuesto, junto con los
buscadores de oro, los mineros y los comerciantes, casi los
primeros en llegar fueron los jugadores. Se abrieron numerosos salones, burdeles y casinos y surgió toda una industria del ocio empeñada con habilidad y eficacia en separar

a los mineros de su duramente conseguido polvo de oro. Algunos de los más conspicuos tahúres del Oeste norteamericano se dirigieron al norte. Wyatt Earp, por ejemplo, abrió el Dexter Saloon de Nome, Alaska, junto con su socio Charlie Hoxie. Cuando, tiempo después, se marchara vendiendo sus acciones a su socio, se dice que había acumulado unas ganancias de 85.000 dólares.

Entre los jugadores más memorables de la Fiebre de Oro de Klondike también estuvieron Square Sam Bonnifield y Louis Goldie Golden, que en cierta memorable ocasión se enrentaron entre sí con el resultado de que Goldie ganó a Square Sam 72.000 dólares y el casino de su propiead. Sin embargo, Goldie lo volvió a perder inmediatamente, cuando Square Sam, apoyado financieramente por algunos admiradores, le retó a una partida de revancha y le desplumó. Por su parte, también fue memorable, aunque por otras razones, la ocasión en que Gambler Harry Woolrich estaba a punto de abordar un vapor para irse del Norte con 60.000 dólares en ganancias cuando se entretuvo en una mesa de faro para, según dijo, "hacer su última apuesta de medio dólar". Veinticuatro horas después, había perdido los 60.000 dólares y su pasaje de barco. William F. Swiftwater Bill Gates ganó 30.000 dólares en una partida de póquer en Nome, pero solo logró que los periódicos nacionales le prestasen atención a causa de sus muchas aventuras amorosas y sus, a veces, simultáneos matrimonios.

Aunque todavía se vivió el auge de una nueva hornada de ciudades-casino a la vuelta de siglo, principalmente en diversos asentamientos mineros de Nevada, como Goldfield, Rawhide y Tonopah, la gran era del juego en el Oeste finalizó con el cierre de la Frontera y el auge de los movimientos anti juego y sufragista, que barrieron todos los Estados Unidos durante la primera década del siglo XX. Por entonces, tanto las ciudades como los estados comenzaron a legislar en materia de juego. Prohibieron algunos, limitaron otros y fijaron tasas a los jugadores profesionales y a los casinos y centros de juego. Irónicamente, Nevada, hoy capital mundial del juego, con focos tan brillantes como Las Vegas y Reno, fue uno de los primeros estados del Oeste en ilegalizar transitoriamente el juego en 1909.

Aquellos ya no eran tiempos de glamour ni romanticismo. El juego se había convertido definitivamente en una industria; una industria exclusivamente preocupada de hacer dinero, de *sacar* dinero. Los jugadores más fulleros parecieron concentrarse en los territorios del Norte en la ciudad portuaria de Skagway, bajo el liderazgo del estafador, poco escrupuloso y violento Jefferson Randolph Soapy (Jabonoso) Smith (1860-1898), uno de los primeros jefes del hampa que comenzarían a proliferar. Ya no eran tiempos de glamour ni romanticismo; eran más bien tiempos de tramposos, timadores, fulleros y otros muchos tipos de sinvergüenzas.

8

MUJERES DEL OESTE

Me considero una mujer que ha probado mucho en esta vida.

Belle Starr (1848-1889),
describiendo en pocas palabras su vida de forajida.

PROTAGONISTAS MÁS O MENOS EN LA SOMBRA

Con sus derechos civiles muy reducidos por la legislación de la época y víctimas de unas costumbres muy restrictivas de su papel social, la mayoría de las mujeres del Oeste se sometieron a las exigencias de sus maridos y pasaron casi todo su tiempo cocinando, cuidando a los niños y atendiendo las mil y una tareas de la casa y de la granja. Pero no fue así en todos los casos. Hubo cientos de ellas que se abrieron hueco por sí mismas en la historia del Oeste, debido a sus habilidades descollantes, a sus contribuciones a la comunidad o simplemente a su personalidad fuera de lo común.

Se presupone que el mítico Oeste era un paraíso masculino, donde las mujeres jugaban el papel secundario a que les obligaba la organización social de la época, que no les restaba trabajo, pero sí capacidad de decisión y autonomía. Sin embargo, el Oeste también les proporcionó a muchas de ellas una oportunidad única. En aquellos tiempos no era habitual que una mujer soltera fuera terrateniente, pero muchas reclamaron las 64 hectáreas de tierra gratis que les ofrecía el gobierno. En 1886, alguien estimó que eran las dueñas de una tercera parte de los terrenos del Territorio de Dakota. Muchas veces lo hacían para mejorar la situación de su propia familia. Así, esposas, hermanas e hijas solicitaban la tierra adjunta a la propiedad de sus padres o sus maridos para reunir una propiedad mayor, que diera más posibilidades de salir adelante que las escasas 64 hectáreas que otorgaba el gobierno. Para otras, la reclamación era más bien una forma de invertir: una vez conseguida la propiedad de la tierra, la vendían para obtener un beneficio.

De esa forma, muchas mujeres partieron hacia el lejano Oeste, con o sin sus maridos, solas o en familia, para tomar parte en el gran sueño americano. Como ellos, pero con menos oportunidades, se alojaron en diminutas cabañas, tiendas de campaña o chozas de tierra; salieron adelante con muy poco y prosperaron. Al principio, sin embargo, no fue eso lo normal. Por ejemplo, en los campamentos mineros de la Fiebre del Oro californiana apenas había mujeres. Se ha calculado que, en 1850, no alcanzaban ni el 10% de la población de California. Igual ocurrió en el resto de las zonas mineras que florecieron por todo el Oeste. Pero, aun así, a pesar de que, por lo común, ellas no extrajeron oro directamente, sí que encontraron formas más seguras de hacer dinero.

Algunas, con el oficio aprendido, optaron por abrirse paso en el difícil y machista mundo de los *cowboys*. Cierto renombre alcanzó por ejemplo Sarah Jane Newman (1817-?), más conocida como Sally Scull, una mujer que llegó a Texas con los primeros colonos estadounidenses, aun en tiempos mexicanos. Sally fue conocida por sus muchos maridos (todos ellos con cierta tendencia sospechosa a desaparecer), por sus negocios de cría de caballos, por su puntería con las armas, por su vocabulario tan soez como el de cualquier otro vaquero y por prosperar definitivamente como transportista al servicio del gobierno confederado.

Sarah Jane Newman (1817-?),
o Sally Scull fue conocida
por sus muchos maridos,
por sus negocios de cría
de caballos,
por su puntería
con las armas y
por su vocabulario soez.

Tras varias relaciones fallidas, se casó en marzo de 1843 con George H. Scull. En diciembre, tras regañar con él, vendió 400 acres de tierras que había heredado y comenzó a vivir por su cuenta, estableciéndose como criadora de caballos. Después, tras asegurarse de que su marido, al que llevaba tiempo sin ver, había muerto, se casó tres veces más: en 1852, con John Doyle, que también desapareció; en 1855, con Isaiah Wadkins, del que se divorció tres años después, y, en 1860, con Christoff Horsdorff, dieciocho años más joven que ella y tal vez su asesino. Al comienzo de la Guerra de Secesión, Sally dejó sus negocios ganaderos y comenzó a transportar a México por cuenta de la Confederación todo tipo de artículos (especialmente algodón) con destino final a Europa. No se sabe bien cómo ni cuándo murió. Según algunas versiones, fue asesinada por su último marido, que la enterró en algún lugar desconocido.

Otra mujer que destacó en aquellos primeros tiempos, encarnando un modelo muy distinto, fue Luzena Stanley Wilson (1819-1902). Nada más llegar a Nevada City, por entonces una ciudad de tiendas de campaña, estudió la situa-

GREGORIO DOVAL

ción. Mientras su marido fue a buscar madera para construir un techo con que tapar su carromato, Lucena pasó a la acción: "Con mis propias manos corté unas estacas y monté una mesa. Compré provisiones en un almacén cercano y, cuando mi marido regresó por la noche, se encontró con veinte mineros sentados a nuestra mesa. Cada hombre que se levantaba ponía un dólar en mi mano y me decía que contara con él como cliente fijo". Durante su año y medio de éxito, Lucena llegó a atender a 200 clientes semanales y pudo contratar a un cocinero y a camareros. Muchas veces, los mineros confiaban tanto en ella que le dejaban en custodia sus pequeños tesoros. En sus propias palabras: "Muchas noches he cerrado la puerta de mi horno con dos cántaros de leche llenos de bolsas de polvo de oro". Poco después, se convirtió en prestamista. Pero aquel año y medio de prosperidad acabó convertido literalmente en humo: un incendio arrasó el asentamiento y Lucena lo perdió todo.

Otro caso memorable fue el de Clara Brown (1803?-1885), una afroamericana que nació esclava y que llegó en 1857 a uno de estos campamentos de colonos, levantado en Pike's Peak, Colorado, tras obtener la libertad y pagarse el pasaje en una caravana como cocinera. Era la primera mujer negra que lo conseguía. Años antes, su marido y sus tres hijos habían sido vendidos a otro amo, pero su enorme fortaleza mental le permitió superarlo. Cuando un periodista del *Denver Tribune Republican* le preguntó en junio de 1885 si ese tiempo separada de su familia fue horrible, ella, balanceándose suavemente en su mecedora, respondió: "Creo que sí, cariño. Pero, bueno, piensa en cómo fue crucificado nuestro Señor. Piensa en cuánto sufrió Él. A su lado, mis pequeños sufrimientos no son nada, cariño, y el Señor me da fuerza para soportarlos. No me quejo". En 1860, Clara se estableció en Central City, Colorado, cuando todavía era una ciudad de tiendas de lona. Decidió abrir una lavandería, donde frotaba las camisas de los mineros por 50 centavos la pieza. Su negocio fue un éxito. En unos años, ahorró 10.000 dólares y los invirtió en propiedades. Su generosidad se haría legendaria: cuidaba a los enfermos, hospedaba a los viajeros y cedía su casa para los servicios religiosos. Al terminar la Guerra de Secesión, regresó a Kentucky en busca de su familia, pero no la encontró. Sin perder la esperanza, volvió a Colorado con 16 ex esclavos libertos y los ayudó a establecerse. Su tragedia personal tuvo un final feliz: a los ochenta y dos años, con la salud y la fortuna en declive, se reencontró con su hija Eliza Jane y pasó sus últimos tres años de vida junto a su nieta.

En ese mismo negocio de la lavandería destacó Allison Bowers (1826-1903), conocida como Eilley Bowers, una emigrante de origen escocés que, tras casarse a los quince años y convertirse en mormona, llegó con su marido a Salt Lake City en 1849. Al año siguiente se divorció. En 1853, se casó con otro mormón escocés, al que acompañó a la frontera occidental de Utah y luego a Carson City, Nevada, donde compraron un rancho. Tras unos años separados al tener que participar su marido en la guerra de Utah, se divorciaron. Al poco, Eilley se trasladó al próspero campamento minero de Gold Hill, donde abrió una casa de huéspedes, aunque también comenzó a trabajar adivinando el futuro con una bola de cristal. Enseguida se volvió a casar con Sandy Bowers, un ex tratante de mulas y propietario de un pequeño terreno cercano, junto al cual compró Eilley otra parcela con sus primeros ahorros. La fortuna se derramó sobre ambos cuando descubrieron en ambos terrenos una veta aurífera tan rica que les proporcionaría, durante los tres años de explotación, oro por un valor de 10.000 dólares mensuales. Con aquella riqueza inesperada, Eilley se hizo construir una mansión junto al lago Washoe, que decoró con 3.000 espejos, 1.200 tapices y un amplio mobiliario de estilo chippendale. Todo ello la hizo ser proclamada "Reina de Washoe", título del que estaba tan ufana que cuando, en cumplimiento de un viejo deseo, pudo viajar a Europa, no paró hasta que consiguió ser recibida por "su colega" la reina Victoria de Inglaterra, a la que obsequió, en recuerdo de su visita, una vajilla de plata maciza labrada a mano. Sin embargo, Eilley acabó arruinada y perdió todas sus propiedades. No le quedó más remedio que volver a malvivir de su bola de cristal, lo cual no le dio, a ella, futuro alguno. Finalmente, tras vivir en varios albergues para pobres de Virginia City, Reno y San Francisco, murió en la miseria y en completa soledad en 1903.

Otro caso especial fue el de Charley Parkhurst (1812-1879), a quien durante muchos años todo el mundo en California conoció como un conductor de diligencias malhablado, jugador, eterno mascador de tabaco y tuerto. Sin embargo, cuando murió en diciembre de 1879, todos se llevaron la sorpresa de que no era lo que ellos habían creído. Era una mujer.

Nacida en New Hampshire como Charlotte Darkey Parkhurst, se crió en un orfanato del que se fugó vestida de chico. El disfraz funcionó tan bien que nunca más se lo quitó. Primero encontró trabajo en una caballeriza de Worchester, Massachussets. Hacia 1849, se dejó convencer por unos amigos y se marchó a California, donde comenzó a trabajar como conductor de diligencias, ganándose una gran reputación como uno de los mejores de la Costa Oeste, a pesar de que, al poco de llegar, perdió un ojo a causa de una coz de un caballo. Durante las dos décadas siguientes condujo diligencias para varias líneas, incluyendo la Wells Fargo en su trayecto entre Santa Cruz y San José. Siempre llevaba guantes, fuera invierno o verano, para ocultar la delatora pequeñez de sus manos, y pantalones amplios, para ocultar su figura femenina. También llevó siempre un parche en el ojo inútil, lo que le daba un aspecto duro, muy apropiado para su profesión. En 1868, se registró para votar y ejerció su derecho, por lo que puede decirse que fue la primera mujer que votó en California, aunque fuera travestida. Al dejar la conducción, trabajó como aserrador, *cowboy* y criador de pollos, antes de retirarse a una vida tranquila en Watsonville, California. Tras morir de cáncer, el *San Francisco Morning Call* dijo de ella: "La más diestra y famosa de los conductores californianos. Fue un honor ocupar el asiento libre del pescante cuando la valerosa Charley Parkhurst llevaba las riendas".

Otra no menos famosa conductora de diligencias (y esta sin ocultar su sexo ni su raza) fue Stagecoach Mary Fields (1832-1914). Nacida esclava en Tennessee, quedó huérfana de niña y creció con las madres ursulinas, que no le dieron formación alguna y a quienes abandonó cuando aún era adolescente. Viviendo de su ingenio y de su fuerza, pronto se dio a conocer como bebedora, camorrista, fumadora de puros y, en general, como una de las mujeres más indómitas de su tiempo. De gran estatura y complexión, siempre llamó la atención allá donde fue. Con los años, montó varios restaurantes en distintas ciudades de Montana, Wyoming y sur de Canadá. Nunca se casó, pero encontró su trabajo ideal en 1895 cuando se hizo conductora de diligencias del servicio de correos estatal en la región central de Montana. Ni ella ni su famosa mula *Moses* se perdieron nunca un día de trabajo. Cuando se retiró, pasó la mayor parte de su tiempo cuidando su jardín, hasta que murió de un fallo hepático en 1914. Teniendo en cuenta las limitaciones que la sociedad imponía a las mujeres de su raza, el mérito de Fields es enorme.

Otra adelantada fue Ellen Nellie Cashman (1845-1925), conocida como El Ángel de Tombstone, que recorrió casi todos los campamentos mineros de la Frontera buscando la riqueza, pero sobre todo el mejor modo de ayudar a los demás, dando muestras continuas de caridad, coraje y determinación. Además fue una de las más originales empresarias de todo el Oeste. Nellie había nacido en Irlanda y, tras la muerte de su padre cuando ella tenía cinco años, emigró con toda su familia a los Estados Unidos, para acabar en San Francisco en 1865. Nellie, atraída por la promesa de aventuras, marchó al Salvaje Oeste, donde se empleó como cocinera en varios campamentos mineros de Nevada. Tras ahorrar pacientemente, abrió el hostal Miner's Boarding House de Panaca Flat, Nevada, en 1872.

Siempre amiga de los mineros, a menudo les daba de comer gratis y les regalaba provisiones.

En 1874, tras descubrirse oro en las montañas Cassair de la Columbia Británica, Nellie se unió a un grupo de 200 mineros de Nevada y con ellos se dirigió al norte. En Telegraph Creek, montó otra casa de huéspedes para mineros. De nuevo, les ayudó todo lo que pudo cuando lo necesitaban y les cuidó cuando enfermaban. Nellie, una devota católica, comenzó a recolectar dinero para que las Hermanas de Santa Ana de la ciudad de Victoria pudieran construir el hospital de San José. Durante una visita a Victoria para hacer entrega de 500 dólares, oyó que 26 mineros estaban atrapados por una tormenta de nieve a su vuelta de las montañas Cassair. Sin perder tiempo, organizó una expedición de rescate formada por seis hombres y una recua de acémilas con 750 kilos de suministros y salió en busca de los infortunados mineros, sin importarle las duras condiciones atmosféricas, que incluso habían obligado al ejército canadiense a aplazar cualquier operación de rescate. Al saber de la expedición encabezada por Nellie Cashman, fueron enviadas tropas para detenerla y ponerla a salvo. Sin embargo, cuando la encontraron, ella se negó a volver sin los mineros aislados. Tras setenta y siete días de búsqueda, a veces avanzando sobre gruesas capas de nieve, encontraron finalmente a los hombres, que en realidad no eran 26, sino 75. Aquejados de escorbuto, Nellie les dio toda la vitamina C que previsoramente había llevado y les cuidó hasta que estuvieron recuperados.

Cuando los yacimientos de aquella zona se agotaron, Nellie se marchó a los de plata de Arizona. Primero se estableció en Tucson en 1879, donde abrió el famoso restaurante Delmonico, el primer negocio propiedad de una mujer de la ciudad. Aunque a menudo repartía su comida entre los pobres, su restaurante resultó un éxito. Pero en 1880 lo vendió y se dirigió a un nuevo destino minero, Tombstone, donde abrió primero una zapatería y, después, el restaurante Russ House, que, al parecer, se distinguía más por su labor caritativa, que por la calidad de sus platos. A propósito de esto se cuenta que una vez en que Doc Holliday comía allí, otro cliente no dejaba de quejarse. Doc sacó su revólver y le pidió al cliente insatisfecho que repitiera lo que había dicho de la comida. El súbitamente avergonzado cliente solo acertó a musitar: "La mejor que he comido nunca".

Bueno o malo, el restaurante tuvo el suficiente éxito como para permitir que Nellie siguiera adelante con su habitual labor caritativa, ayudando a recolectar donativos para la construcción de la iglesia católica del Sagrado Corazón de Tombstone y trabajando como enfermera voluntaria. En espera de la iglesia, consiguió que los propietarios del Crystal Palace Saloon cedieran su local para celebrar en él los oficios dominicales. También reunió dinero para el Ejército de Salvación, la Cruz Roja, el Hospital del Minero y, en particular, para cualquier minero que estuviera en apuros.

Cuando en 1881 murió su cuñado, Nellie invitó a su hermana y sus cinco hijos a reunirse con ella en Tombstone. Sin embargo, al poco aquélla murió de tuberculosis, dejando a Nellie al cuidado de sus cinco sobrinos. En 1886, vendió el Russ House y dejó la ciudad, con sus sobrinos a remolque. Tras viajar a varios puntos de Arizona, abrió restaurantes y trabajó a tiempo parcial de buscadora de oro. Después, recorrió otros campamentos mineros de Wyoming, Montana y Nuevo México, mientras criaba con éxito a sus cinco ahijados. En 1898, nada más comenzar la fiebre del oro de Klondike, Nellie se dirigió al Yukón y, en Dawson City, abrió otro restaurante-tienda, sin dejar de ayudar a los mineros en todo lo que necesitasen. En 1904, se fue a Fairbanks, donde abrió una tienda de alimentación. Finalmente, en 1923 se asentó en Victoria, en la Columbia Británica, donde, dos años después, murió de neumonía en el mismo hospital que había ayudado a construir, San José.

Esta mujer, de corta estatura pero gran corazón, que casi siempre vestía como un hombre y que nunca se casó, dejó su huella de empresaria, minera y "Ángel de la Misericordia". Pocos son, en cambio, los registros que mencionen a mujeres que condujesen el ganado por las cañadas ganaderas del Viejo Oeste, a pesar de que indudablemente ayudaron en los ranchos y, en ciertos casos, especialmente cuando los hombres se iban a la guerra, se hicieron cargo por sí solas. No cabe duda de que las mujeres, particularmente las esposas e hijas de propietarios de ranchos pequeños, que no podían permitirse contratar a muchos peones, trabajaron codo con codo con los hombres. Para ello necesitaron saber cabalgar y ser capaces de llevar a cabo en igualdad todas las labores del rancho. Pero no sería hasta la llegada de los shows del Salvaje Oeste cuando se les reconocería su papel a las *cowgirls*.

Su modo de cabalgar, su experta puntería y sus habilidosos lazados divirtieron al público de todo el mundo. Mujeres tales como la gran tiradora Annie Oakley (1860-1926) se hicieron familiares para el gran público estadounidense. Desde muy joven, Phoebe Anne Oakley Moses (1860-1926) se dedicó a la caza para ayudar a sostener a su familia, vendiendo sus capturas a hoteles y restaurantes de Cincinnati. A los quince años ganó una competición al famoso tirador Frank Buttler, quien se había comprometido a pagar 100 dólares a todo aquel que acertara más blancos que él con 25 disparos. Annie, por entonces de veintiún años, no falló ninguno, mientras que Butler falló uno. Ambos contrajeron matrimonio en 1882 y a partir de entonces participaron juntos en diversos espectáculos por todo el país. En 1885, con su esposo ejerciendo de manager y de ayudante en escena, pasó a formar parte del show del Salvaje Oeste de Buffalo Bill, en el que inmediatamente se convertiría en una de las grandes estrellas.

Lo cual no es de extrañar, porque Annie era capaz de abrir el borde de una carta, destrozar bolas de cristal lanzadas al aire, acertar a monedas de 10 centavos colocadas entre los dedos de su marido o a manzanas colocadas en la boca de su perro caniche, o quitar la ceniza de un puro sujetado con la boca por su ayudante (durante una actuación en Berlín el ayudante fue Guillermo, el príncipe coronado de Alemania) disparando desde 30 pasos de distancia. Se solía despedir con su último truco consistente en dar a un blanco situado a su espalda apuntando hacia atrás por medio de un espejo.

En 1901, su cuerpo quedó parcialmente paralizado al resultar herida en un choque de trenes. Sin embargo, se recuperó y volvió a sus demostraciones hasta 1913, cuando se retiró de nuevo. Durante la Primera Guerra Mundial propuso la creación de un contingente de mujeres (algo que ya había hecho en la guerra de Cuba), oferta que fue rechazada. Volvió de nuevo a los escenarios en 1922, recuperando su éxito. Pero, cuando estaba a punto de protagonizar una película, sufrió un nuevo accidente, esta vez de tráfico, y tuvo que abandonar definitivamente su carrera. Murió el 3 de noviembre de 1926 de anemia perniciosa, y su esposo, dieciocho días después.

Hacia 1900, las faldas con abertura para montar a horcajadas, permitieron a las mujeres competir con los hombres en los rodeos sin escandalizar a los públicos de la era victoriana al vestir ropa masculina o, peor aún, pantalones bombachos. El auge del rodeo trajo a la actualidad a este tipo sofisticado de *cowgirl*: la vaquera de rodeo. Pero lo cierto es que ya en las exhibiciones y rodeos de competición de los primeros años del Viejo Oeste, habían competido mujeres en todos los eventos, a veces entre sí y a veces contra hombres. Lucille Mulhaud (1885-1940), de Oklahoma, fue la vaquera de rodeo más famosa de finales de siglo. Como ella, muchas otras jóvenes soñaban con hacerse valer ante su padre y sus hermanos. Y muchas lo consiguieron.

Si el mundo del *cowboy* no estuvo vedado a las mujeres, tampoco lo estuvo el de la delincuencia. En esta categoría destacaron, por ejemplo, las amigas Cattle Annie

McDougal y Jennie Little Breeches Metcalf, cuyo historial delictivo conjunto empezó por robos de ganado, siguió por asaltos a diligencias y terminó por el desvalijamiento de bancos. La ley fue benévola con ellas, y más en aquellos tiempos de justicia sumarísima. En vez de colgarlas, los jueces las encerraron en reformatorios, cosa que por una vez, en el caso de ambas, cumplió sus fines. Al recuperar su libertad, Cattle Annie marchó a Oklahoma, donde vivió el resto de su vida como una ciudadana honesta. Jeannie, llegó más lejos, pues, al dejar el reformatorio, ingresó en una orden religiosa y se dedicó por completo a la caridad.

Célebres forajidas fueron también Laura Bullion (1876-1961), componente del famoso Grupo Salvaje dirigido por Butch Cassidy, con el que robó varios bancos, y Pearl Hart (1871-?), una de las pocas y sin duda la más famosa, aunque efímera, salteadora de diligencias de todo el Oeste.

Laura Bullion había nacido en Knickerbocker, en el condado tejano de Irion, de madre alemana y padre nativo norteamericano. Vivió un tiempo, siendo aún adolescente, con el forajido Bill Carver, antiguo amigo de su padre, mientras trabajaba esporádicamente como prostituta, en San Antonio, Texas. Junto con su pareja comenzó a relacionarse con el Grupo Salvaje liderado por Butch Cassidy, teniendo por compañeros a forajidos tan famosos como Sundance Kid, "Black Jack" Ketchum, Kid Curry o Ben "the Tall Texan" Kilpatrick. Sus compinches, que la llamaban Della Rose, pronto la permitieron participar en sus actividades delictivas, principalmente, como vendedora de los artículos robados por sus amigos. En 1901, al morir Carver en un enfrentamiento con agentes de la ley, ella se unió a Ben Kilpatrick. Ese mismo año, fue condenada a cinco años y medio de cárcel por su participación en el atraco a un tren de la línea Great Northern, aunque solo cumpliría tres y medio. Kilpatrick también fue encarcelado y no saldría hasta 1911. Tras tener otras varias parejas, se volvió a unir a él a su salida de la cárcel. Sin embargo, la pareja duró poco, pues Kilpatrick murió mientras robaba un tren en marzo de 1912. En 1918, Laura se mudó definitivamente a Memphis, Tennessee, adoptando distintos nombres falsos y haciéndose pasar por viuda de guerra, regentando una casa de huéspedes y trabajando como costurera, dependiente de una mercería, modista y decoradora. Al final de su vida, pasó muchos apuros económicos hasta que murió de una enfermedad cardiaca en 1961.

Por su parte, Pearl Hart, en realidad Pearl Taylor, nació en Ontario, Canadá. Se enamoró de la vida del Oeste tras ver el espectáculo de Buffalo Bill en la Exposición Universal de Chicago de 1893, donde quedó impresionada sobre todo por Annie Oakley. A los diecisiete años, se casó con un delincuente de tres al cuarto, al que abandonó tras la visita a la Exposición. Pearl se marchó a Trinidad, Colorado, donde se empleó como cantante, pero como resultó que estaba embarazada de su marido, regresó brevemente a Canadá, tuvo el hijo, lo dejó al cuidado de sus padres y se volvió al Oeste, esta vez a Phoenix, Arizona, empleándose como cocinera. Tras asimilar la decepción de conocer el auténtico Oeste y reencontrarse con su marido, comenzó a frecuentar los bares y a abusar del alcohol y las drogas. Tras tener un segundo hijo, la pareja se rompió. Pearl volvió a su casa familiar, pero pronto la abandonó de nuevo, dejando allí a sus hijos. Tras instalarse en distintos campamentos mineros de Arizona, entró en una profunda depresión e intentó quitarse la vida varias veces, hasta que, en 1899, recuperó la estabilidad junto a un minero llamado John Boot. Meses después, al recibir aviso de que su madre estaba enferma y necesitaba dinero para medicinas, la pareja tomó la decisión de robar una diligencia. Tras elegir el objetivo, Pearl se cortó el pelo y se vistió con ropa de su pareja y, en mayo de 1899, pusieron en práctica su plan. Atracaron la diligencia y consiguieron un botín de 431 dólares y un revólver en el que los historiadores tienen como último atraco perpetrado contra una diligencia en Estados Unidos. Sin embargo, al no conocer el desértico paraje, se perdieron en la huida. Dos días después, fueron apresados por el *sheriff* y sus hombres.

A partir de entonces, con tan corto currículum, los periódicos comenzaron a llamarla "la Reina de los Bandidos". Su poco fundada fama aumentó al fugarse de la cárcel en octubre de 1899, lo que de poco le valió, pues pronto fue apresada de nuevo. En el juicio, tras hacer un conmovedor alegato sobre los inconvenientes de su condición femenina y pese a que se declaró culpable, fue absuelta, sobre todo al confesar que había robado la diligencia para enviar dinero a su madre enferma. Su compinche, en cambio, recibió una condena de treinta y cinco años.

El juez, furioso por la decisión del jurado, juzgó a Pearl de nuevo por tenencia ilícita de armas, condenándola a cinco años de cárcel. Su estancia en prisión, además de relativamente cómoda al recibir un trato de favor, incrementó su fama, al ser objeto de numerosos reportajes periodísticos. Tras dieciocho meses, le fue concedida la libertad condicional al descubrirse que estaba embarazada y que los dos únicos hombres con los que había estado a solas eran un capellán y el gobernador de Arizona. Su liberación trató de reducir el escándalo. Pearl se instaló en Kansas City dispuesta a sacar beneficio a su popularidad, protagonizando un drama escrito por su propia hermana. Sin embargo, todo se esfumó tan rápido como había llegado, Pearl comenzó a trabajar como prostituta y no se volvió a saber nada de ella hasta que, dos años después, fuera detenida por comprar latas de conservas robadas. Tras eso, volvió a desaparecer hasta 1924, en que fue muy comentada su visita al tribunal que en su día la juzgó. A partir de ahí se evaporó para siempre.

Otra mujer de fama desproporcionada a su biografía fue Ellen Liddy Watson (1861-1889), más conocida como Cattle Kate, que fue linchada por una partida de vigilantes al servicio de una poderosa asociación ganadera de Wyoming como supuesta cuatrera, aunque en realidad nunca se le probó delito alguno. Parece ser que el único que cometió fue perjudicar los intereses de los ganaderos al negarse a abandonar o venderles su granja y al haber tratado de divulgar sus extorsiones, junto a su pareja, James Averell, también linchado.

Caso muy distinto, en fama y en biografía, fue el de las dos mujeres de más largo historial y, sobre todo, de mayor fama: Calamity Jane y Belle Starr.

CALAMITY JANE (JUANITA CALAMIDAD), UNA VIDA AUTOINVENTADA

Figura legendaria en la imaginería femenina del Salvaje Oeste, la célebre Martha Jane Canary-Burke (1851-1903), más conocida como Calamity Jane (Juanita Calamidad), fue el más acabado ejemplo de mujer de la Frontera. A lo largo de su vida, trabajó siempre en tareas masculinas, por ejemplo, domando toros y luchando contra los indios a las órdenes del general Crook. Manejaba la carabina con la destreza de un escopetero y el revólver con la rapidez de un pistolero. De ella se dijo que parecía y actuaba como un hombre, disparaba como un *cowboy*, bebía como un pez y, sobre todo, mentía como una mentecata. Su figura fue popularísima en las ciudades mineras, sobre todo en Deadwood, donde según se dice (según dijo ella misma) sostuvo un apasionado idilio con el famoso Wild Bill Hickok.

Según confesó antes de morir, había nacido del 1 de mayo de 1851 en Princeton, Missouri, siendo la mayor de seis hermanos (dos varones y cuatro chicas). Sus padres, Bob y Charlotte, eran espíritus inquietos que se trasladaron de un lugar a otro hasta llegar a Alder Gulch en Montana, a finales de 1862. En este viaje, Jane aprendió a vivir al aire libre y a cazar con rifle, y decidió que ese era el estilo de vida que quería. Recibió poca o ninguna educación formal, aunque sí sabía leer y escribir. En 1866, murió su madre y, un año más tarde, su padre. Obligada por las circunstancias, con dieciséis años, asumió el papel de cabeza de familia y se trasladó primero a Fort Bridger y luego a Piedmont, Wyoming, donde se estableció con sus hermanos menores.

Para mantener a sus hermanos, trabajó como cocinera, niñera, bailarina, lavaplatos, camarera, arriera e, incluso, prostituta, pero ninguno de estos oficios satisfacía sus sueños. Hacia 1869, apareció en Cheyenne, Wyoming, donde pronto se hizo muy popular como "única mujer que había trabajado en el Union Pacific", la línea de ferrocarril que unía el Este y el Oeste, por lo que se le reconoció el derecho excepcional a beber en la barra de los bares, en los que intimó con los muchos fanfarrones de la ciudad.

Aparentemente inmune al miedo, y muy masculina en casi todo (incluyendo los pantalones de gamuza), era tan dura y tan curtida como cualquier otro de los indeseables que aparecieron en Wyoming después de la Guerra de Secesión. No obstante, también tenía una ternura femenina que le hacía compartir su último dólar o su última reserva de carne seca con cualquier minero hambriento. Donde hubiera disturbios, escaramuzas con los indios, peleas o linchamientos, la alegre y decidida muchacha, que maldecía como un sargento de caballería, se hallaba presente. Le divertían los chistes subidos de tono y sabía manejar el revólver con tanta destreza como los mejores pistoleros. De mediana estatura, sus cabellos y ojos pardos y su color bronceado hicieron que más de uno se enamorase de ella. Se casó dos veces y en ambas ocasiones el marido murió con las botas puestas.

En 1870 fue contratada como exploradora del ejército y adoptó el uniforme de soldado, aunque no está claro del todo si realmente llegó a estar alistada profesionalmente, pero sí que desde entonces ya no se recató de vestir siempre como un hombre. Por entonces perdió casi todo el contacto con sus hermanos menores, prefiriendo llevar una vida más aventurera y fronteriza, aunque, como todos los historiadores aseguran, no todos los detalles que ella

Martha Jane Canary-Burke (1851-1903), conocida como
Calamity Jane (Juanita Calamidad), fue el mejor ejemplo de mujer de
la Frontera: trabajó siempre en tareas masculinas, por ejemplo,
domando toros y luchando contra los indios a las órdenes
del general Crook.

misma aportó acerca de sus andanzas han de creerse, pues era proclive a la exageración, cuando no a la mentira descarada. A menudo reivindicaba relaciones o amistades con personajes famosos e importantes del Oeste, casi siempre ya fallecidos, por lo que ninguno podía desmentirla. Por ejemplo, años después de la muerte del coronel Custer, Calamity afirmaba que había servido bajo su mando durante el primer destino del militar en Fort Russell y también durante las campañas indias en Arizona. Sin embargo, no existen registros que demuestren que Custer fuera destinado alguna vez a Fort Russell o a las campañas indias de Arizona. Es más probable que ella sirviera a las órdenes del general George Crook en Fort Fetterman, Wyoming. Esta sería la primera de sus muchas falsas reivindicaciones.

Durante el verano de 1872, se estableció un puesto militar en Goose Creek, Wyoming. Un destacamento de tropas de ese puesto fue rodeado por los indios. Murieron seis soldados de caballería. El capitán Egan estaba a punto de caer cuando ella le salvó. Según dice la leyenda, el capitán exclamó: "Jane, eres una chica magnífica, pero una calamidad. Desde ahora te llamaremos Calamity Jane". Sin embargo, otros afirmaron que su apodo se debía más bien a los reiterados avisos que daba a los hombres acerca de que ofenderla era "exponerse a sufrir una calamidad".

En cierta ocasión, ayudó a salvar a varios pasajeros de una diligencia distrayendo a los indios que la perseguían. El conductor de la diligencia murió durante la persecución y Jane tomó las riendas, llevando el coche hasta su destino en Deadwood. Está probado que en 1875 acompañó a la expedición Newton-Jenney a las Colinas Negras, junto con otros destacados personajes de la Frontera, como California Joe y Valentine McGillycuddy.

En cierta ocasión, encargada de llevar unos importantes partes militares, Calamity cruzó a nado el río Platte y, sin detenerse, fría y empapada, viajó casi 150 kilómetros a toda velocidad para entregarlos. Debido a ello, cayó muy enferma. Tras una convalecencia de pocas semanas, cabalgó hasta Fort Laramie, en Wyoming, y, más tarde, en julio de 1876, se unió a una caravana que, bajo la dirección del antiguo trampero, guía y buscador de oro Charlie Utter, se dirigía a Deadwood, Dakota del Sur, donde, en contra de sus afirmaciones posteriores, se encontró por primera vez con Hickok, de quien Utter era el mejor amigo.

En Deadwood, además de atender desinteresadamente a las víctimas de una epidemia de viruela, trabajó ocasionalmente como prostituta y posteriormente como cocinera y lavandera, en ambos casos para la famosa *madame* Dora DuFran, y afianzó su amistad con Wild Bill Hickok, del que quedó prendada de por vida. Tras la muerte del pistolero en agosto de 1876, Juanita afirmó que había contraído matrimonio con él y que habían tenido un hijo el 25 de septiembre de 1873, que ella dio en adopción. No hay registros que prueben tal cosa y toda su relación con Hickok puede haber sido una mentira. En la fecha en que su supuesto hijo habría nacido, Calamity trabajaba como exploradora del ejército y Hickok estaba de gira por el Este con Buffalo Bill.

No obstante, el 6 de septiembre de 1941, el Departamento de Bienestar Público estadounidense concedió una pensión a Jean Hickok Burkhardt McCormick, quien afirmaba ser descendiente legal de Martha Jane Canary y James Butler Hickok, tras haber presentado evidencia de que ambos se habían casado en Benson's Landing, Montana, el 25 de septiembre de 1873, como demostraba la anotación hecha en una Biblia y presumiblemente firmada por dos reverendos y varios testigos. Años después, los descendientes de Juanita Calamidad lograron que un tribunal dictaminase que esa relación no era cierta o, al menos, no estaba bien demostrada.

En 1884, Jane se trasladó a El Paso, Texas, donde conoció a Clinton Burke, con el que sí es seguro que se casó en agosto de 1885, alumbrando dos años después a una hija. Sin embargo, el matrimonio no duró mucho, pues en 1895 ya estaban oficialmente separados. Un año después, Calamity Jane comenzó a ir de gira con el espectáculo del Salvaje Oeste de Buffalo Bill, lo que continuaría haciendo casi hasta el final de su vida. Calamity murió de pulmonía, a los cincuenta y un años, en 1903. Está enterrada, a petición propia, junto a Wild Bill Hickok, en el cementerio de Mount Moriah, en la ciudad de Deadwood.

BELLE STARR, LA "REINA DE LOS BANDIDOS"

La pistolera más famosa de la historia del Oeste fue Myra Belle Shirley (1848-1889), más conocida como Belle Starr. Nacida en una cabaña de troncos cerca de Carthage, Missouri, su padre, John Shirley, era la oveja negra de una familia adinerada de Virginia que se había trasladado al oeste de Indiana, donde se casó y divorció dos veces. En 1839, tras contraer tercer matrimonio con Elizabeth Pennington, madre de Belle, todos se trasladaron al condado de Jasper, Missouri, donde el padre prosperó cultivando trigo y maíz y criando cerdos y caballos. En 1856, vendieron sus tierras y se mudaron a Carthage, Missouri, donde construyeron un hostal, una taberna, establos y una tienda de material de herrería.

En ese ambiente, Myra Belle creció como una niña mimada que asistía al colegio de la ciudad, donde aprendió lo básico, pero también música y lenguas clásicas. Fue una estudiante brillante, de maneras educadas y con cierto talento para tocar el piano, aunque siempre perjudicada por cierto aire presuntuoso. En sus ratos de ocio, también le gustaba salir a caballo por los alrededores de su ciudad, donde aprendió a usar la pistola. Pero su vida cambió por completo cuando la Guerra de Secesión llegó a Missouri. Tras morir su hermano mayor Bud, alistado en una guerrilla confederada, su padre decidió deshacerse de todos sus negocios y propiedades y trasladar a toda la familia a una granja cercana a Scyene, Texas. Allí, en 1866, la joven se topó con la banda de los James-Younger, que huían tras cometer un asalto en Liberty, Missouri, cayó rendidamente enamorada de Cole Younger y rápidamente se convirtió en un miembro más de la banda.

Pasado aquel enamoramiento juvenil, se dio la circunstancia de que otra banda de forajidos sudistas se refugió de nuevo en su casa familiar. Entre ellos estaba un viejo conocido de Missouri, Jim Reed, de quien Belle se enamoró, esta vez de verdad. En noviembre de 1866, Belle se casó con él. Jim, que aún no era un proscrito, se fue a vivir con los Shirley. Un año después, la pareja se trasladó a una granja propia, donde Belle dio a luz a su primer hijo. Pero, para entonces, Reed ya estaba en busca y captura, acusado de matar a un hombre.

La pareja se trasladó a California, donde nació su segundo hijo. En 1869, Belle, Reed y dos compinches cabalgaron hasta el condado del río North Canadian, donde torturaron a un viejo indio creek, encargado de las finanzas de su pueblo, hasta que les dijo dónde había escondido un suma de 30.000 dólares en oro. Con su parte del botín, el matrimonio volvió a Texas, pero su marido fue asesinado en agosto de 1874 por otro miembro de su propia banda. La ya viuda dejó a sus hijos con su madre y partió a vivir su vida al margen de la ley. Su facilidad para la monta y su presteza con la pistola hicieron que se le empezara a adjudicar cualquier robo de ganado ocurrido por la zona.

En 1880 se enamoró de Sam Starr, un facineroso con sangre cheroqui, y ambos empezaron a actuar juntos, cometiendo todo tipo de atracos, robos de caballos y contrabando con los indios, hasta que pusieron precio a sus cabezas. A partir de entonces, la pareja no dejó de entrar y salir de la cárcel, mientras simultáneamente iba

Belle Starr junto a Blue Duck. Myra Belle Shirley fue, quizás, la pistolera más famosa de la historia del Oeste.

creciendo la fama de Belle en todo el país. Tal grado alcanzó esta que, en uno de los periodos de libertad, comenzó a trabajar en un espectáculo del Salvaje Oeste, actuando como asaltante de diligencias.

En 1886, una partida de vigilantes consiguió dar muerte a Sam, pero Belle pudo escapar, aunque no viviría demasiado para contarlo. En 1889, contrajo su tercer matrimonio con un bandido mucho más joven que ella, de nombre Jim July, con el que vivió una relación muy tormentosa. El 3 de febrero de 1889, Belle fue asesinada por la espalda (eran pocos los que osaban desafiarla de frente) en Eufala, Oklahoma. Tenía cuarenta y un años. Aunque nada se pudo probar, las autoridades interrogaron a su nuevo marido (que murió poco después a manos de un ayudante de *sheriff*), a su hijo Ed (con el que se rumoreaba que Belle mantenía una relación incestuosa) y a su hija Pearl (a quien había impedido casarse con el padre de su propio hijo). Nada se pudo probar y a nadie se pudo acusar de su muerte.

LA PROSTITUCIÓN EN EL OESTE

No cabe ninguna duda de que la gran mayoría de mujeres que, mal que bien, salieron adelante en el Oeste tuvieron que recurrir a ejercer la prostitución, muy a menudo en condiciones sórdidas y sin redención alguna. Se calcula que en la segunda mitad del siglo XIX, periodo en que la prostitución fue legal, más de 50.000 mujeres ejercieron en todo tipo de burdeles de la Frontera. La mayoría eran sórdidos y en ellos lo único que prosperaba eran el alcoholismo, las enfermedades venéreas y toda clase de miserias.

Dadas las limitadas posibilidades del siglo XIX, las mujeres tenían pocas opciones más de salir adelante cuando eran abandonadas o se quedaban solas en las ciudades del Oeste al morir sus padres o sus maridos. También ocurría lo mismo a las mujeres que voluntaria o forzadamente perdían su virginidad y, por tanto, en aquella sociedad, su condición de casaderas. Mucho más claro era aun el caso de las raptadas, especialmente aquellas secuestradas por indios.

Tal fue el caso de la tejana Mary Elizabeth Libby Haley Thompson (1855-1953), más conocida con su nombre artístico de Squirrel Tooth Alice (Alicia Diente de Ardilla), raptada en 1864, a los nueve años de edad, por los comanches, que la retuvieron durante tres años, hasta que su padres pagaron el rescate. A pesar de ser una víctima, quedó marcada para siempre, al suponer todo el mundo que había perdido su virginidad con los salvajes y comenzar a marginarla. Poco después, Libby se fue a vivir con un hombre mayor, al que no le importaba su pasado. Con él vivió unos meses, hasta que su padre fue a pedirle explicaciones y, en el curso de la discusión, lo mató. La aún adolescente Libby, con catorce años de edad, se fue de casa y se estableció en Abilene, Kansas. A falta de otras opciones, se hizo bailarina de *dance-hall* y prostituta.

Por entonces comenzó a ser conocida con su apodo, debido, obviamente, a sus dientes separados. Poco después, se unió sentimentalmente al pistolero y jugador William Texas Billy Thompson, hermano pequeño de Ben Thompson. Durante los siguientes años, Libby le siguió por toda la ruta ganadera, trabajando en cada ciudad como bailarina. En 1872, ambos regresaron a Kansas, estableciéndose en Ellsworth, donde, además de trabajar en los garitos, tuvieron a su primer hijo y se casaron. Tras asesinar Billy accidentalmente al *sheriff* del condado local y ser absuelto en el correspondiente juicio, ambos se marcharon a Dodge City, donde ella volvió a trabajar como bailarina y prostituta. Tras pasar alguna temporada en Colorado, se establecieron definitivamente en Sweetwater, Texas, donde se compraron un rancho y criaron a sus nueve hijos (tres de ellos, hijos de tres clientes distintos de Libby), fundamentalmente gracias a los buenos resultados que obtenía el burdel que enseguida pusieron en marcha. En 1897, Billy murió. Ella siguió regentando sola el burdel hasta 1921, cuando se retiró a la edad de sesenta y seis años. Treinta y dos años después, a los noventa y ocho, en 1953, murió en Los Ángeles, California.

Otro vivero de prostitutas era las propias filas de las hijas de mujeres ya dedicadas a esa misma profesión que, al estar marcadas, tampoco disponían de otras soluciones. Eso hicieron, por ejemplo, las hijas de Squirrel Tooth Alice. En términos generales, la mayoría de las chicas de esos colectivos no encontraba otra salida que alquilar su cuerpo para conseguir un medio de subsistencia.

La gran mayoría de las mujeres que, mal que bien, salieron adelante en el Oeste tuvieron que recurrrir a ejercer la prostitución, a menudo en condiciones sórdidas.

LA DOBLE MORAL DEL OESTE

En el Salvaje Oeste, las severas sanciones puritanas no se aplicaron con la misma rigidez que en el Este. Aunque las mujeres "decentes" etiquetaban de "vergonzosas" a las que no se hacían valer y no recataban sus vestidos, su conducta o su ética sexual, la verdad es que las toleraban como un "mal necesario". Aunque hacían como que ignoraban la existencia de los burdeles, eran pragmáticas y admitían su necesidad para distraer las atenciones de los hombres que perseguían a sus hijas o para aliviarlas a ellas de los lascivos y excesivos requerimientos de sus maridos. En su pacata visión de la vida, el sexo solo era un medio para engendrar hijos, lo demás era lujuria, así que era mejor que se perdieran aquellas mujeres, ya mancilladas, que ellas.

Por su parte, la mayoría de los hombres del Oeste se sentían intimidados por las mujeres "decentes", ante las que tenían que simular unos modales que, en realidad, no sentían ni sabían representar. Así que, en muchas ocasiones, preferían la compañía de esas chicas que "les permitían ser como ellos realmente eran".

En el Oeste, en términos generales, había dos tipos de chicas malas. Las peores, en opinión de las *decentes,* eran las muchas prostitutas que se ganaban la vida vendiendo sus favores sexuales en los numerosos burdeles. Algo *mejores,* más tolerables, eran las chicas de alterne y bailarinas de los garitos y salones de baile, que, al contrario de lo que se solía pensar, no solían prostituirse.

Sea como fuere, todas y cada una de las ciudades y aldeas del Oeste contaban con, al menos, una pareja de mujeres alegres, que, además, cubrían otra función social: dar que hablar al resto de la población, tan falta de diversiones. A veces, estas mujeres se escondían tras la fachada más respetable de regentar una lavandería o una casa de huéspedes, o bien de figurar como costureras o cocineras. Pero, tampoco era raro que hicieran alarde de su oficio paseándose por las calles con vestidos finos, para escándalo de las mujeres decentes de la ciudad. Tal fue el caso, por ejemplo, de Pearl de Vere, de Cripple Creek, Colorado, o de Mollie Rogers, de Deadwood, Dakota del Sur.

Las prostitutas eran tan numerosas en algunas ciudades de la Frontera que se ha llegado a estimar que suponían en algunos casos hasta el 25% de la población. Hacia 1860, la prostitución era un negocio boyante y próspero y, aunque en muchos sitios era ilegal, era imposible de erradicar, así que la ley generalmente prefería mirar para otro lado y, si acaso, confinar los burdeles a una zona apartada de la ciudad e imponer regularmente alguna multa a las casas de citas y a las propias prostitutas, costumbre que acababa convirtiéndose en una especie de tasa municipal, pagada generalmente de buen grado por las profesionales con tal de no ver interrumpido su negocio ni interferida su vida.

Como en el resto de profesiones, en la prostitución había una jerarquía clara, con las mujeres que vivían y trabajaban en las mejores casas, por lo común mansiones, que eran la minoría, muy por encima de las que lo hacían en salones de baile, bares u otros tugurios de mala muerte, a las que solían despreciar. Con independencia de su calidad, casi todos los burdeles significaban su actividad colgando farolillos rojos en la puerta y cortinas de ese mismo color en las ventanas bajas.

En el interior, se trataba generalmente de locales magníficamente decorados, con sofás y sillas alineadas en las paredes y, a menudo, un pequeño escenario con un piano para que las propias chicas tocasen o cantasen a requerimiento de los clientes. Los mejores burdeles contaban también con una sala de juego y otra de baile. Entre cliente y cliente, las chicas y los visitantes se entretenían con músicos, bailarines, cantantes e, incluso, malabaristas. Los establecimientos de primera clase ofrecían un bufé selecto y se enorgullecían de su bodega, ofreciendo además cigarros, whisky de importación y los más finos licores y champañas.

Pero siempre se mantenía, al menos en la planta baja, un intencionado aire recatado de vida hogareña. Todo ello en aplicación del viejo lema que regía en estos establecimientos de alto copete como regla del comportamiento de las chicas: "Ser una dama en la sala de estar y una puta en el dormitorio". Por lo común, no se toleraba que las pupilas dijesen palabrotas o fumasen antes sus clientes, que habían de ser tratados como caballeros, lo fuesen o no. Todas las chicas vestían al menos corsés y mantenían un comportamiento más o menos refinado. Por lo general, las habitaciones estaban en la segunda planta, si es que había tal.

Los burdeles de calidad media contaban con una media de seis a 12 chicas, más la madama, que solo entretenía a los clientes especiales o que ella misma seleccionaba. Tampoco faltaba un matón ocupado de deshacerse de los clientes que perdieran la compostura o los modales con las chicas o, peor aun, que se negaran a pagar.

En los burdeles de peor nivel todo era mucho menos sutil. Los encuentros se realizaban con muy poco coqueteo previo en el bar, para ir inmediatamente a las habitaciones, o, incluso, en algunos tugurios, practicando el sexo en la misma pista de baile, de pie.

Por debajo de las prostitutas de los burdeles estaban las que trabajaban de modo independiente, que vivían y ejercían en pequeñas casas o cabañas situadas en zonas segregadas del pueblo y formadas por lo común por una sala frontal y una cocina trasera. Algunas madamas de los grandes burdeles mantenían una red de casas individuales en las que ponían a trabajar a las mujeres de edad superior a la habitual en sus establecimientos: de catorce a treinta años.

Más abajo aun estaban las prostitutas callejeras, que solo se solían encontrar en las grandes ciudades. En categoría aparte estaban las mujeres que ejercían en los fuertes y otros puestos militares. Por lo común se alojaban en zonas apartadas, en locales cochambrosos, donde los soldados siempre podían conseguir un whisky, algo de juego y compañía femenina poco selecta y poco exigente. A los negros, indios y chinos no se les permitía acceder a ellos, aunque algunas ciudades contaban con establecimientos propios para estas minorías raciales.

Aunque parezca raro, muchas prostitutas estaban casadas, algunas con los propietarios de los establecimientos y otras con gerentes o empleados de compañías teatrales itinerantes. Estos hombres no solo consentían las actividades de sus mujeres sino que, en la gran mayoría de los casos, vivían de ellas. Con mucha fortuna, otras lograban casarse con algún cliente y retirarse con suficiente dinero como para mantener un nivel de vida confortable. Ya casadas, puesto que en el Oeste no era de buena educación preguntar por el pasado de nadie, pasaban a ser sin mayores problemas mujeres respetables.

Obviamente, eran las madamas las que realmente hacían dinero al quedarse con el 40% de lo que cobraban las chicas, e incluso un porcentaje superior respecto a las comisiones por consumiciones de los clientes. Las que no lograban salir del ambiente, no habían caído en las redes del alcohol o las drogas, lo que era muy común, y habían sido suficientemente previsoras tenían las opciones de abrir su propio establecimiento con chicas jóvenes, regentar algún *saloon*, convertirse en comadronas y abortistas o ir descendiendo escalones en la jerarquía profesional. Algunas encontraban como única salida digna el suicidio, bastante habitual, aunque poco aireado. Además de las drogas, el otro gran peligro de estas mujeres eran las enfermedades, principalmente la tuberculosis y la sífilis. A falta de métodos anticonceptivos, el único recurso era el aborto, también muy habitual entre las mujeres decentes. Alguien ha calculado que entre 1850 y 1870 se daba una tasa de un aborto por cada cinco o seis nacimientos.

Los prostíbulos solían ser propiedad o al menos estar regentados por una mujer llamada comúnmente "madama", que solía ser una antigua prostituta. Algunas de ellas se convirtieron en leyendas en el Oeste por su popularidad personal o por la gran fama de su establecimiento.

LAS GRANDES MADAMAS DEL OESTE

Denver, Colorado, fue una de las ciudades cuyo distrito dedicado a la prostitución adquirió mayor notoriedad por su extensión y su prosperidad. El boom aurífero le hizo pasar en un par de años de tener unos pocos miles de habitantes a exceder los 100.000. En aquel marco, desarrolló su actividad Mattie Silks (1847-1929), una de las grandes madamas del Oeste. Su vocación se manifestó tan tempranamente que a los diecinueve años ya era dueña de una pensión para señoritas en Springfield, Illinois. Creyendo sensatamente que el porvenir estaba en el Oeste, su siguiente aparición fue en Dodge City, Kansas, siempre regentando una casa de pupilas. La fiebre del oro la llevó a Denver en 1876, donde la laxitud de los preceptos legales y el auge del negocio del sexo iban a permitirle establecerse por todo lo alto.

Mattie era menuda, rubia y con unos ojos azules tan cándidos y una voz tan dulce que hacían increíble su profesión. No obstante, era mujer de armas tomar y en su extensa colección de vestidos no faltaban nunca dos bolsillos: uno para ocultar una pequeña pistola con incrustaciones de marfil y el otro, a modo de faltriquera, para las monedas. Su establecimiento era exigente con sus muchachas, todas ellas muy seleccionadas, y también con su clientela, a la que solo tenían acceso los nuevos ricos del oro que en aquella región, de momento, abundaban.

Como es lógico, Mattie conoció a muchos hombres, pero tuvo su debilidad: un buen mozo tejano llamado Cort Thompson, por el que llegó a batirse en duelo con otra empresaria de su mismo sector, Katie Fulton, celosa de los favores que aquél le prestaba a Mattie. El desenlace fue de lo más inesperado. Las damas, situadas a la distancia convenida, contaron hasta tres, se giraron y dispararon. Las dos demostraron que las armas no eran lo suyo y ambas salieron ilesas. Sin embargo, el disparo de Mattie rozó el cuello del fornido Cort, quien, hasta ese momento, disfrutaba del inusual espectáculo de que dos hembras se liaran a tiros por él.

Mattie ganó grandes sumas de dinero con aquel establecimiento que funcionaba día y noche. Buena parte de ese dinero se destinaba a que Cort llevara una vida regalada de propietario de una espléndida cuadra de caballos. El establecimiento llegó a convertirse en una verdadera institución, de manera que cuando llegaba a Denver algún visitante ilustre, fuera político o magnate del ferrocarril, al tiempo que el alcalde le mostraba todas las bellezas del lugar, Mattie hacía lo propio con las de su establecimiento.

Sin embargo, entre 1898 y 1909, Mattie fue desbancada en popularidad por Jennie Rogers (1843-1909), una mujer procedente de Saint Louis con depurado gusto y mucha clase personal, que llegó a poseer hasta tres burdeles en Denver, a cual más lujoso en decoración, confort y servicios. Su estilo personal era, sin embargo, diametralmente opuesto al de Mattie, pues Jennie era una mujer muy alta, escultural y de gran temperamento. Nadie tonteaba con ella, ni siquiera su amante, Jack Wood, que una vez recibió sus iras en forma de disparo. Se ve que era un arriesgado oficio el de amante de una madama. Al ser interrogada por la policía, Jennie se defendió arguyendo: "Le disparé porque le quiero, ¡maldito sea!".

Jennie mantenía una vida de gran señora y era habitual verla paseando por las calles de Denver montando un soberbio caballo bayo y luciendo esmeraldas y brillantes. Era culta y estaba dotada de elegancia natural, por lo que las esposas de los notables se disputaban su compañía, obviando el origen de sus caudales. Abrió su famosa House of Mirrors (Casa de los Espejos) y rápidamente desbancó a su rival. El burdel era una mansión de ladrillo de tres alturas con 27 habitaciones, incluyendo 16 dormitorios, tres salas, un comedor, un salón de baile con techo de espejo y una bodega muy bien surtida. El salón principal, o sala de los espejos, contaba con una inmensa araña, paredes forradas de espejos y muebles de maderas nobles. Para la música, contaba con un pianista fijo y, por horas, con una pequeña banda de cinco músicos negros, que interpretaba todo tipo de ritmos bailables.

Jennie Rogers murió en 1909. Dos años después, Mattie Silks compró su envidiada Casa de los Espejos por 14.000 dólares y la mantuvo en todo su esplendor, recuperando el cetro de gran madama de Denver. Continuó prácticamente toda su vida en su papel de madama, aunque cada vez viajó más y se preocupó de hacer inversiones inmobiliarias, que la hicieron aun más rica. Murió en 1929 a causa de complicaciones surgidas tras una caída. Su funeral congregó a muchísima gente.

Otro famoso centro de prostitución fue, cómo no, Deadwood, la problemática ciudad de Dakota del Sur. El primer contingente de chicas llegó casi a la par que los primeros colonos en julio de 1876, en una caravana conducida por Charlie Utter, en la que también viajaban su gran amigo Wild Bill Hickok y Calamity Jane.

Cuando la ciudad alcanzó su auge definitivo, destacaron, sobre todo, dos madamas también muy famosas: Dora DuFran y Mollie Johnson.

Desde el mismo momento que llegó a la ciudad, Dora Bolshaw (1873-1934), más conocida como *madame* Dora DuFran, obtuvo un éxito inmediato. Nacida en Inglaterra, fue toda una belleza juvenil. Nada más llegar a Deadwood se casó con Joseph DuFran, un afable y honesto jugador, que no solo aceptó la profesión de su mujer, sino que la ayudó a mejorar el negocio. Desde sus primeros días en la ciudad, Dora entabló una gran amistad con Calamity Jane, quien, a lo largo de su vida, trabajó en varias ocasiones en su local a veces como prostituta y otras como limpiadora. De Dora también se dijo que poseía un corazón de oro, pues a menudo hacía de enfermera para todos aquellos que lo necesitaban. Una de sus más famosas casas fue la llamada Diddlin' Dora's Diddlin', que se anunciaba con el lema: "Un lugar al que podrías traer a tu madre". A lo que, se dijo, un cliente puntualizó: "No me gustaría que mi madre supiera lo que hago cuando vengo aquí". En 1909, el marido de Dora murió a los cuarenta y siete años y ella se fue inmediatamente a Rapid City, donde abrió otro burdel que también se ganó su propia fama. Dora murió de un ataque al corazón a los sesenta años, en agosto de 1934.

Su principal competidora mientras estuvo en Deadwood fue *madame* Mollie Johnson (1853-?), conocida como "la Reina de las Rubias". A Mollie le encantaba alardear de su profesión alquilando diariamente un carruaje y paseándose por las calles principales, lo que desairaba no solo a las "damas", que debían retirarse de las calles para no coincidir con ella, sino también a las demás prostitutas, que sentían celos profesionales. También aceptaba encantada cualquier entrevista que le quisieren hacer. Su primera aparición en las noticias locales fue en febrero de 1878 a causa de su inesperado matrimonio con Dutch Nigger Lew Spencer, un trovador y cómico negro que, a la sazón, actuaba en el Bella Union Theater. Su matrimonio fue cualquier cosa menos típico, pues Mollie siguió adelante con su carrera en el prostíbulo. Poco después, mientras Mollie y sus chicas hacían prosperar el negocio, Dutch Nigger se fue a Denver. En 1879, Mollie se llevó la sorpresa de que los periódicos contasen que su marido había matado de un disparo a "su esposa", por lo que había sido encarcelado. Simulando que el descubrimiento de la bigamia de su marido no le había afectado, Mollie siguió adelante con sus estridentes fiestas para admiradores y amigos de pago. A pesar de que fue arrestada varias veces por vender licor sin licencia, sus negocios siguieron viento en poca hasta que, en noviembre de 1879, un gran incendio destruyó buena parte de la ciudad, sus locales incluidos. Mollie lo perdió todo, menos el ánimo, así que inmediatamente comenzó de nuevo, pero otros dos fuegos se cebaron con su negocio el año siguiente. Los periódicos siguieron reflejando sus fiestas y sus travesuras durante dos años más, hasta que informaron de que había abandonado la ciudad en enero de 1883. Del resto de su vida no se sabe nada.

Otra madama famosa y también amante de los alardes de belleza y de la exageración del lujo fue Pearl de Vere (*c.* 1862-1897). Arruinada en Denver, donde era conocida como Mrs. Martin, durante el llamado Pánico de la Plata de 1893, compró una pequeña casa en la ciudad minera de Cripple Creek, Colorado, y empezó de cero. Ante la falta de competencia, su éxito fue inmediato. Al llegar, Pearl fue descrita como una pelirroja de treinta y un años, de gran belleza, mucho carácter e inteligente. Aunque se sabe muy poco de su pasado, se cree que había nacido en Evansville, Indiana, en el seno de una buena familia, que siempre pensó que su hija se ganaba la vida como modista de alta costura. Sus pupilas eran consideradas las más guapas de toda la región, vestían muy bien, pasaban exámenes médicos mensuales y estaban muy bien pagadas. Ante el estremecimiento de las señoras *decentes,* Pearl tenía por costumbre pavonearse por toda la ciudad montada en un pequeño carruaje, tirado por una pareja de caballos negros, sin repetir modelo y causando la envidia no confesada en ellas y el efecto deseado en ellos, que no podían apartar la mirada. Horrorizadas por tales paseos diarios de Pearl y por el hecho de que sus chicas fuesen de compras a la zona comercial de la ciudad a la vez que ellas, las fuerzas vivas presionaron y, pronto, el *marshal* las obligó a ir de compras fuera del horario normal y les impuso una tasa de seis dólares mensuales. Sin embargo, ninguna de esas medidas fue eficaz y su popularidad no disminuyó. Como los paseos de Pearl continuaron, se prohibió que los chicos se acercaran al barrio comercial e incluso se les obligó a cerrar los ojos al paso de su carruaje.

En 1895, Pearl se casó con el propietario de un modesto molino, C.B. Flynn, aunque sin abandonar sus boyantes negocios, que, no obstante, fueron arrasados por un fuego, que también acabó con el molino y con la economía de su nuevo marido, que tuvo que emplearse como fundidor en Monterrey, México. Pearl, mientras tanto, aprovechó la circunstancia y construyó el burdel más lujoso que la ciudad había visto jamás. Reabierto en 1896, el edificio de ladrillos de dos alturas fue llamado The Old Homestead. En él, Pearl no escatimó gastos, importando papeles pintados de París y equipándolo con los mejores muebles de madera noble, caras alfombras, lámparas eléctricas de cristal tallado y mesas de juego tapizadas en cuero. Hasta instaló en la casa un teléfono, un sistema de intercomunicación y dos cuartos de baño, por entonces lujos desconocidos. Además, contrató a cuatro espléndidas chicas y se dispuso a recibir a la clientela más selecta de la región, a la que se le exigía referencias para poder reservar y a la que se cobraba 250 dólares por noche. Las fiestas de The Old Homestead, en las que se servían las comidas y las bebidas más selectas, en un ambiente decorado con flores exóticas, se hicieron famosas.

Con la intención de superar lo nunca visto, Pearl preparó para el 4 de junio de 1897 una extravagante fiesta patrocinada por un millonario admirador. La gente de la ciudad comenzó a ver llegar carros repletos de champán francés, caviar ruso y pavos salvajes de Alabama, así como dos orquestas de Denver. Iba a ser "la fiesta que acabase con todas las fiestas". Y lo fue en más de un sentido. Pearl se vistió para la ocasión con un traje de gala de chifón de color rosa, de 800 dólares, recubierto de lentejuelas y perlas cultivadas, importado de París. Durante la velada, la resplandeciente Pearl abusó de la bebida y se ausentó pronto, yendo a descansar a su habitación, donde, según la costumbre de la época, tomó algo de morfina que la ayudara a dormir. En mitad de la noche, una de sus chicas la encontró inerme en la cama. Se mandó llamar al doctor, pero era demasiado tarde. El médico solo pudo certificar la muerte de esta mujer de treinta y seis años a causa de una sobredosis accidental de morfina.

TOMBSTONE, UN GRAN PROSTÍBULO

En cuanto a Tombstone, en el auge de los prostíbulos tuvo allí mucho que ver Kate Big Nose Elder (1850-1940), la primera *madame* que llegó a la ciudad, aunque su sitio en la historia se debe más a su condición de novia de Doc Holliday. Kate era lo que era, corista y prostituta, y no lo ocultó nunca. Aunque su apodo (Big Nose; es decir, "narizotas") no mentía, el resto de sus facciones eran muy atractivas. Sus curvas eran generosas, muy al gusto del momento y muy en su debido sitio. Dura, valiente, de mucho temperamento y testaruda, Kate se había hecho prostituta por "vocación". No pertenecía a hombre alguno y tampoco se dejó controlar nunca por un proxeneta; solo trabajaba como y cuando ella quería. Holliday la conoció

mientras jugaba a las cartas en el *saloon* de John Shanssey
en Fort Griffin, Texas, aunque, según una leyenda poco
verosímil, en un trance muy difícil y raro. En cierta
ocasión, unos ciudadanos indignados con él se hartaron y
se disponían a colgarlo. Ella provocó un incendio en un
hotel, lo que dispersó al grupo antes de llevar a término su
propósito. Cuando se fueron los linchadores, ella le salvó.
Obviamente, concluye la seguramente falsa leyenda, él la
estuvo agradecido casi eternamente.

Los dos vivieron juntos por un tiempo; pero la vida
tranquila no estaba hecha para ellos. Kate decidió regresar
a las candilejas, las salas de bailes, los garitos de juego y
los lechos de alquiler. Pero, cuando Doc decidió marcharse
a Tombstone, Kate no resistió su ausencia y, al poco, le
siguió. Allí reanudó sus negocios. Compró una tienda de
campaña, reunió a varias chicas, adquirió unos cuantos
barriles de whisky y abrió la primera casa de citas de
Tombstone. Su única regla era asegurarse de que nadie
abandonase su establecimiento con monedas sobrantes en
el bolsillo. Los medios para aliviar a sus clientes de ese
peso extra no le importaban en absoluto. Sin duda alguna,
servía el peor whisky de toda la ciudad y seguramente de
toda Arizona, y sus precios sufrían el extraño fenómeno de
ir aumentando a medida que lo hacía la borrachera del
cliente. Si era necesario, y muchas veces lo parecía, Kate
añadía a la bebida unas gotas de euforizantes que enloque-
cían lo bastante al incauto como para enseñar sus fajos de
billetes. Llegaba entonces el momento de robarlo y de
arrojarlo a una pila estratégicamente situada detrás del
local. Dormida la mona, al despertarse, el cliente se
preguntaba qué había pasado.

En Tombstone, Kate y Doc volvieron a vivir juntos,
pero él siguió bebiendo y jugando, y ella nunca abandonó
sus dudosas actividades. Una noche, Kate volvió borracha
y, contra su costumbre, comenzó a blasfemar y a insultarle.
Doc pensó que ya había tenido bastante y la echó, con
todas sus cosas. Para vengarse, ella declaró a las autorida-

des que Doc había participado en un asalto a una diligencia. Él pudo librarse de la acusación pues tenía muchos testigos que apoyaban su coartada, pero eso fue la gota que colmó el vaso de su paciencia. Le dio 1.000 dólares y puso a Kate en la primera diligencia que partía de la ciudad. Ella, además de quedarse con dos palmos de narices, nunca mejor dicho, no le volvería a ver jamás.

Pero el negocio de la diversión acompañada de Tombstone era mucho más amplio. Uno de los establecimientos nocturnos más estridentes y exitosos de la ciudad era el Bird Cage Theatre ("Teatro de la Jaula de Pájaros"), que ofrecía una amplia variedad de delicias, que iban desde los vodeviles importados a la prostitución, en su más amplia gama. En una muestra más del humor fronterizo tan propio de aquellas ciudades, el nombre del local aludía a la balconada que presidía la zona alta y en la que se ubicaban 12 minúsculos habitáculos donde otras tantas "palomitas" abrían día y noche sus plumas tras unas leves cortinas. En la planta baja, las muchachas divertían a los vaqueros borrachos, los callosos mineros y los atildados jugadores y pistoleros, tratando eso sí de que ninguna de las docenas de balas que se incrustaban en las paredes, el techo e, incluso, la inmensa pintura dedicada a una famosa intérprete llamada Fátima, fuera a alojarse en sus cuerpos.

En ocasiones, aquellos tiroteos eran consecuencia directa de los espectáculos que se ofrecían en el local. Por ejemplo, se cuenta que un mediocre mago llamado Charles Andress presentó un show en que le decía al público que era capaz de atrapar balas con los dientes: el truco consistía en que su ayudante le disparaba balas de fogueo y el mago, sin perder la sonrisa, hacía como que recibía el disparo y enseguida se sacaba una bala de la boca. El truco era tan burdo que, cierto día, un espectador, queriendo comprobar la habilidad del artista, o tal vez expresar su opinión sobre el espectáculo, desenfundó su revólver y, apuntando hacia el escenario, gritó: "¡Coja esta, profe-

sor!". Afortunadamente para el mago, otro espectador con
más sentido común, le sujetó la muñeca al pistolero, dando
la oportunidad al mago de abandonar la escena, tal y como
reflejaron los periódicos, "con un mínimo de dignidad y
un máximo de presteza".

Uno de los primeros edificios y, a la vez, uno de los
más imponentes de Tombstone fue el que albergaba el
famoso Crystal Palace Saloon, construido por Frederick
Wehrfritz en 1879. De su lujo y majestuosidad da idea que
todo el interior estaba recubierto con madera de caoba y
espejos de cristales finos. Pese a este boato, su clientela
era la habitual en aquella ciudad: propietarios de minas,
cuatreros, abogados, pistoleros, mineros, tahúres fanfarrones, agentes de la ley, salteadores de caminos, rancheros y
hombres de negocios, que se mezclaban en una inestable
neutralidad, dejando a un lado temporalmente enemista-
des, sospechas y odios personales. Frederick Wehrfritz era
un auténtico optimista, pues su edificio no solo era el más
imponente de la ciudad sino que, cuando lo construyó,
prácticamente era el único. Pero su confianza se vio
recompensada cuando comenzó a afluir a la ciudad todo
tipo de personas (buenas, malas y regulares) atraídas por el
boom minero.

Aunque los principales alicientes del Crystal Palace
eran los licores selectos servidos en cristalería de la
mejor calidad y los jugadores honestos en mesas siempre
atestadas, la oferta de entretenimiento aumentó aun más
cuando se hicieron cargo de él la pareja formada por Joe
Bignon y Big Minnie. Esta, que debía su apodo (Gran
Ratoncito) a sus 120 kilos de peso, era una mujer con
muchas habilidades, pues combinaba sus actuaciones
igual de convincentes como prostituta, bailarina (¡?),
camarera y *gorila* de la sala. Pese a la personalidad de
sus gerentes, en consonancia con el estilo del *saloon*, los
espectáculos solían ser del género tranquilo; por ejemplo,
dos gentiles señoritas cantando canciones con bellas
letras y bailando muy apropiadamente.

Hacia 1881, las chicas de alterne eran numerosísimas en la ciudad y las más atractivas prostitutas de todo el Oeste ofrecían sus servicios en Tombstone, pero, a su lado, las de más edad y menos belleza se distribuían en otros muchos establecimientos, trabajando a porcentaje con los dueños. Casi todas ellas vivían en graneros o casas de la calle Sexta, un área restringida. No obstante, todas tenían clientes, pues la demanda estaba siempre insatisfecha. Varias veces al año llegaban distintos espectáculos itinerantes y las coristas sustituían temporalmente a las prostitutas. Posiblemente, la de mayor éxito entre aquéllas era Lizette, la "Ninfa Voladora", una bella muchacha cuya actuación consistía en *volar* por el escenario, hábilmente suspendida por unos cables tan finos que eran muy difíciles de descubrir desde la platea.

A partir de 1884, el negocio de la prostitución lo acapararon en Tombstone empresarios franceses, que enviaban a la ciudad a madamas de su confianza para que gestionasen los burdeles, surtidos con continuas remesas de bellas y jóvenes pupilas, muchas de ellas importadas de Europa. La primera de estas madamas marcó época. A juzgar por las crónicas, se trataba de una preciosa y encantadora francesita de nombre Blonde Marie (la Rubia María), que, bajo su apariencia frágil y sus maneras muy educadas, escondía la frialdad de una mujer de negocios; de negocios tan difíciles de llevar como estos. Su establecimiento principal, reservado para la clientela de mayor nivel, no disponía de barra de bar y en él estaban estrictamente prohibidas las borracheras y las peleas. Sus chicas se renovaban frecuentemente para que los clientes no se cansaran nunca de la oferta.

Blonde Marie fue sustituida por la ya famosa como jugadora Eleanor Dumont (1829-1879), más conocida como Madame Moustache, un tipo humano diametralmente opuesto, como su apodo, Madame Bigote, ya dejaba entrever, pero no por ello igual de eficaz que su antecesora.

En contraste con estas madamas importadas de Europa, destacó también un producto local: Crazy Horse Lil, una mujer de armas tomar, grande, fuerte, ruda, grosera y con un vocabulario no digno, siquiera, del Salvaje Oeste. Cuando no estaba en la cárcel por organizar algún disturbio, su especialidad, como no podía ser menos, eran las peleas organizadas, en las que le daba igual el adversario, fuera hombre, mujer o animal.

La prostituta de veintidós años Irish Mag fue, tal vez, la más afortunada de todas estas mujeres de Tombstone. Una noche, un cliente al que no conocía de nada le preguntó si le podría prestar algo de dinero para comprarse herramientas con que buscar su fortuna en la montaña. Mag, tras dudar un momento, tomó la arriesgadísima decisión de prestarle sus ahorros. El cliente quedó tan agradecido que ni siquiera se acordó de pagarle sus servicios. Mag, lógicamente, se reprochó durante varios días su exceso de confianza en aquel hombre al que no conocía, pero acabó por resignarse a la certeza de que no volvería a ver ni al hombre ni a su dinero. Sin embargo, meses después, se presentó ante ella y le contó que gracias a su favor era ahora un hombre muy rico y que, en agradecimiento, acababa de hacer un depósito a su nombre en la Wells Fargo, por un importe de medio millón de dólares. Lógicamente, Mag dejó su trabajo y se volvió a su Irlanda natal, donde, se cuenta, tuvo cinco hijos y vivió respetable y cómodamente el resto de su vida.

BAILARINAS Y CHICAS DE ALTERNE

Menos espectaculares en sus costumbres y en sus hábitos eran las chicas de alterne y bailarinas que trabajaban en los salones de baile y que, al contrario de lo que muchos creen, muy raramente eran prostitutas. Aunque las señoras *respetables* consideraban a estas chicas "unas perdidas", la mayoría no tenía entre sus servicios profesionales entregarse a un hombre. Su trabajo consistía en entretener a los clientes, cantar y bailar, charlar y, quizás, a lo sumo, coquetear con ellos un poco, induciéndoles a quedarse en la barra del bar haciendo consumiciones y gastándose el dinero en los juegos.

La mayoría de estas chicas provenían de granjas pobres atraídas por los carteles y folletos que hacían publicidad de los sueldos altos, el trabajo fácil y los vestidos bonitos. Muchas eran viudas jóvenes o chicas con pocos recursos económicos, pero de buenos principios morales, forzadas a sobrevivir en una época dura que ofrecía muy pocas salidas profesionales a la mujer para emanciparse. Con pagas de a lo sumo 10 dólares a la semana, la mayoría se ganaba unos ingresos extras mediante las comisiones que cobraban por cada copa que se tomaba el cliente al que animaban y entretenían. El whisky que se vendía al cliente marcaba un sobreprecio de un 30 a un 60%. Por lo general, ellas solían beber té frío o agua azucarada y coloreada que se les servía en vasos bajos. Sin embargo, al cliente se le cobraba el precio de una bebida alcohólica, que iba desde 10 a 75 centavos por trago.

En la mayoría de los locales, se observaban (o se hacían observar) estrictamente las convenciones del trato debido a las damas. Todo hombre que las tratara con descortesía era expulsado del local y, si llegaba a insultarlas, no era raro que tuviera que batirse en duelo con otro que saliera en defensa de la "dama" ofendida. Aunque fueran desdeñadas por las damas propiamente dichas, las chicas del *saloon* podían contar con el respeto de los caballeros. Y, al igual que aquéllas, ellas también ignoraban las opiniones de las mujeres trabajadoras que osaban criticarlas. De hecho, no comprendían muy bien por qué éstas aceptaban matarse a trabajar teniendo hijos, atendiendo a los animales y ayudando a sus maridos a intentar conseguir una cosecha o a cuidar del ganado.

Su habitual uniforme de trabajo consistía en faldas con volantes escandalosamente cortas para la época, a media pantorrilla o hasta la rodilla. Bajo estas faldas abombadas, se podían ver enaguas de colores chillones que escasamente alcanzaban sus botines, a menudo adornados con borlas. Por lo común, llevaban los brazos y los hombros al aire, y se semicubrían con corpiños recortados por debajo de los pechos, sobre los que se ponían vestidos de lentejuelas y flecos. En las piernas, medias de seda, de encaje o de redecilla, sujetas con ligas, a menudo regaladas por algún admirador. Muy maquilladas —de ahí que también se les llamase *painted ladies* (damas pintadas)—, casi ninguna desdeñaba el teñirse el pelo de algún color vistoso. Además, no eran pocas las que llevaban una pistola o un puñal, a veces con joyas incrustadas, escondidos en sus botines o entre sus senos para mantener a raya a los clientes más bullangueros.

El baile comenzaba por lo común a las ocho de la tarde y se desarrollaba a base de valses, jigas y otras danzas de sociedad, en turnos de unos quince minutos. A los clientes se les disuadía de prestar demasiada atención a una sola de las chicas, a pesar de lo cual muchas de ellas logran casarse con alguno, prendado de sus "virtudes".

9

LA LEYENDA Y EL ESPECTÁCULO DEL OESTE

El Viejo Oeste no es un lugar situado en el tiempo, es un estado de ánimo. Es todo aquello que tú quieras que sea.

Tom Mix (1880-1940),
actor, una de las primeras figuras de los westerns de Hollywood.

La verdad es que ha muerto mucha más gente en los westerns de Hollywood que la que nunca murió en la auténtica Frontera, guerras indias aparte. En la Dodge City auténtica, por ejemplo, solo hubo cinco asesinatos en 1878, el año con más homicidios en la historia de esta pequeña ciudad fronteriza: apenas lo suficiente para rellenar una típica película de dos horas.

Richard Shenkman,
Legends, Lies, and Cherished Myths of American History (1988).

¿DE VERDAD FUE SALVAJE EL SALVAJE OESTE?

Hace un siglo, el Oeste norteamericano y el proceso de colonización y norteamericanización que tuvo lugar en las tierras al oeste del Mississippi fueron vistos como el triunfo del dinamismo, la ingenuidad y el coraje estadounidenses; un puro acto de voluntad que requirió mucho trabajo duro, mucha perseverancia y, por encima de todo, un gran espíritu de independencia y de individualismo. En las décadas que siguieron al cierre de la Frontera, esta

313

percepción del Oeste cambió diametralmente. A mediados de siglo XX, el antiguo punto de vista de una expansión inspirada por Dios cambió a una perspectiva más ambigua y, finalmente, a la actual visión abiertamente hostil de que la sociedad del Oeste fue violenta y caótica.

Las nuevas generaciones de historiadores y cineastas, casi al unísono, empezaron a describir el Salvaje Oeste como un lugar sórdido, poblado de personajes más inclinados a lo peor que a lo mejor de la naturaleza humana; una tierra de sádicos asesinatos de indios (y de represalias indígenas del mismo tenor), de forajidos psicópatas y de inadaptados sociales que habían abandonado la vida más pacífica de los civilizados Estados Unidos del Este o que, en realidad, habían sido expulsados de ella.

Exageraciones de ambos signos aparte, lo cierto es que el auténtico Oeste no fue ni de lejos tan vistoso como suele ser representado. Desde luego, los *cowboys*, los indios, los exploradores del ejército, los forajidos, los pistoleros, los jugadores y los animales salvajes existieron realmente. Sin embargo, los duelos de pistoleros, las peleas salvajes, los asaltos a bancos, diligencias y trenes no fueron algo tan cotidiano como se ha contado. Realmente, el mito del Salvaje Oeste tal y como es visto hoy por la cultura popular tras ser impulsado durante décadas, entre otros, por novelistas populares, periodistas, directores y guionistas de cine y televisión, etcétera, es solo una burda y simplista idealización de la Frontera real.

Sea defendiendo o condenando el Oeste, novelistas, directores de cine e incluso historiadores no han tenido ambages en proporcionarnos muchas imágenes de indios asesinos, forajidos errantes o peligrosos delincuentes, pero dejando el poso de que estas conductas cuasipatológicas, eran, en el contexto de la Frontera, un comportamiento estándar e incluso loable, y en todo caso dinamizador. Aunque la valoración de la violencia del Oeste ha ido cambiando con las décadas, lo que se ha mantenido como un valor absoluto es que aquel fue un mundo especialmente violento. Pero los juicios más objetivos demuestran que, excluyendo las guerras indias de la segunda mitad del siglo, la supuesta violencia del Oeste no fue más destacable ni siquiera mayor, en términos reales, que la del Este de los Estados Unidos en esas mismas fechas.

Novelas y películas han denotado la violencia imperante en ciudades fronterizas como Abilene, Deadwood o Tombstone, pero la realidad no fue exactamente esa. Las fuerzas vivas de estas ciudades estaban muy interesadas en conseguir que no la hubiera. Y casi siempre lo lograron. En general, la agitación del Viejo Oeste ha sido muy sobreestimada. Por ejemplo, según los datos históricos, en todas las grandes ciudades ganaderas de Kansas juntas se produjeron en total 45 asesinatos durante el periodo 1870-1885. En Dodge City solo hubo 15 entre 1876 y 1885, a un promedio de 1,5 por año. En ese mismo periodo, Deadwood y Tombstone solo tuvieron cuatro y cinco, respectivamente. Según otro informe, en treinta y ocho años, en Kansas solo se produjeron 19 convocatorias de comités de vigilantes que sumaron 18 muertes. Además, entre 1876 y 1886, nadie fue linchado o ahorcado ilegalmente en Dodge City. Que se siga teniendo la impresión de que en esta ciudad, o en Deadwood, Tombstone o Abilene, los homicidios eran algo cotidiano se debe en gran parte a las oficinas de turismo locales y a los ejecutivos y guionistas de Hollywood, muy interesados en que ese tópico no se desvanezca.

Otro indicio. Generalmente se considera que Billy el Niño fue un psicópata asesino y para probarlo se aduce que mató a 21 personas en sus veintiún años de vida. Dejando al margen que se tratara realmente de asesinatos y no de homicidios, lo cierto es que la mayor parte de los historiadores coincide en que no se le han podido adjudicar más de cuatro o cinco muertes (a lo sumo, nueve), y eso que participó en la llamada Guerra del Condado de Lincoln, sobre el papel, uno de los episodios más sangrientos de la historia del Oeste. Sinceramente, parece un corto expediente para un pistolero cuya fama ha trascendido el paso del tiempo.

Cowboys tratando de detener una estampida. Forajidos, pistoleros y hombres con placa encarándose en polvorientas y solitarias calles. Diligencias desbocadas. Cazadores indios al galope entre manadas de búfalos. Lacónicos y barbudos buscadores de oro acuclillados sobre su cedazo. Amores imposibles entre proscritos y prostitutas de alma desgarrada. Soldados muriendo con las botas puestas. Hombres cetrinos ahogando sus penas en botellas de whisky... Estas imágenes, tan familiares en libros y películas, son las que vienen a la cabeza cuando se piensa en el Salvaje Oeste. Pero, aunque no son ficticias, no reflejan que el auténtico Oeste, el cotidiano, fue un lugar algo menos espectacular.

Para muchas personas del siglo XIX, el Oeste era la respuesta a su búsqueda de una nueva y mejor vida. El espacio abierto de la región inspiró esta promesa. Pero las promesas también toman forma de ensoñaciones y de leyendas. El Oeste era un lugar abierto para la imaginación, la fantasía y los anhelos. Algunos pocos colonos afortunados hicieron realidad aquella promesa. Sin embargo, para muchos otros la promesa no se cumplió. Para ellos, la vida fue dura y la verdad del Oeste fue aun más dura. Aun así, avivar y mantener el rescoldo de una promesa para la gente luchadora de las ciudades del Este, para la gente suburbana y para los habitantes de las zonas rurales era, desde luego, una buena idea. Les daba esperanza y un poco de seguridad en que sus esfuerzos no serían eternos ni inútiles. Y ahí estamos.

FIJACIÓN Y PERVIVENCIA DE LOS ARQUETIPOS

Ávidos de héroes, los estadounidenses de finales del siglo XIX consumían vorazmente las novelas y los espectáculos que glorificaban a los hombres y mujeres que se habían atrevido a vivir sus vidas "libremente" en aquella peligrosa inmensidad de más allá del río Mississippi.

Ayudando a satisfacer esa avidez, un buen número de auténticos hombres del Oeste se convirtieron por propia voluntad en figuras públicas y, a menudo, hermanaron en sus relatos autobiográficos la verdad y la leyenda hasta hacerlas indistinguibles. Uno de ellos fue Wild Bill Hickok, que había sido de hecho un valeroso explorador del ejército, un invencible jugador, un temido pistolero y un *sheriff* implacable, pero que no desdeñó adornar sus relatos con detalles ficticios que dieran más colorido al cuadro. Sin mucho esfuerzo, acabó convirtiéndose en un icono de la imaginación popular.

Algo más de esfuerzo tuvo que hacer la mendaz Calamity Jane, que insistió en convencer a todo el mundo de que había sido la única mujer que había trabajado como exploradora del ejército, así como una aguerrida matadora de indios y, puestos a ello, el gran amor imposible del propio Wild Bill. En realidad, sus mayores proezas no las realizó con las pistolas sino con las botellas de whisky y, en gran parte de su vida, vendió su amor por horas.

Sorprendentemente, el mito del Oeste nació y se desarrolló hasta límites insospechados no años después de su desaparición física, sino mientras aún estaba en proceso la conquista y colonización de sus territorios. La principal responsabilidad de que así fuera recayó en una oleada de libritos aparentemente sencillos e inocentes, impresos en papel barato, conocidos como *dime novels* (literalmente: novelas de diez centavos) que comenzaron a aparecer antes de 1860. Dado su precio razonable y sus contenidos sabrosos, se vendieron a millones. En muy poco tiempo, aparecieron no menos de 557 novelas protagonizadas por Buffalo Bill y escritas por diferentes autores, muchos de los cuales ni habían pisado jamás el oeste del río Mississippi ni, ya puestos, del Hudson.

La manida fórmula de estas novelitas era verdaderamente simple. Por lo común un héroe (un *sheriff*, un explorador o un *cowboy*), de mandíbula angulosa, mirada penetrante y pasado ignoto, después de salir bien parado, pero por lo pelos, de muchas aventuras, halla su destino rescatando a la heroína de las manos de unos indios o cuatreros ruines. Los diálogos son de cartón piedra, formularios, incluso arcaicos, pero excitantes para el lector. Por supuesto, estas novelitas eran consideradas vergonzosas e incluso pecaminosas por los guardianes de la moralidad pública. Se decía que leerlas creaba tanta adicción como fumar opio. Pero el rechazo académico de estos libros los hacía aun más populares para sus lectores: si las autoridades los prohibían es que debían ser buenos. A nadie le preocupaba si mezclaban estrafalariamente los hechos con la fantasía. De lo que se trataba era de que provocaran al lector un estremecimiento por página. Por lo menos.

Mientras los personajes de carne y hueso disparaban y armaban barullo en directo, los editores produjeron miles de novelas baratas y sensacionalistas (así como algunas docenas apreciables) acerca de ellos y de otros personajes, en algunos casos completamente ficticios. Al mismo tiempo, algunos pintores se hacían ricos con óleos a mayor gloria de las proezas y del escenario del Oeste. Y, enseguida, se les unirían los productores de Hollywood... Entre todos estos recreadores de la vida de la Frontera fueron conformando el mito del Oeste, una extraordinaria mezcla de hechos y fantasía, proezas y actos imposibles, que en poco tiempo amenazaron con anegar la arenosa realidad y con inculcar indeleblemente en el público una imagen estereotipada del Oeste.

Hechos o mitos, el público los devoraba con entusiasmo. Los millones de personas que jamás habían visto

el Oeste y ya nunca lo verían deseaban vivir indirecta-
mente aquel escenario que para ellos resultaba tan excitante, desenfrenado y peligroso. Pero había más. El
público necesitaba héroes que adorar y hombres de la
Frontera como Buffalo Bill o Wild Bill Hickok parecían
encarnar sus ideales y ajustarse a sus sueños y aspiracio-
nes. Tampoco hacían ascos a encontrar un ideario común
que borrase definitivamente las cicatrices de la guerra
civil, aún sangrantes, ni mucho menos a encontrar una
vía de evasión del cada vez más difícil mundo del recién
iniciado siglo XX. El Oeste, así, se transformó en una
tierra de ensueño en que los hombres y las mujeres eran
libres y valientes y, por encima de todo, independientes.
De ahí que se comenzara también a encumbrar a la categoría de héroes a muchos delincuentes. El papel de
auténticos villanos quedó reservado a los indios, a los
que se representaba atacando cruelmente las carretas de
los colonos, raptando a sus hijas y matando a sus hijos de
modo traicionero y cobarde, pero no siendo capaces de
derrotar ni una sola vez, en las novelas y las películas, a
la abnegada caballería de los Estados Unidos, que, tarde
o temprano, siempre aparecía, a tiempo de impedir que
se salieran con la suya. En ese retrato tan poco veraz, las
proezas siempre eran obra de los *blancos*. En el Oeste,
según la mitología, no hubo negros ni mexicanos. No los
hubo *buenos,* se entiende.

Pero, sin duda, el gran artista, el genio de la
mezcla de realidad y ficción, de verdad y mentira, para
mayor gloria del mito y del lucrativo espectáculo, fue
Buffalo Bill Cody, que acabó por convertirse en una
surrealista mezcla de realidad y fantasía. Pero con
mucho éxito.

Buffalo Bill, el Oeste personificado

Buffalo Bill nació el 26 de febrero de 1846 en Leclaire, Iowa. En 1854, su familia se trasladó a Missouri y fue de las primeras en cruzar la línea cuando se firmó la Ley Kansas-Nebraska en mayo de 1854 y quedó abierto este territorio a los colonos. Su padre, un acérrimo abolicionista, proclamaba a menudo sus ideas en contra de la esclavitud. Un día, esa actitud le acarreó ser apuñalado. Sobrevivió, pero acabó muriendo de un grave resfriado en 1857. Mary Cody, la madre, que tenía que sacar adelante a toda la familia, consiguió un empleo para William, de once años, en Russell, Majors & Waddell, por entonces la mayor empresa de transportes del Oeste, como recadero a caballo entre Leavenworth y Fort Leavenworth, a unos 5 kilómetros de distancia. Años más tarde, Cody maquilló este trabajo diciendo que había sido jinete del Pony Express, pero la verdad es nunca lo fue ni lo pudo ser: el Pony fue inaugurado tres años después de que él obtuviera su empleo.

Por aquella época, el adolescente Cody conoció a James Butler Hickok, que se mostró amistoso con el joven durante un viaje que hicieron a Denver en 1860 y se convirtieron en fieles amigos.

Durante la Guerra de Secesión, Cody sirvió en el Séptimo Regimiento de Caballería de Kansas. Después, al poco de casarse con Louisa Maude Frederici en 1866, la dejó en Leavenworth y se dirigió al Oeste. De nuevo se encontró con Hickok, ya conocido como Wild Bill, que en aquel tiempo era explorador del ejército. Cody encontró trabajo en el Union Pacific Railway como nivelador, pero cuando demostró su habilidad para cazar búfalos, pasó a suministrar carne a los trabajadores del ferrocarril. Su eficacia le ganó el apodo de "Buffalo Bill". En 1869 había alcanzado gran reputación como cazador y como guía y, a petición del general Sheridan, fue nombrado jefe de exploradores del Quinto Regimiento de Caballería. Durante una

William Frederick Cody (1845-1917) fue soldado y cazador de búfalos y, sobre todo, hombre de espectáculos. Se convirtió en una de las figuras más pintorescas del Oeste gracias a que Ned Buntline relatara en diversos periódicos "sus" aventuras.

escaramuza con los indios ocurrida en Nebraska en 1872 demostró un gran valor y fue condecorado con la medalla de honor del Congreso, aunque años más tarde le fue retirada porque para su concesión era preceptivo ser militar.

El encuentro de Cody en Nueva York con el escritor Ned Buntline (1823-1886) en 1869 y la subsiguiente publicidad que recibió cuando este escribió sobre él en el *New York Weekly* y en otros periódicos llamándole "Buffalo Bill, rey de los hombres de la frontera" (basándose más en las aventuras de Hickok que en las de Cody), lo establecieron como un "héroe de la Frontera".

NED BUNTLINE, UN ARTISTA DE LA MENTIRA COMERCIALIZADA

Ned Buntline era un novelista de tres al cuarto, cuyo nombre era tan falso como todo lo demás suyo. Nacido Edward Zane Carroll Judson en el estado de Nueva York, a los trece años se enroló en la Armada, pero tuvo que dejarla tras disparar a un hombre que lo acusó de robarle la esposa y estar a punto de morir a manos de un grupo de linchadores. Mentiroso compulsivo y mujeriego (estuvo casado con cinco mujeres, con algunas a la vez), se hizo pasar por el coronel Judson, héroe militar de la Guerra de Secesión, cuando en realidad el personaje real solo sirvió como forzoso soldado raso y su mayor mérito fue el de desertar.

Pero este mentiroso y tarambana de escasa presencia tenía un don: el de saber retorcer los hechos y hacerlos parecer hazañas que, contadas en imaginativos relatos, parecían seducir al gran público.

Una vez que entabló relación con Buffalo Bill, rápidamente se volcó en la redacción de novelas baratas que alcanzaron un inusitado éxito y que transformaron inapelablemente a Bill Cody en un ídolo nacional.

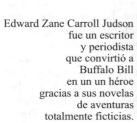

Edward Zane Carroll Judson fue un escritor y periodista que convirtió a Buffalo Bill en un un héroe gracias a sus novelas de aventuras totalmente ficticias.

A instancias del propio Buntline, Cody y su amigo John B. Texas Jack Omohundro (1846-1880) abandonaron sus trabajos de exploradores y adoptaron el de actores. De esa forma, Buffalo Bill comenzó a recorrer todo el Este con un espectáculo llamado *Scouts of the prairie* (Exploradores de la pradera). Según todos los testimonios, el espectáculo era, por decirlo amablemente, infame. Era obra del ínclito Buntline, que antes de su estreno confesó haberla escrito en solo cuatro horas, lo que provocó que el crítico del *Chicago Times* se preguntase, tras asistir al espectáculo, "cómo había tardado tanto". No más benévolo fue otro crítico que definió el drama como una pieza ejemplar de "divagante imbecilidad". Un tercero remató diciendo que era "tan maravillosa en su imbecilidad que ningún intelecto común podía comprenderla".

El caso es que, pese a esas críticas, *Scouts of the prairie* obtuvo un rabioso éxito. El público asaltaba los teatros para verlo y nadie que dispusiera de unas pocas monedas se lo quiso perder. Daba igual que la obra fuese una paparruchada y que la actuación de Cody fuese calificada por los obstinados críticos como "execrable". Se trataba de ver en persona a un auténtico cazador de búfalos y a un guerrero capaz de arrancar cabelleras de indios salvajes "carne y hueso", haciendo cabriolas en el escenario, justo encima de las parpadeantes candilejas, como el que dice al alcance de la mano de los espectadores.

Cuando Custer (otro personaje autoinventado) fue derrotado en Little Big Horn, Cody se encontraba en Nueva York representando su obra. La noche que llegó la noticia, Cody interrumpió la función y se dirigió a su público y, enfáticamente, prometió que en honor de Custer arrancaría una cabellera a un indio en cuanto volviera al Oeste. Y así lo hizo: a su vuelta al Quinto de Caballería como jefe de exploradores, arrancó la cabellera del famoso indio cheyene Mano Amarilla. Desde entonces, mostró la cabellera cuantas veces pudo. Había nacido el mito de Buffalo Bill. Sin embargo, la verdad es que Cody solo le había arrancado la cabellera a un joven guerrero llamado Pelo Amarillo, no al gran jefe cheyene Mano Amarilla.

Gracias a unas cosas y otras, la fama de sus correrías lo convirtió en una leyenda viva y en un héroe popular que llenaba las páginas de periódicos y novelas, que relataban cómo se había batido en duelo, supuestamente, con Mano Amarilla, a quien había conseguido herir de bala, apuñalar en el corazón y arrancar la cabellera en menos de cinco segundos. En la cumbre de su fama, las clases acomodadas de la costa Este, así como la nobleza europea, reclamaban sus servicios como guía en sus partidas de caza o, como premio de consolación, estrechándole simplemente la mano.

Desde 1872 hasta principios de la década de los ochenta, el grupo teatral Buffalo Bill's Combination recorrió todo el Este de los Estados Unidos representando con gran éxito melodramas basados en la vida del Oeste. Su socio, Texas Jack, se estableció por su cuenta más adelante y a Cody se le unió durante algún tiempo el capitán Jack Crawford (1847-1917). Después continuó solo con su exitosa carrera teatral. En 1883, puso en marcha su ambicioso *Wild West Show,* con el que durante treinta años recorrió los Estados Unidos y parte de Europa. Finalmente, la mala gestión de su negocio y cierto cambio en los gustos populares lo llevaron a la ruina y se retiró del mundo del espectáculo apenas dos meses antes de su fallecimiento, ocurrido el 10 de enero de 1917. Su entierro fue llorado por millones de personas que lo consideraban su héroe. A pesar de las polémicas sobre su inclinación a forzar la verdad cuando le convenía y sobre su ego sobredimensionado, que molestaba a algunos de sus contemporáneos, la inmortalidad de Cody estaba asegurada. En definitiva, Buffalo Bill Cody fue el principal impulsor de la conversión de la leyenda del Oeste en un espectáculo y, consiguientemente, en un negocio. Pero no fue el primero ni el único.

EL OESTE COMO ESPECTÁCULO

Muchos y muy distintos espectáculos basados en el Salvaje Oeste han sido una atracción muy popular durante más de un siglo. Como exhibición completa desbancó fácilmente durante una época a su rival más antiguo, el circo. Aunque generalmente se atribuye su origen a Buffalo Bill, lo cierto es que se promovieron representaciones de ese tipo muchos años antes de iniciar él su aventura en 1883.

El primer espectáculo del Salvaje Oeste, más bien una exposición costumbrista, fue organizado en la década de 1830 por Georges Catlin (1796-1872), el pintor que ganó fama mundial con sus cuadros de las Grandes Llanuras. El espectáculo de Catlin mostraba algunas de las principales costumbres de los indios de las praderas (sus viviendas, sus vestidos, sus danzas, sus pinturas de

Buffalo Bill Cody fue, tal vez, el principal impulsor de la
conversión de la leyenda del Oeste en un espectáculo y, en
consecuencia, en un negocio bastante lucrativo.

En la fotografía aparecen retratados dos de los grandes mitos del Oeste:
Buffalo Bill y el jefe sioux Toro Sentado.

guerra), así como algunas escenas de acción (caza del búfalo, exhibiciones de monta...), con el propósito de dar a conocer a aquellas tribus, aquellos "nobles salvajes", que, en su opinión, estaban sufriendo una injustificada agresión de la civilización blanca.

En 1843, el Gran Circo Barnum organizó algo por el estilo empleando a un experto jinete, que era además un artista en el uso del lazo, junto con 15 crías de búfalo desnutridas y agotadas, para presentar en Hoboken, Nueva Jersey, la *Gran Cacería del Búfalo*. Las danzas indias y otras atracciones concentraron a una multitud de gente, pero cuando en cierta ocasión los búfalos se escaparon cundió el pánico y deshizo el negocio. En 1860, Phineas Taylor Barnum (1810-1891) lo intentó de nuevo, esta vez con el famoso trampero James Capen Grizzly Adams (1812-1865) y su California Menagene al frente. Pero obtuvo poco éxito. Más adelante entró en el negocio el sorprendente pionero del negocio ganadero Joseph G. McCoy (1837-1915), que se tomó un descanso en la organización del transporte de ganado desde Abilene para promover la nueva aventura con una gran variedad de jinetes y animales salvajes. Organizó una "Gran excursión al Lejano Oeste", bajo el reclamo publicitario de "¡Emocionante caza del búfalo en sus llanuras nativas!". Este evento ("lleven sus propias armas") atrajo a un gran número de tiradores. En 1872, el coronel Sydney Barnett presentó su "Gran caza del búfalo en las cataratas del Niágara", con Wild Bill Hickok como maestro de ceremonias, aunque resultó un fracaso financiero.

Pero el gran éxito popular de este tipo de espectáculo solo comenzaría cuando Buffalo Bill comenzara a recorrer todo el país con sus representaciones del Salvaje Oeste. Cuando su espectáculo ya estaba en marcha, y con gran éxito, surgieron otros en los que los grandes protagonistas pasaron a ser, no ya los personajes del Salvaje Oeste, sino los *cowboys*. Tres de los más populares surgieron en Oklahoma, impulsados por los ranchos Mulhall, Pawnee Bill y Miller 101. El rancho de Zack Mulhall, situado cerca de Guthrie, cubría unos 80.000 acres del Territorio de Oklahoma. Su espectáculo tenía por eje central las habilidades de su hija Lucille Mulhall (1885-1940), la primera *cowgirl* reconocida como tal, y funcionó entre 1900 y 1915. Por su parte, Gordon William Lillie (1860-1942) construyó su rancho cerca de Pawnee y se hizo famoso como Pawnee Bill, nombre que le dieron los indios paunis al nombrarle "jefe blanco" tras salvar a la tribu de la muerte por hambre durante un invierno especialmente crudo. Él y algunos de sus amigos indios trabajaban en el show de Buffalo Bill cuando, en 1888, abrió el suyo propio, en el que también actuaban su esposa, May, una señorita de Filadelfia que aprendió a montar broncos en silla de amazona y se convirtió en una tiradora de primera. Este show se mantuvo en los carteles entre 1888 y 1913. Pero quizás el más popular de todos los espectáculos, excluido el de Buffalo Bill, fue el creado en el Rancho 101 de Ponca City por el coronel George Washington Miller y sus tres hijos, que se mantuvo en activo entre 1908 y 1929. El rancho 101 empleó a cientos de *cowboys* y miles de indios para recrear la vida del Oeste, e incluía demostraciones de doma de caballos, competiciones de tiro para hombres y mujeres, caza de búfalos, la vida en un campamento indio, un ataque indio a un tren y competiciones de rodeo.

Sin embargo, hacia 1910, el interés público por este tipo de espectáculos comenzó a descender. Por entonces, el cine ya había cautivado la atención pública, en muchos casos con westerns incipientes, y también se había iniciado la era del deporte espectáculo. Treinta años atrás había comenzado el espectáculo del Salvaje Oeste de Buffalo Bill, que durante unos años obtuvo un éxito mundial hoy inimaginable.

El Show del Salvaje Oeste

La decisión de Buffalo Bill de embarcarse en esta aventura surgió del éxito de un "banquete de viejas glorias" que, con motivo de los festejos de la fiesta nacional del 4 de Julio, se celebró en 1882 en la localidad de North Platte, Nebraska, a la que Cody se acababa de mudar. El evento atrajo a numerosas personas ansiosas de divertirse, para los que Cody preparó un espectáculo con demostraciones de tiro, monta, doma de broncos y rodeo.

A la vista del éxito, Cody se decidió a dar el paso empresarial. Para ello, se asoció primero con William Frank Doc Carver (1840-1927), un dentista que se acabó haciendo famoso como tirador y alcanzó una reputación mundial en ese campo. Sin embargo, aquella sociedad no funcionó y se separaron al final del primer año. Entonces se unió a Nate Salsbury (1845-1902), que se destapó como un astuto negociante. Entre ambos montaron el definitivo *Espectáculo del Salvaje Oeste de Buffalo Bill,* cada una de cuyas actuaciones reunió a una inmensa multitud y con el que recorrieron todo Estados Unidos a bordo de un tren especial de 26 vagones pintados de blanco.

Tras tener que retrasar el estreno oficial dos días por una intensa lluvia, el espectáculo se inauguró el 19 de mayo de 1883, en Omaha, Nebraska. Durante los siguientes treinta años, solo un temporal con vientos huracanados y un accidente ferroviario obligaron a posponer el show.

El espectáculo de Cody se hizo tan popular que, en 1887, solo cuatro años después de su inauguración, fue invitado a Inglaterra con motivo de la Exposición de Artes, Industrias, Manufacturas, Productos y Recursos de los Estados Unidos, más conocida popularmente como Exposición Americana, que se celebraba en Londres. El hecho de que 1887 fuese también el año del jubileo de la reina Victoria resultó muy beneficioso, ya que ella misma insistió en ver el espectáculo varias veces, lo que supuso el espaldarazo definitivo. Cuando los estadounidenses se

Cartel del Espectáculo del Salvaje Oeste
de Buffalo Bill.

enteraron de que, durante su primera visita, Su Majestad se
había levantado para saludar desde su tribuna el paso de la
bandera de los Estados Unidos, se quedaron entusiasma-
dos: por fin había desaparecido cualquier resentimiento
que sintiera Inglaterra contra ellos. También les gustó que
el príncipe de Gales hubiera acompañado al propio Cody
subido en el pescante como supuesto escopetero de la diligencia de Deadwood.

Ante la prensa, la reina Victoria describió a Buffalo
Bill como "espléndido, guapo y con aspecto de caballero".
Los vaqueros eran "agradables" y los indios, con sus
pinturas y plumas, "alarmantes", además de tener "rostros
crueles". Su reacción ante el espectáculo debió de compla-
cer muchísimo a Cody, ya que él se esforzaba por impri-
mirle el mayor realismo posible. En ese mismo sentido, el
Daily Telegraph de Londres del 21 de abril de 1887 señaló
que "este peculiar espectáculo... no es una representación
o imitación de las costumbres del Oeste, sino una repro-
ducción exacta de las escenas de la dura vida de la frontera
ilustrada vívidamente por personajes reales".

Carrusel final del Salvaje Oeste
de Buffalo Bill.

Tras actuar durante seis meses seguidos en Inglaterra, recorrieron toda Europa (Francia, España, Italia, Bélgica, Holanda, Alemania...) hasta 1892. La espontánea participación de la familia real británica animó a otros monarcas europeos (por ejemplo, los reyes de Grecia, Sajonia, Dinamarca y Bélgica) a participar también en el espectáculo. En aquella gira europea y en otra que hizo tiempo después llegó a visitar incluso El Vaticano, donde el Papa dio la bendición a la *trouppe* que recorría Europa, vaqueros e indios con pinturas de guerra incluidos, formada por 300 actores principales, 18 búfalos, 181 caballos, 10 alces, 10 mulas, cuatro burros, cinco toros cornilargos tejanos, dos ciervos y la diligencia Concord de Deadwood, que cruzaron el Atlántico en varios buques. En 1893, una vez de vuelta a Estados Unidos, el show se instaló durante un tiempo cerca de las instalaciones de la Feria del Mundo de Chicago de 1893, donde fue visitado por seis millones de personas, lo que contribuyó en gran medida a su popularidad definitiva.

Aunque fue variando con el tiempo, el espectáculo comenzaba con un desfile a caballo, con participantes de grupos étnicos famosos por su buen manejo de caballos, entre los que había turcos, gauchos, árabes, mongoles y cosacos, cada uno con sus propios caballos y sus trajes distintivos. Después, intercaladas con demostraciones de monta, lazo y tiro, y con un fresco vivo formado por diferentes escenas de la vida de los indios, se introducían mini escenas dramatizadas y reconstrucciones de los hitos fundamentales de la historia de la Conquista del Oeste. Los elaborados melodramas de Cody requerían la participación de cientos de personas que reproducían escenas tan características, "debidamente autentificadas", como repetía constantemente el mismo Cody, tales como "Caza del Bisonte", "Robo del Tren", "Resistencia Final de Custer" (que solía acabar con la entrada a caballo del propio Buffalo Bill, cuando ya todo había acabado, su juramento de venganza por la muerte de Custer y el primer acto de esa venganza, que consistía en "matar y arrancar la cabellera del indio

Recreación de la muerte de Custer en el
espectáculo de Pawnee Bill.

Tras actuar seis meses seguidos en Inglaterra, el espectáculo
de Buffalo Bill recorrió toda Europa. En aquella gira llegó a visitar
El Vaticano y, como se ve en la fotografía, Venecia.

Mano Amarilla"), "Batalla contra los Indios" y, entre otras
muchas, el gran final: "Ataque a una Cabaña en Llamas".

Parte también muy celebrada del espectáculo diario
eran las diversas demostraciones de tiro, llevadas a cabo
por verdaderos especialistas como el propio Buffalo Bill,
Seth Clover, Lillian Smith y, sobre todos, la inigualable
Annie Oakley, que fue la gran estrella del espectáculo de
Buffalo Bill durante diecisiete años.

Con el tiempo, las intervenciones de los *cowboys*, en
general, y las demostraciones de rodeo en particular se
fueron convirtiendo en las favoritas del público estadounidense. En ellas, *cowboys* como Lee Martin, Bronco Bill,
Bill Bullock, Tim Clayton, Coyote Bill, Bridle Bill o Buck
Taylor (apodado El primer rey de los *cowboys*) lazaban y
domaban broncos, además de otros muchos animales
como mulas, búfalos, toros tejanos, alces, ciervos y osos.
En sus mejores tiempos, el show llegó a reunir a unos
1.200 participantes, entre ellos muchos personajes reales
del Oeste. Por ejemplo, algunos tan famosos como Gabriel
Dumont, Calamity Jane, Wild Bill Hickock, Johnny Baker,

335

Will Rogers, Tom Mix, Pawnee Bill, Bill Pickett, Jess Willard, Mexican Joe, Bessie y Della Ferrel y Antonio Esquibel, así como los indios Toro Sentado y 20 de sus bravos guerreros, el gran jefe Joseph, Gerónimo y Lluvia en el Rostro (supuesto *asesino* de Custer).

El espectáculo completo del Oeste Salvaje, que duraba de tres a cuatro horas, cautivaba al público allá donde iba. El papel de Cody se convirtió cada vez más en el de simple maestro de ceremonias, pero es dudoso que eso le preocupara porque su presencia en el escenario era recibida siempre con grandes aplausos. Al fin y al cabo, a finales del siglo XIX, el espectáculo y el propio Buffalo Bill Cody era la celebridad más conocida y reconocida del mundo.

Sin embargo, en 1913, Cody, que tenía muchos rivales, problemas financieros y una edad avanzada, además de continuos problemas en su matrimonio, que nunca había sido un éxito, tiró la toalla. Estaba cansado, desilusionado y, sobre todo, arruinado. Acosado por las deudas, tuvo que vender su participación y retirarse del espectáculo. Pero el atractivo del show de Buffalo Bill era tan grande que mucho después de que se hubiera desvanecido en la historia, su recuerdo todavía perdura como lo más espectacular de su clase jamás visto. Para millones de personas de todo el mundo, su show ofreció la que se estableció como verdad oficial del Oeste.

El sudor y la mugre aparejados al trabajo del *cowboy*, las miserables chozas de césped y las privaciones de la vida cotidiana de los colonos en las Grandes Llanuras, el verdadero heroísmo de los pioneros, la vileza de los forajidos y los pistoleros, la cosificación de la mujer, el genocidio de los indios o el exterminio de los búfalos..., todo eso quedó arrumbado en un rincón oscuro de la historia.

BIBLIOGRAFÍA

ABELLA, Rafael. *La conquista del Oeste.* Barcelona: Planeta, 1990.

ANÓNIMO. *Buffalo Bill Museum.* Buffalo Bill Historical Center. Wyoming: Cody, 1990.

---. *Lawmen & Outlaws.* Denver Public Library Western Collection. Great Mountain West Supply, Salt Lake City, Utah, 1997.

ASIMOV, Isaac. *Los Estados Unidos desde 1816 hasta la Guerra Civil.* Madrid: Alianza Editorial, 2003.

---. *El nacimiento de los Estados Unidos. 1763-1816.* Madrid: Alianza Editorial, 2006.

---. *Los Estados Unidos desde la Guerra Civil hasta la Primera Guerra Mundial.* Madrid: Alianza Editorial, 2006.

---. *La formación de América del Norte*. Madrid: Alianza Editorial, 2007.

BROWN, Dee: *The Wild West*. Warner Books.

DAVIS, William C. y ROSA, Joseph G. Coords. *El Oeste*. Libsa, 1995.

ENSS, Chris. *Tales behind the tombstones. The deaths and burials of the Old West's most nefarious outlaws, notorious women, and celebrated lawmen*. Guilford, Conneticut: Twodot Book, 2007.

FOOTE, Stella. *Letters from "Buffalo Bill"*. Montana: Foote Pub., Billings, 1954.

RUTTER, Michael. *Myths and mysteries of the Old West*. Guilford, Conneticut: Twodot Book, 2005.

SMITH, Robert Barr. *Tough Towns. True tales from the gritty streets of the Old West*. Guilford, Conneticut: Twodot Book. Guilford, 2007.

TRACHTMAN, Paul. *The gunfighters*. Alexnadria, Virginia: Time-Life Books, 1974.

TRUE WEST MAGAZINE. True tales and amazing legends of the Old West. Nueva York: Clarkson Potter Publishers, 2005.

WILSON, R. Michael. *Great train robberies of the Old West*. Guilford, Conneticut: Twodot Book, 2007.

OTROS TÍTULOS

BREVE HISTORIA de la...
CONQUISTA
DEL OESTE

Gregorio Doval

La impactante y esclarecedora historia de los héroes del Álamo, Daniel Boone, John Colter, Ben Holladay, todos los conquistadores que fueron poblando el Oeste, tierra agreste y hostil, donde la búsqueda de oro y riquezas fundió su destino con el nacimiento de toda una nación.

nowtilus
saber

Breve Historia de la

Conquista del Oeste

En 1783, los Estados Unidos se independizaron de Gran Bretaña. Su atención se alejó de Europa y sus más indómitos ciudadanos enrumbaron hacia territorios desconocidos. Movidos por la desesperación de quien nada tiene que perder, montaron sus míseras pertenencias en una carreta y se lanzaron hacia lo desconocido.

Miles sucumbieron en el empeño. La gran mayoría no halló recompensa alguna; pero, por cada familia que fracasó, al menos otras cinco estaban dispuestas a iniciar la trágica aventura. Una aventura que dio como resultado la "era de los tramperos", "la fiebre del oro", la era de los ferrocarriles, "la fiebre de la tierra"...

El afán expansionista de los colonos propició batallas míticas como la masacre de El Álamo y, con los años, dio como resultado también a La Guerra de Secesión.

La Breve Historia de la Conquista del Oeste nos cuenta ese apasionante periodo de la vida de los Estados Unidos, que no fue solo una época histórica, sino también un estilo y una filosofía que logró en muy pocas generaciones construir la nueva identidad de un país llamado a constituirse en la mayor potencia mundial.

Autor: Gregorio Doval
ISBN: 978-84-9763-571-4

BREVE HISTORIA de los...
INDIOS
NORTEAMERICANOS
Gregorio Doval

Conozca la vida, ritos y organización tribal de los míticos guerreros "pieles rojas": Sioux, Arapajoes, Cheyenes, Cheroquis... Desde la batalla de Little Big Horn, el liderazgo de los grandes jefes como Cochise, Gerónimo, Toro Sentado, hasta la masacre de Wounded Knee.

nowtilus
saber

BREVE HISTORIA DE LOS INDIOS NORTEAMERICANOS

Cuando los estadounidenses expresaron su voluntad de extender su nación de costa a costa pasaron por alto un hecho crucial: ese vasto territorio, reflejado en sus mapas como un espacio en blanco, ya estaba habitado desde muchos siglos atrás por decenas de miles de nativos. Al final del proceso, estos vieron su estilo y sus medios de vida profunda y dramáticamente transformados y sus tierras holladas por miles de tumbas prematuras, ocupadas, sobre todo, por víctimas de enfermedades europeas ante las que no tenían protección innata alguna.

En esta *Breve Historia de los Indios norteamericanos*, se contará la vida, los ritos, la organización tribal de los míticos guerreros pieles rojas, sus grandes héroes, sus líderes más emblemáticos y el final que tuvieron en el imperio blanco, conocido después como los Estados Unidos.

Autor: Gregorio Doval
ISBN: 978-84-9763-585-1

BREVE HISTORIA de los...
COWBOYS

Gregorio Doval

Todos los detalles de la mítica historia de los cowboys que, entre 1865 y 1880, cabalgaron por las praderas del "Oeste" a lomos de sus caballos, sombrero bien calado y pistola presta. Hombres duros y recios, cuya verdadera esencia era el trabajo duro, la austeridad y el peligro.

nowtilus
saber

BREVE HISTORIA DE LOS COWBOYS

La mayor parte de los aproximadamente 40.000 cowboys que, entre 1865 y 1880, cabalgaron por las praderas del Oeste eran jóvenes (de dieciocho a treinta años) ignorantes y groseros, y esa fue la imagen pública predominante hasta 1880, cuando Buffalo Bill les presentó ante el mundo como románticos y nobles jinetes de las praderas, héroes estoicos y honorables.

Nadie, se dijo, era más veraz, honesto, generoso y leal con los suyos que el vaquero. Compartía todo con sus compañeros de cabalgada y, dada su lealtad inquebrantable, ponía en juego todo por él. Su verdadera esencia era el trabajo fuerte, la insolación, la austeridad y el peligro, y eso forjaba en ellos un carácter recio y duro, en el que todo signo de debilidad era rápidamente eliminado o, al menos, disimulado.

Su vida sin ataduras permitía que, cuando se cansaba del paisaje o el ambiente, ensillara su caballo y se fuera hacia lo desconocido, perdiéndose por el horizonte.

Esta *Breve Historia de los Cowboys* cuenta todos los detalles de esta época, donde a lomo del caballo sobre las praderas del Oeste, iban forjando el horizonte de una nación.

Autor: Gregorio Doval
ISBN: 978-84-9763-583-7

BREVE HISTORIA de la antigua
ROMA MONARQUÍA Y REPÚBLICA

Bárbara Pastor

La fascinante historia de la pequeña aldea a orillas del Tíber que en cuatro siglos se convirtió en el mayor centro de poder de Occidente. Desde su origen monárquico hasta la caída de la República con la muerte de Julio César.

nowtilus
saber

Breve Historia de Roma

Monarquía y República

Con *Breve Historia de Roma I. La República,* nos adentramos en una de las civilizaciones más importantes de la Historia. Ubicada junto al Tíber, Roma se convirtió rápidamente en la capital de Lacio y gracias a sus posibilidades defensivas, se transformó en una verdadera acrópolis.

Conoceremos los míticos orígenes de la ciudad de las siete colinas, la leyenda de Rómulo y Remo, los primeros monarcas, el rapto de las Sabinas, la Ley de las Doce Tablas, las Guerras Púnicas contra los cartagineses, Espartaco y la rebelión de los esclavos y la conquista de las Galias por Julio César.

Bárbara Pastor describe, desde su amplio conocimiento del mundo romano, la evolución completa de esta civilización desde sus orígenes hasta el fin de la República a través de sus grandes personajes y ciudades, de los acontecimientos más destacados, de la sociedad, la política y el papel del Senado, la economía, la guerra y de las más importantes obras de arte.

Un recorrido completo por la historia de la época de la República romana, descrita de una forma amena y rigurosa, para conocer un periodo clave de la historia de la humanidad.

Autor: Bárbara Pastor
ISBN: 978-84-9763-535-6

BREVE HISTORIA de la antigua
ROMA
EL IMPERIO

Bárbara Pastor

La palpitante historia del Imperio que llegó a ser el corazón del mundo occidental. Desde la proclamación de Augusto y la Pax Romana, el máximo esplendor con Trajano y Adriano, hasta la conversión de Constantino y la caída del Imperio.

nowtilus
saber

BREVE HISTORIA DE ROMA

EL IMPERIO

Con *Breve Historia de Roma II. El Imperio*, nos adentramos en la época de mayor esplendor de una de las civilizaciones más importantes de la Antigüedad.

La famosa batalla de Accio, en el año 31 a.C., marcó el inicio de un periodo que cambió el rumbo de la historia de Roma y de Occidente. La victoria obtenida por Octavio frente a Marco Antonio y Cleopatra lo convirtió en el primer emperador de Roma y único soberano de Oriente y Occidente. Se inició con él un periodo de 200 años de paz y estabilidad: la llamada Pax Romana.

Tiberio, Calígula, Claudio, Nerón, Trajano y Adriano, Marco Aurelio, son algunos de los nombres que dieron el máximo esplendor al Imperio Romano. Desde el año 200 las tribus germánicas comenzaron a acosar sus fronteras hasta que los visigodos lograron saquear Roma en el 410. El Imperio romano de Oriente se mantuvo mil años más, hasta su conquista por los turcos.

Un recorrido ameno y riguroso por la época de mayor esplendor de la antigua Roma, el Imperio. Desde la proclamación de Augusto como primer emperador hasta su caída a manos de los bárbaros.

Autor: Bárbara Pastor
ISBN: 978-84-9763-536-3